Vorwort

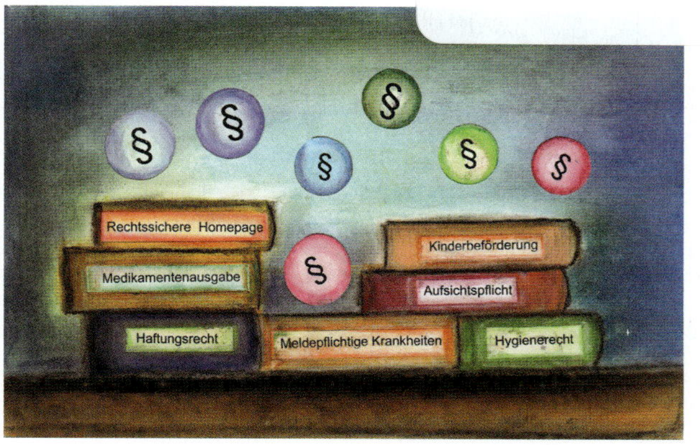

Liebe Leserinnen, liebe Leser!

„Wie viel Aufsicht ist genug?“ Diese Frage höre ich häufig sowohl von angehenden als auch von erfahrenen Erzieherinnen in Aus- und Fortbildung, wenn es um die korrekte Aufsichtsführung in Kindertageseinrichtungen geht. Nicht wenige von ihnen sind in dieser Frage generell unsicher. Berichte in der Presse über spektakuläre Unfälle, verbunden mit der öffentlichen Anprangerung des – vermeintlichen oder tatsächlichen – Versagens der zuständigen Aufsichtsperson, tun ein Übriges, das Gefühl aufkommen zu lassen, man stehe als Erzieherin immer „mit einem Bein im Gefängnis“.

> „Das Maß der gebotenen Aufsicht richtet sich nach Alter, Eigenart und Charakter des Kindes sowie danach, was dem Aufsichtspflichtigen in der konkreten Situation zugemutet werden kann. Es muss immer für den Einzelfall geprüft werden, was verständige Aufsichtspersonen unternehmen müssen, um das Kind oder Dritte vor Schaden zu bewahren.“
>
> Bundesgerichtshof (BGH)

Wie viel Aufsicht ist also genug? Für Ihren Arbeitsalltag gibt es leider keine konkretere Regel als die des Bundesgerichtshofs, die als Maßstab für die „richtige“ Aufsicht im Einzelfall zu gelten hat (s. Kasten). Nun ist allerdings in der Juristerei nichts schwieriger, als in solcherlei Generalklauseln, wie sie in Gesetz und Rechtsprechung zuhauf vorkommen, den konkreten Einzelfall einzuordnen. Dennoch: Das erforderliche Maß der Aufsicht in Ihrer Kita, mit Ihren Kindern in der jeweils aktuellen Situation kann niemand besser bewerten als Sie selbst! Das vorliegende Heft kann Ihnen diese Aufgabe nicht abnehmen. Es will mit seinem ersten Teil zum Thema „Aufsichtspflicht und Haftungsrecht“ jedoch dazu beitragen, bei der verantwortungsvollen Aufgabe der Ermittlung des „Wieviel?“ und „Wie?“, die Sie täglich – manchmal ganz unbewusst – x-mal ausführen, Rechtssicherheit zu geben, Ihr Bewusstsein zu schärfen für das Gefahrenpotenzial, das mit einzelnen Aktionen verbunden ist, und so Routine einkehren zu lassen. Zu diesem Zweck wurden die häufigsten Fallkonstellationen, wie sie in der Praxis einer Kita immer wieder vorkommen, zusammengetragen, mit konkreten Beispielen und Handlungsempfehlungen unterlegt und auch für Nichtjuristen leicht verständlich dargestellt.

Eng mit dem Thema „Aufsichtspflicht“ verbunden und daher nicht minder bedeutsam für Ihre tägliche Praxis ist auch das Thema „Sicherheit und Organisation“, das Gegenstand des zweiten Teils dieses Heftes ist. Denn immer mehr gesetzliche Neuregelungen – wie beispielsweise das Regelwerk zum HACCP – überfluten Kindertageseinrichtungen im Zuge von Zertifizierung, Qualitätsmanagement, Bildungsplänen und kindbezogener Förderung. Mit ihrem engmaschigen Kontrollsystem und ihren umfangreichen Dokumentationspflichten tragen diese Regelungen in erheblichem Maße dazu bei, dass sich die Aufgabe, eine Kindertageseinrichtung zu leiten, zunehmend zu einer umfassenden Verwaltungstätigkeit entwickelt.

Dieser Teil beleuchtet die wichtigsten Sicherheitsaspekte, wie sie in einer Kita immer wieder Bedeutung erlangen, und gibt – wo nötig anhand von Checklisten – einen Überblick über das, woran gedacht werden muss. Nach einer Redensart ist die beste Möglichkeit, Bürokratie zu bekämpfen, die, sie genauestens zu befolgen. Dieses Heft soll eine Handreichung bieten, dies nicht nur genau, sondern auch rasch und effizient tun zu können. Damit Ihnen noch ausreichend Zeit bleibt für die Aufgaben Ihrer pädagogischen Tätigkeit, die Ihnen Freude bereiten und die Sie bewogen haben, diesen Beruf zu ergreifen. Diese wertvolle Zeit wünscht Ihnen

Tanja von Langen

Hinweis: Die Beiträge dieses Heftes sind erstmals erschienen in der Rubrik „Rechte – Pflichten – Paragrafen" der Fachzeitschrift ‚kindergarten heute'. Sie wurden im Hinblick auf die neueste Rechtsprechung ergänzt und aktualisiert.

Die Autorin

Tanja von Langen ist Rechtsanwältin und Partnerin in der Anwaltskanzlei von Langen & Partner in München. Der Schwerpunkt ihrer Tätigkeit liegt im Familien-, Arbeits- und Hygienerecht sowie in der Rechtsberatung von Kindergärten. Zudem ist sie Fachdozentin für Recht und Organisation sowie Soziologie und Sozialkunde im FAK-Ausbildungsgang zur staatlich anerkannten Erzieherin der Kolping-Bildungs-GmbH und ständige Autorin von Rechtsbeiträgen für Fachzeitschriften im Bereich Frühpädagogik sowie für Fachorgane der Gesetzlichen Unfallkassen. Als Trägervertreterin verwaltet sie ehrenamtlich zwei Kindergärten der Diözese Augsburg.

Inhalt

I. Aufsichtspflicht und Haftungsrecht

1. Transport von Kindern im Privat-Pkw?

Worum es geht

Immer wieder stellt sich in der Praxis einer Kindertageseinrichtung die Transportfrage: Können wir die fünf Vorschulkinder nicht mit unseren Privat-Pkws ins Museum fahren und so den teuren Bus sparen? Kann ich Fabian nicht auf meinem Heimweg zu Hause abliefern, damit sich seine frisch operierte Mutter nicht auf den Weg machen muss? Ein krankes Kind kann ich schnell selbst zum Arzt fahren, dafür brauchen wir doch keinen Rettungswagen! Oft erscheint es praktischer, billiger oder schneller, den eigenen Pkw zur Beförderung der Kinder einzusetzen. Doch wer haftet bei einem Unfall?

Fallbeispiel

Die Kita „Biene Maja" führt ihre alljährliche Waldwoche durch. 50 Kinder und fünf Erwachsene treffen sich frühmorgens am Sammelpunkt, einem Parkplatz in einem nahe gelegenen Waldstück. Als alle vollzählig sind, geht es los. Die Kinder sind voller Vorfreude – nur Luisa nicht. Die Vierjährige schreit, strampelt und will keinen Meter gehen. Als alle Versuche sie umzustimmen scheitern, gibt es nur einen Weg: Luisa muss wieder zurück in die Einrichtung und der Aufsicht einer Praktikantin übergeben werden. Da die Leiterin Martina Z. den Erste-Hilfe-Kasten in der Einrichtung vergessen hat, muss sie ohnehin noch einmal zurückfahren, und da kann sie Luisa doch gleich mitnehmen, oder?

Was das Gesetz sagt

Kinder und Beschäftigte einer Kindertageseinrichtung sind bei einem Wegeunfall gesetzlich unfallversichert. Dazu zählen die Wege von und zum Kindergarten. Ebenso gilt dies für Wege, die im Zusammenhang mit einer Kindergartenveranstaltung wie etwa im Fallbeispiel unternommen werden. Zu beachten ist aber: Die gesetzliche Unfallversicherung deckt immer nur Personenschäden ab. Darunter fallen Heilbehandlungskosten, Rentenzahlungen bei dauerhaften Verletzungsfolgen sowie Rentenzahlungen an Hinterbliebene. Sachschäden sind in der gesetzlichen Unfallversicherung hingegen nicht versichert. Vielmehr gelten bei einem Unfall die allgemeinen Grundsätze der Kfz-Haftpflichtversicherung, also:

- 1. Fall: Die Gegenseite hat Schuld. Der Schaden an Ihrem Fahrzeug wird von der Versicherung des Unfallgegners reguliert.
- 2. Fall: Sie haben Schuld und sind vollkaskoversichert. Sämtliche Sachschäden werden von Ihrer Versicherung reguliert. Sie selbst tragen Ihre eventuelle Selbstbeteiligung und die Mehrkosten aufgrund der Höherstufung in der Versicherung.
- 3. Fall: Sie haben Schuld und sind teilkaskoversichert. Ihre Versicherung reguliert nur den Schaden Ihres Unfallgegners. Den Sachschaden am eigenen Auto tragen Sie selbst. Hinzu kommt noch die Höherstufung in der Versicherung.

WICHTIG

Niemals dürfen Sie ein Kind in einem echten Notfall transportieren, also beispielsweise ins Krankenhaus oder zum Arzt. Durch unsachgemäßen Transport können weitere gesundheitliche Schäden beim Kind verursacht werden, für die Sie dann haftbar zu machen wären. Auch könnte das Kind kollabieren. Sie als Fahrerin wären dann nicht in der Lage, ihm Erste Hilfe zu leisten.

Was das für Sie bedeutet

Bevor Sie Ihr Auto für einen solchen Transport zur Verfügung stellen, sollten Sie folgende Punkte abklären:

1. *Was sagt Ihr Arbeitsvertrag?* In den Arbeitsverträgen mancher Träger ist der Transport von Kindern der Einrichtung in Privat-Pkws der Mitarbeiterinnen ausdrücklich verboten. Prüfen Sie daher unbedingt, ob dies auch auf Ihren Arbeitsvertrag zutrifft. Verstoßen Sie gegen dieses Verbot, führt dies zwar nicht zum Wegfall des Versicherungsschutzes für Sie und die Kinder aus gesetzlicher Unfallversicherung und Kfz-Haftpflichtversicherung. Es werden sich aber mit Sicherheit arbeitsrechtliche Konsequenzen wie z. B. eine Abmahnung für Sie ergeben.

2. *Was bestimmt Ihr Kfz-Versicherungsvertrag?* Ihr Versicherungsvertrag gibt Ihnen Auskunft darüber, ob Sie im Schadensfall auf einem Vermögensschaden sitzen bleiben, weil Ihr Pkw nur teilkaskoversichert ist. In diesem Fall sollten Sie von einer Beförderung ohnehin grundsätzlich absehen. Aber auch bei einer Vollkaskoversicherung sollten Sie sich eine Kinderbeförderung wegen der selbst dann noch bestehenden oben beschriebenen Nachteile gut überlegen. Ansonsten kann der schöne Ausflug teure und langwierige Konsequenzen haben.

3. *Sie brauchen die Einverständniserklärung der Eltern:* Unabhängig von der versicherungsrechtlichen Fragestellung eines solchen Falls ist eine Mitnahme des Kindes nicht vom Betreuungsvertrag der Eltern mit der Einrichtung abgedeckt und gilt als „Extra“. Das bedeutet: Sie müssen hierfür in jedem Fall das Einverständnis der Eltern einholen. Manche Eltern haben prinzipiell etwas dagegen, dass ihr Kind in einem fremden Auto mitfährt. Das Einverständnis sollten Sie sich unbedingt schriftlich geben lassen und zu Ihren Unterlagen nehmen. Der beste Zeitpunkt dafür ist das Aufnahmegespräch.

TIPP

Fehlt eine generelle Einverständniserklärung bei Ihren Unterlagen, müssen Sie sie im konkreten Einzelfall einholen, wenn nötig auch fernmündlich – dann aber unter Zeugen!

4. *Während der Fahrt ist besondere Vorsicht geboten:* Wenn Sie Kinder transportieren, müssen Sie es vorschriftsmäßig tun. Ansonsten wird die gesetzliche Unfallversicherung zwar für die Heilbehandlungskosten und sonstige Folgekosten wie Reha-Maßnahmen, Hilfsmittel etc. aufkommen, Sie aber nachfolgend in Regress nehmen. Für so manchen Unfallverursacher bedeutete dies schon den finanziellen Ruin! Sie dürfen sich daher während der Fahrt nicht grob fahrlässig verhalten, also beispielsweise zu schnell oder über rote Ampeln fahren oder gar Restalkohol von der Familienfeier vom vergangenen Abend im Blut haben. Weiterhin müssen Sie das Kind vorschriftsmäßig sichern; das bedeutet: Das Kind sitzt korrekt angeschnallt auf einem für die jeweilige Alters- und Gewichtsklasse zugelassenen Kindersitz und der Kindersitz selbst ist korrekt montiert.

Die Beförderung von Kindern Ihrer Einrichtung mit dem eigenen Pkw ist ein riskantes Unterfangen, von dem aus juristischer Sicht eher abzuraten ist. Wenn Sie sich dennoch diesem Risiko aussetzen wollen, sollten Sie diese Tipps beherzigen, um zu vermeiden, dass erst alle den Spaß haben und dann eine die Zeche zahlt.

Auch der Ausflug ins Grüne muss abgesichert sein

2. Aufsicht bei Ausflügen?

Worum es geht

In einem Wald in Aachen kam unlängst eine Gruppe von Kindergartenkindern mit ihren Erzieherinnen unvermittelt in eine gefährliche Situation: Auf dem kurvenreichen Weg fuhr ein Traktor direkt auf sie zu. Nur dank der geistesgegenwärtigen Reaktion der Erzieherinnen, die die Kinder in den Graben drängten, konnte Schlimmeres verhütet werden. Der Traktor raste an der Gruppe vorbei und verschwand. Gegen den Fahrer wurde ein Ermittlungsverfahren eingeleitet.
Sie bleiben bei Ihren Ausflügen mit den Kindern hoffentlich von solchen Vorfällen verschont. Aber auch ein ganz normaler Spaziergang ohne besondere Vorkommnisse birgt gewisse Gefährdungspotenziale, die Sie bereits im Vorfeld ausschalten sollten.

Fallbeispiel
Ausflugstag im Kindergarten „Die kleinen Strolche“. Als sich die Kinder aufgeregt in Zweierreihen aufstellen, sieht Erzieherin Daniela K. schon Handlungsbedarf: Einige Schnürsenkel müssen noch einmal gebunden, heruntergerutschte Hosen „befestigt“ werden. Die dreijährige Hülya darf auf keinen Fall mit dem riesigen Regenschirm losziehen und Kathi muss ihre Tigerente im Gruppenraum lassen. Marcos Mütze ist viel zu groß und rutscht ihm ständig über die Augen. An Lauras Rucksack hängt eine lange Schnur mit Teddy. Wie immer stehen Paul und Lennard nebeneinander – und wie immer fangen sie an zu raufen.

Was das Gesetz sagt

Der Spaziergang in die nähere Umgebung ist als Bestandteil des Erziehungskonzepts vom Kindergartenvertrag gedeckt. Er bedarf also keiner gesonderten Einverständniserklärung der Eltern. Die Durchführung des Spaziergangs muss jedoch mit den Vorschriften zur Aufsichtspflicht in Einklang stehen. Wird diese verletzt, haftet der Träger für das Verschulden der betreffenden Erzieherin aus § 278 Bürgerliches Gesetzbuch (BGB). Wurde die Aufsichtspflicht schwer verletzt, kommt zudem eine Haftung nach §§ 823ff. BGB nach dem Recht der unerlaubten Handlungen in Betracht.

Was das für Sie bedeutet

Kommt bei einer Kindergarten-Aktion ein Kind zu Schaden, sind die konkreten Umstände entscheidend, unter denen die Aktion unternommen wurde. Lässt sich nachweisen, dass das Aufsichtspersonal die Gefahr hätte ausschließen können, wird man die Aufsicht führende Erzieherin zur Verantwortung ziehen. Gruppenspaziergänge mit 25 Kleinkindern im Straßenverkehr sind nicht gerade einfach zu beaufsichtigen. Sie sollten daher bei der Vorbereitung gewissenhaft darauf achten, Gefahrenquellen auszuschalten:

1. *Der Weg:* Grundsätzlich sollten Sie den Spaziergang nicht zu lang bemessen. Die Kinder werden spätestens nach einer Stunde müde und unaufmerksam. Nach Möglichkeit meiden sollten Sie offensichtliche Gefahrenquellen wie
   - Baustellen
   - Bahndämme
   - ungesicherte Gewässer
   - unübersichtliche Örtlichkeiten
   - stark frequentierte Bushaltestellen
   - Straßen mit fehlenden oder zu schmalen Bürgersteigen
   - große Kreuzungen/zu kurze Ampelschaltungen

2. *Die Ausrüstung:* Zur notwendigen Ausrüstung gehört neben dem Mobiltelefon für Notfälle die Schülerlotsenkelle für ungesicherte Straßenübergänge. Wenn die Aufsicht führenden Erzieherinnen Jacken in Signalfarben tragen, können sich die Kinder auch in Stresssituationen gut an ihnen orientieren und sie von anderen Passanten unterscheiden. Denken Sie an Erste-Hilfe-Material für kleinere Notfälle, wenn etwa ein Kind stürzt.

3. *Die Begleitpersonen:* Hier stellt sich regelmäßig die Frage nach dem Aufsichtsschlüssel, also der Relation von Gruppengröße zu Anzahl der Aufsicht führenden Erzieherinnen. Gesetzliche Vorgaben gibt es dazu ebenso wenig wie eine generelle Antwort. Das Maß der gebotenen Aufsicht ist nach ständiger Rechtsprechung vielmehr immer situationsbezogen und abhängig von den Umständen des konkreten Einzelfalls zu finden. Für einen Gruppenspaziergang bedeutet das: Der Aufsichtsschlüssel ist abhängig vom Alter der Kinder und ihrem Entwicklungsstand sowie von eventuellen besonderen Eigenheiten (mancher) Kinder. Weiterhin spielt natürlich auch der ausgewählte Weg eine Rolle in der Einschätzung des Gefährdungspotenzials. Denn im Schadensfall wird gefragt, ob es Ihnen und den anderen Begleitpersonen überhaupt möglich war, die gesamte Gruppe nicht nur im Auge zu behalten, sondern bei Gefahr auch buchstäblich einzugreifen, etwa wenn ein Kind plötzlich auf die Straße läuft. Genau dies aber ist – bei Kindern z. B. in der Mitte eines langen Zugs auf einem schmalen Bürgersteig – schwierig zu gewährleisten. Deshalb gilt: Gewinnen Sie viele zusätzliche Begleitpersonen (Praktikantinnen, Eltern).

4. *Die Kontrolle:* Unmittelbar vor dem Start sollten Sie bei den Kindern einen gründlichen Check vornehmen. Achten Sie auf offene Schuhe: Gerade die beliebten Klettverschlüsse sind bei stärkerer Beanspruchung oft nicht mehr „trittsicher". Stolperfallen wie zu lange Hosenbeine müssen Sie aufkrempeln. Achten Sie darauf, dass keinem Kind die Sicht beeinträchtigt ist, beispielsweise durch eine zu große Kapuze. Auf Regenschirme sollten die Kinder grundsätzlich verzichten, da sie dem nachfolgenden Kind die Sicht auf die vorn laufende Erzieherin versperren und die Gruppe durch Schirme unnötig weit auseinander gezogen würde. Überflüssiges Gepäck wie Rucksäcke, Teddybären, Spielzeug etc. bleibt im Kindergarten.

5. *Die Kinder:* Selbstverständlich sollten die Kinder immer zu zweit gehen, aber nicht jede Kombination ist sinnvoll. Idealerweise nimmt ein älteres Kind ein jüngeres an die Hand, welches dann möglichst auf der dem Verkehr abgewandten Seite läuft. Die Paare sollten für längere Zeit zusammengestellt werden, da sich die Kinder so besser aufeinander einstellen können und sofort bemerken, wenn ihr Partner fehlt. Wenn sich bei zwei zusammen laufenden Kindern „gruppendynamische Prozesse" wie Raufereien oder gemeinsames Weglaufen entwickeln, sollten Sie die beiden trennen.

Verkehrserziehung ist eine der zentralen Aufgaben Ihrer pädagogischen Praxis. Wenn Sie den Kindern das richtige Verhalten im Straßenverkehr vorleben, sind Sie auf dem sicheren Weg.

3. Aufsicht im Schwimmbad?

Worum es geht

An heißen Sommertagen ist ein Ausflug ins Freibad wohl das größte Erlebnis, das Sie den Kindern Ihrer Einrichtung bieten können. Doch das Vergnügen ist nicht ungefährlich:

Jedes Jahr ertrinken in Deutschland durchschnittlich 60 Kinder unter fünf Jahren. Nach Verkehrsunfällen ist Ertrinken bei Kindern dieser Altersgruppe die zweithäufigste Todesursache.

Fallbeispiel

In der Kita „Vogelnest" laufen die Vorbereitungen zum Badeausflug auf Hochtouren: Die Leiterin Frauke B. und ihre Kollegin Ayshe Ü. fahren in der kommenden Woche mit den Vorschulkindern ins Freibad. Die schriftlichen Einverständniserklärungen der Eltern liegen vor. Außerdem wurden die Eltern darüber informiert, dass Frauke B. das Rettungsschwimmabzeichen in Silber besitzt. Zudem ist sie so wie Ayshe Ü., die das Rettungsschwimmabzeichen in Bronze hat, als Ersthelferin ausgebildet. Vorab geht Frauke B. noch ins Freibad, um sich nach möglichen Gefahrenquellen umzusehen. Ayshe Ü. kümmert sich darum, weitere Eltern als Begleitpersonen zu gewinnen.

Was das Gesetz sagt

Aufsichtspersonen müssen „rettungsfähig" sein. Als Richtschnur können hierfür bundesweit die Empfehlungen der Deutschen Lebens-Rettungs-Gesellschaft (DLRG) gelten: Die Person, die die Aufsicht der Kinder im Wasser übernimmt, sollte das Rettungsschwimmabzeichen in Silber haben. Eine zweite Person, die im Besitz des Rettungsschwimmabzeichens in Bronze sein sollte, muss die Kinder beaufsichtigen, die sich nicht im Wasser befinden. Darüber hinaus sollte ein Ersthelfer anwesend sein und Erste-Hilfe-Material zur Verfügung stehen.

Was das für Sie bedeutet

Wegen des hohen Gefahrenpotenzials lehnen manche Träger von Kindertageseinrichtungen Schwimmveranstaltungen generell ab oder machen die Durchführung von bestimmten Bedingungen abhängig.

Badeausflüge erfordern ganz besondere Vorsichtsmaßnahmen

Bevor Sie also ein solches Angebot machen, ist unbedingt die Einholung einer Genehmigung des Trägers anzuraten. Haben Sie diese bekommen, sollten Sie sich stets bewusst sein: Kinder im Wasser zu beaufsichtigen, beinhaltet eine besondere Verantwortung. Sie sollten daher eine solche Aktion nur durchführen, wenn Sie sich Ihrer Sache ganz sicher sind

Baderegeln

1. Alle Kinder kühlen sich ab, bevor sie ins Wasser gehen! Wer friert, verlässt das Wasser sofort!
2. Im Duschraum wird nicht getobt oder gerangelt!
3. Kein Kind trägt beim Baden eine Uhr, Ketten, Ringe oder Ohrringe!
4. Auf nassen Böden darf nicht gelaufen oder gerannt werden!
5. Kein Kind geht mit ganz vollem oder ganz leerem Magen ins Wasser!
6. Alle Kinder, die nicht schwimmen können, gehen nur bis zum Bauch ins Wasser!
7. Es darf nicht ins Wasser gespuckt werden!
8. Niemand darf andere untertauchen!
9. Kein Kind springt vom Beckenrand!
10. Kein Kind ruft um Hilfe, wenn es nicht in Gefahr ist!

und über die empfohlenen Qualifikationen verfügen. Sie können die Aufsichtspflicht nicht etwa auf den Schwimmmeister übertragen, da dieser für das gesamte Schwimmbad verantwortlich ist. Sie selbst hingegen befinden sich gegenüber den Kindern juristisch in einer sogenannten Garantenstellung, haften also für deren Leib und Leben. Immer gilt: Auch wenn ein Kind den Frühschwimmerausweis besitzt, entbindet Sie das nicht von der korrekten Beaufsichtigung dieses Kindes. Je gründlicher Sie den Badeausflug vorbereiten, umso unwahrscheinlicher ist eine Gefährdung der Kinder. So gehen Sie vor:

1. *Holen Sie die Einverständniserklärung der Eltern ein:* Ein Ausflug ins Frei- oder Hallenbad ist nicht vom Standard-Erziehungskonzept einer Kindertageseinrichtung gedeckt. Daher ist in jedem Fall die Einverständniserklärung der Eltern erforderlich. Zu Beweiszwecken sollten Sie diese immer in schriftlicher Form einholen. Dies ist schon deshalb zweckmäßig, weil Kosten in Form von Eintritt, Spindpfand, Getränken etc. anfallen. Hilfreich ist eine Einverständniserklärung aber auch, wenn die Eltern z. B. muslimischen Glaubens sind.

2. *Nehmen Sie die „richtigen" Begleitpersonen mit:* Wenn Sie einen Badeausflug mit den Kindern planen, müssen Sie sich zunächst nach geeigneten Begleitpersonen umsehen. Mindestens eine Aufsicht führende Begleitperson sollte im Besitz des Rettungsschwimmabzeichens in Silber sein, mindestens eine weitere als Ersthelfer ausgebildet sein. Es ist zwar nicht verboten, wenn diese Qualifikationen in einer Person zusammenfallen, sinnvoll ist es jedoch nicht. Denn wird tatsächlich einmal eine Erste-Hilfe-Maßnahme notwendig, kann eine einzige Person unmöglich Erste Hilfe leisten und gleichzeitig die Kinder im Wasser korrekt beaufsichtigen. Das empfohlene Aufsichtsverhältnis ist 1:3, maximal 1:4.

3. *Checken Sie vorab die Örtlichkeiten:* Vor dem ersten Schwimmbadbesuch sollten Sie sich um-fassend über die Örtlichkeiten informieren. Klären Sie Fragen wie:
   - Ist das Bad zum Zeitpunkt des Besuchs voraussichtlich voll/überfüllt?
   - Werden zum Zeitpunkt des Besuchs Wasserbereiche zu Vereinszwecken gesperrt?
   - Ist das Bad stark von Jugendlichen oder eher von älteren Menschen besucht?
   - Ist der Wasserbereich für Aufsicht führende Personen gut einsehbar?
   - Sind die Sammelumkleideräume für die Kindergruppe groß genug?
   - Sind ausreichend Rettungsgeräte wie Stangen und Ringe vorhanden und griffbereit?

4. *Vergessen Sie nicht die richtige Ausrüstung:* Selbstverständlich ist der Erste-Hilfe-Koffer das wichtigste Requisit bei dem Ausflug. Verteilen Sie an die Kinder darüber hinaus einheitliche Badekappen in auffälliger Farbe. Dies verschafft Ihnen in einer Stress- oder Gefahrensituation einen schnellen Überblick über die Gruppe. Vorsicht vor Schwimmflügeln und Schwimmringen: Diese „Schwimmhilfen" täuschen Kinder über die tatsächlichen Kräfteverhältnisse im Wasser hinweg und führen zu einer Illusion von Sicherheit, die sie nicht erfüllen. Von ihnen ist dringend abzuraten.

5. *Üben Sie die Baderegeln ein:* Zur Vorbereitung des Ausflugs ist es unerlässlich, die Kinder mit den Gefahren des Wassers vertraut zu machen. Hierzu sollten bestimmte Baderegeln festgelegt werden (s. Kasten S. 7).

6. *In der Praxis:* Sind die Kinder dann im Wasser, muss jederzeit gewährleistet sein, dass ein Kind aus dem tiefen Schwimmerbecken geholt werden und ggf. eine Herz-Lungen-Belebung durchgeführt werden kann. Dazu ist unbedingt erforderlich, dass immer eine Person am Beckenrand Aufsicht führt, da eine Aufsichtsperson im Wasser nie den gesamten Überblick haben kann.

TIPP

Ein Buch zum Thema „Schwimmenlernen – Schwimmenkönnen": In eine fantastische Geschichte eingebettet, bringt das Buch von Franziska van Almsick Kindern ab vier Jahren nahe, warum es gut ist, wenn man sich mit Wasser auskennt, und was es zu beachten gilt. Erste Schritte zur Annäherung an das Meer werden thematisiert und die Vorfreude auf das Schwimmenlernen wird geweckt. Franziska van Almsick/Betina Gotzen-Beek: Paul Plantschnase am Meer. Mit ersten Schwimmübungen. Herder, Freiburg 2009, ISBN 978-3-451-70920-3, 12,95 Euro. Die gleichnamige CD mit der ISBN 978-3-7831-3287-8 kostet ebenfalls 12,95 Euro.

4. Aufsicht im Wald?

Worum es geht

Waldtage oder Waldwochen gehören in Kitas längst zum pädagogischen Alltag: Kinder erforschen bei Wind und Wetter den Wald mit seiner Flora und Fauna. Sie führen mit dem vorhandenen Material naturnahe Experimente durch, erleben und begreifen den Wald mit allen Sinnen. Doch auch hier gilt wie bei allen Aktivitäten mit Kindern: Sie sind verpflichtet, die Kinder rechtssicher zu beaufsichtigen. Denn der scheinbar so harmlose Lebensraum „Wald" birgt mancherlei Gefahren: So kam kürzlich ein sechs Jahre altes Mädchen im baden-württembergischen Sponheim ums Leben, als es mit anderen Kindern auf einem gefällten Baumstamm balancierte. Der auf zwei kurzen Querstämmen liegende zwölf Meter lange Baum kam ins Rollen und klemmte mehrere Kinder unter sich ein. Für das sechsjährige Mädchen kam jede Hilfe zu spät.

Fallbeispiel
Die Kita „Die kleinen Strolche" führt in diesem Jahr wieder ihre beliebte Waldwoche durch. 50 Kinder freuen sich auf den Dammbau im Bach, hohe Kletterbäume und leckere Waldfrüchte. Leiterin Theresa V. hat 15 Freiwillige unter den Eltern gefunden, die sich abwechselnd als Begleiter zur Verfügung stellen. Die Route steht fest, die Vorbereitungen sind abgeschlossen und Theresa V. fragt sich, ob sie an alles gedacht hat.

Was das Gesetz sagt

§ 22 Kinder- und Jugendhilfegesetz (KJHG) bildet hier die Grundlage: Er bestimmt, dass „... die Entwicklung zu einer eigenverantwortlichen und gemeinschaftsfähigen Persönlichkeit gefördert werden soll". Nach ständiger Rechtsprechung gilt hinsichtlich des Umfangs der Aufsichtspflicht: Das Maß der Aufsicht muss mit dem Erziehungsziel, der wachsenden Fähigkeit und dem wachsenden Bedürfnis des Kindes, selbstständiges und verantwortungsbewusstes Handeln einzuüben, in Einklang gebracht werden.

Was das für Sie bedeutet

Erlebnispädagogik und Aufsichtspflicht müssen einander keineswegs ausschließen. Pädagogisches Ziel von Aktivitäten im Wald sollte sein, die Kinder mit den dortigen Risiken vertraut zu machen. Die Sicherheit der Kinder gewährleisten Sie, indem Sie

- durch organisatorische Maßnahmen das Gefahrenpotenzial so weit wie möglich reduzieren und
- die Kinder zu sicherem – d. h. vor allem zu selbstsicherndem Verhalten – anleiten.

1. *Informieren Sie sich beim Forstamt:* Wald ist nicht gleich Wald. Erkundigen Sie sich im Vorfeld bei Ihrem zuständigen Forstamt, welches Waldgebiet für die Aktion geeignet ist. Auf diese Weise können Sie ausschließen, dass Sie die Kinder in Gebiete führen, in denen gerade gejagt wird, die Holzernte läuft, besonders viele Sturmschäden zu verzeichnen sind (Holzbruchgefahr!) oder mit Überflutungen zu rechnen ist. Tollwutgebiete sind unbedingt zu meiden.

Erlebnispädagogik und Aufsichtspflicht – kein Widerspruch!

2. *Gezielte Information:* Begleitende Mitarbeiterinnen, Praktikantinnen und Eltern müssen Sie vorab hinsichtlich Gefahren und Notfallmaßnahmen unterweisen. Einige unterwiesene Helfer sollten Sie darüber hinaus „in Reserve" haben, da erfahrungsgemäß krankheitsbedingte Ausfälle zu erwarten sind. Denken Sie daran, die durchgeführten Unterweisungen zu dokumentieren! Darüber hinaus sollten Sie sicherstellen, dass durchgängig genügend Ersthelfer die Aktion begleiten, mindestens jedoch zwei. Zur richtigen Vorbereitung gehört auch, dass jede Aufsicht führende

Die 15 grünen Regeln für das Verhalten im Wald

1. Wir sondern uns nicht von der Gruppe ab oder verlassen den Aufenthaltsbereich.
2. Wir reißen keine Pflanzen aus.
3. Wir stören die Tiere nicht.
4. Wir fassen keine toten Tiere an.
5. Tiere, die wir zum Beobachten fangen, bleiben nur kurze Zeit im Behälter und werden am Fundort wieder ausgesetzt.
6. Wir essen ohne Absprache und vorheriges Waschen keine Waldfrüchte.
7. Wir klettern nicht auf Holzstapel und meiden diese großräumig.
8. Wir klettern nicht auf Hochsitze und Sitzleitern.
9. Wir klettern nicht auf Bäume, die die Erzieherin nicht freigegeben hat.
10. Wir klettern niemals mit dem Rucksack auf dem Rücken.
11. Wir klettern nicht auf Kulturdenkmäler.
12. Wir hinterlassen keinen Müll im Wald.
13. Stöcke und Äste halten wir nicht in Gesichtshöhe.
14. Mit Stöcken und Ästen in der Hand rennen wir nicht.
15. Wir trinken kein Wasser aus stehenden oder fließenden Gewässern.

Person einen Lageplan erhält, auf dem die verschiedenen geplanten Aufenthaltsorte und Treffpunkte eingezeichnet sind. Falls Sie die Kindergruppe im Wald teilen, muss außerdem gewährleistet sein, dass ausreichend Mobiltelefone mit geladenem Akku und gespeicherter Notfallnummer sowie entsprechend viele Erste-Hilfe-Koffer mitgeführt werden. Die Begleiter sollten auch wissen, woran ein stabiler Kletterbaum zu erkennen ist, welche Pflanzen giftig sind und wie der Riesenbärenklau aussieht (phototoxisch!).

3. *Einverständniserklärungen müssen sein:* Für die Durchführung einer Waldwoche brauchen Sie von den Eltern eine Einverständniserklärung. Das Formular, das Sie hierfür verteilen, sollte auch sicherheitshalber nach vorhandenen Allergien fragen. Weisen Sie die Eltern im Begleitbrief unbedingt darauf hin, dass sie
   - ihr Kind mit einem der Größe angepassten, ausreichend großen und gut sitzenden Rucksack, witterungsangepasster Kleidung, festem Schuhwerk, Matschhose, Becherlupe und evtl. Gummistiefeln ausstatten,
   - an ausreichenden Sonnenschutz (v. a. Mütze, Creme) sowie
   - an Insektenschutz gegen Mücken und Zecken denken,
   - ihrem Kind eine müll- und besteckfreie Brotzeit (also keine Joghurts etc.) mitgeben und
   - ihr Kind jeden Abend auf Zecken untersuchen sowie auf Hautrötungen und andere typische Symptome, die auf eine Infizierung durch einen Zeckenbiss hinweisen, achten.

4. *Legen Sie mit den Kindern die Regeln fest:* Die Kinder müssen wissen, wie sie sich im Wald zu verhalten haben (s. Kasten S. 10). Wenn Sie im Vorfeld Ihrer Waldwoche diese Regeln mit den Kindern erarbeiten, wecken Sie ihr Verständnis für die Zusammenhänge im Lebensraum Wald und fördern ihre Akzeptanz. Stets gilt: Die Gefahren des Waldes müssen vorher mit den Kindern besprochen werden. Auf keinen Fall aber sollte der Wald dabei als gefährlich oder unheimlich dargestellt werden.

5. *Niemals ohne Frischwasser:* Geht es dann los, ist neben Mobiltelefon und Erste-Hilfe-Material der große Kanister mit Frischwasser wichtigster Ausrüstungsgegenstand. Denn auch beim Spiel im Wald geht es nicht ohne vorbeugende Hygienemaßnahmen. Besonders vor dem Fuchsbandwurm (Echinokokkus multilocularis) müssen Sie die Kinder schützen. Der zwei bis drei Millimeter große Parasit kommt im Darm von Füchsen vor, seine Eier werden mit dem Fuchskot verteilt. Diese bleiben in der schattigen, feuchten Walderde lange lebensfähig und haften Waldfrüchten an. Werden die Eier über die Nahrung aufgenommen, verursacht der Fuchsbandwurm ein tumorähnliches Wachstum der Leber und führt ohne Behandlung zu schwerer Erkrankung einschließlich Tod. Daher gilt:

- Machen Sie sich unbedingt die Mühe und führen stets auf einem Handwagen einen großen Kanister mit sauberem Leitungswasser mit sich. Halten Sie die Kinder vor jeder Mahlzeit an, sich die Hände gründlich zu waschen. Die üblichen Desinfektionsmittel sind gegen die Eier des Fuchsbandwurms wirkungslos! Waschen Sie Waldfrüchte vor dem Verzehr gründlich ab.
- Prägen Sie den Kindern ein, die Hände auf keinen Fall in den Mund zu nehmen und achten Sie im Wald verstärkt auf die Einhaltung dieser Regel.
- Lassen Sie die Kinder keine Nahrungsmittel essen, die Kontakt mit dem Waldboden hatten.

5. Aufsicht bei offenem Feuer?

Worum es geht

Die Vorweihnachtszeit ist die Zeit der Lichter in Ihrer Einrichtung. Brennende Kerzen und Duftlampen, aber auch Lichterketten verbreiten eine Atmosphäre von Gemütlichkeit. Stoff- und Pappdekorationen hängen an Wänden und Decken – oft bis weit ins neue Jahr hinein.

Fallbeispiel
Im Kindergarten „Sterntaler" sitzt die Erzieherin Hanna P. mit ihrer Gruppe im Morgenkreis um eine Kerze herum. Gerade will sie mit den Kindern ein Lied singen, als eine heftige Allergie-Attacke sie erwischt. Hanna P. pustet die Kerze aus und geht hinaus, um sich ein Taschentuch zu holen. Aber der fünfjährige Tobi weiß schon, wie man die Kerze mit den Streichhölzern wieder anzündet ...

Der Umgang mit offenem Feuer will gelernt sein

Was das Gesetz sagt

Beim Umgang mit offenem Feuer in Ihrer Einrichtung sind die Anforderungen an Ihre Aufsichtspflicht erhöht. Wenn Sie dieser Pflicht nicht oder nur unzureichend nachgekommen sind, wird in einem Schadensfall geprüft werden, ob Sie grob fahrlässig gehandelt haben.

Was das für Sie bedeutet

Auch wenn es selbstverständlich für Sie ist, die Kinder Ihrer Einrichtung nicht mit brennenden Kerzen unbe-

WICHTIG

Für jedes offene Feuer im Gruppenraum gilt: Fenster und Türen des Raumes müssen jederzeit frei passierbar sein. Auch wenn wir gerade bei Kerzenschein gern die Vorhänge schließen, sollten Sie dies unbedingt kritisch prüfen: Im Falle eines Brandes müssen Sie mit den Kindern ungehindert den Raum (im Erdgeschoss) auch durch ein Fenster verlassen können bzw. die Feuerwehr muss einen leichten Zugang zum Raum haben. Eben gelöschte Kerzen sollten Sie immer kindersicher aufbewahren, bis die Kerze endgültig ausgekühlt ist, denn auch heißes Wachs ist gefährlich.

aufsichtigt zu lassen: Es gibt noch einige andere Sicherheitsvorkehrungen, die Sie beim Umgang mit offenem Feuer treffen müssen:

1. *Lichterketten sind gefährlich:* Die handelsüblichen Lichterketten sind preiswert und geben ein stimmungsvolles Licht. Doch leider sind sie auch gefährlich: Kinder können die Birnen einfach abziehen und haben so direkten Zugriff auf 220-Volt-Strom. Besser sind Lichtschläuche: Sie können von den Kindern nicht demontiert werden und bieten ein Maximum an Sicherheit.

2. *Raum- und Dekostoffe sollten flammenhemmend imprägniert sein:* Nach DIN 4102 sollten alle von Ihnen verwendeten Stoffe flammenhemmend imprägniert sein. Bei der Auswahl von Fenstervorhängen beachten dies die meisten Kindergärten auch bereits. Doch bei der Auswahl von Dekostoffen

Checkliste: Sicherheitsvorkehrungen bei brennenden Kerzen

Mit dieser Checkliste können Sie in einem Schadensfall belegen, dass in Ihrer Einrichtung alle erforderlichen Vorkehrungen getroffen wurden.

1. In Ihrer Einrichtung werden keine synthetischen Stoffe zur Raumdekoration verwendet. ☐
2. Die Stoff-Dekorationen sind aus schwer entflammbaren Materialien nach DIN 4102 oder entsprechend präpariert. ☐
3. Als Lichtdekoration verwenden Sie ausschließlich Lichtschläuche. ☐
4. Die Mitarbeiterinnen lassen sich regelmäßig von der örtlichen Feuerwehr im Brandschutz unterweisen. ☐
5. Die Mitarbeiterinnen wurden in der Handhabung von Feuerlöschern geschult. ☐
6. In jedem Gruppenraum der Einrichtung befindet sich ein betriebsbereiter Feuerlöscher. ☐
7. In jedem Gruppenraum befindet sich leicht zugänglich eine Löschdecke. ☐
8. Kerzen bzw. Adventskranz stehen auf einer feuerfesten Unterlage. ☐
9. Es befindet sich kein leicht brennbares Material in der Nähe von Kerzen oder Adventskranz. ☐
10. Der Adventskranz wird regelmäßig befeuchtet. ☐
11. Wenn Kerzen brennen, werden Fenster und Türen freigehalten. ☐
12. Zu keinem Zeitpunkt sind die Kinder mit brennenden Kerzen unbeaufsichtigt. ☐
13. Eben erst gelöschte Kerzen befinden sich außer Reichweite der Kinder und werden nicht im Mülleimer entsorgt. ☐
14. Eine gut leserliche Liste mit Notrufnummern befindet sich griffbereit neben dem Telefon. ☐

wird diese Anforderung oftmals vergessen. Sofern Sie Stoffe (z. B. Tischdecken) in Ihrer Einrichtung haben, die dieser Norm nicht entsprechen, sind im Fachhandel Waschzusätze erhältlich, die die Stoffe flammenhemmend imprägnieren. Speziell für die Decken-Dekoration gilt: Benutzen Sie keine Stoffe aus synthetischen Fasern (z. B. Polyester, Polyacryl, Samt, Satin, Jersey, Organza, Nylon etc.). Diese Materialien werden unter Hitzeeinwirkung flüssig, die Tropfen fallen herab und können sich in die Haut einbrennen.

3. *Regelmäßige Brandschutzunterweisungen sind verpflichtend:* Erkundigen Sie sich bei Ihrer zuständigen Feuerwehr nach einer Brandschutzunterweisung für Ihre Einrichtung. Die Fachleute kommen in die Kita und erklären Ihnen und den Kindern, was im Falle eines Brandes in der Einrichtung beachtet werden muss. Den Kindern wird beispielsweise erklärt, dass sie sich bei Feuer nicht verstecken dürfen und wo der Sammelplatz auf dem Freigelände ist, wenn der Kindergarten schnell geräumt werden muss. Des Weiteren sollten Sie und Ihre Mitarbeiterinnen in der Handhabung eines Feuerlöschers unterwiesen werden. Diese Unterweisungen finden regelmäßig bei den Feuerwehren statt. Fragen Sie dort nach.

4. *So sorgen Sie vor:* Ohnehin sollte es selbstverständlich sein, dass sich neben dem Telefonanschluss Ihrer Einrichtung eine gut lesbare Liste mit sämtlichen Notrufnummern befindet und in jedem Gruppenraum ein betriebsbereiter Feuerlöscher vorhanden ist. Besser, weil schonender für die Umgebung, löschen Sie einen kleinen Brand – z. B. den eines Adventskranzes – aber mit einer Löschdecke. Sofern in Ihrer Einrichtung noch keine Löschdecken vorhanden sind, sollten Sie diese in ausreichender Stückzahl besorgen und jeweils in greifbarer Nähe deponieren. Wenn Sie mit offenem Feuer arbeiten, sollten Sie stets eine Löschdecke bereitlegen und einen Eimer Wasser griffbereit haben, um im Ernstfall gerüstet zu sein.

5. *Das gilt für Kerzen und Adventskranz:* Beides gehört auf eine nicht brennbare Unterlage aus Porzellan oder Glas. Den Adventskranz halten Sie am besten noch zusätzlich mit einem Pflanzensprüher feucht, damit er nicht im Laufe der Wochen zu gefährlichem Zunder austrocknet. Brennbares Material wie Tischdecken, Servietten etc. hat in der Nähe des Kranzes nichts zu suchen.

Vom richtigen Umgang mit offenem Feuer können auch die Kinder lernen. Wenn Sie die richtigen Sicherheitsvorkehrungen treffen, ist allen eine stimmungsvolle Vorweihnachtszeit garantiert.

6. Aufsicht während der „tollen Tage“?

Worum es geht

Ihre Einrichtung ist auf die närrische Zeit eingestellt: Bevölkert von Prinzessinnen und Polizisten, Cowboys und Indianern, gelten manche Regeln in diesen Tagen nur eingeschränkt. Fantasievolle Kostümierungen und manche Spielzeug-„Waffen“ können aber Unfallrisiken bergen, die Sie als verantwortliche Aufsichtsperson im Auge behalten müssen.

Fallbeispiel

Die Kinder der Kita „Pfiffikus“ sind ausgelassen und voller Erwartung: Heute soll die große Faschingsparty stattfinden. Überall wuselt es von gekrönten Prinzessinnen, besternten Sheriffs, bewaffneten Cowboys und Indianern. Kevin, Mandy und Marek allerdings stehen noch traurig herum, da ihre Mütter das Fest vergessen haben und sie daher kein Kostüm tragen. Erzieherin Lisa S. hat auch für diese Fälle vorgesorgt und Karnevalsschminke bereitgelegt. Mit ein paar Tüchern wird daraus eine tolle Kostümierung.

Buntes Treiben ja – aber nicht ohne Aufsicht!

Was das Gesetz sagt

Auch bei einer Faschingsfeier tragen Sie als Aufsichtsperson die Verantwortung dafür, dass Gefahrenquellen rechtzeitig erkannt werden, und sorgen im Vorfeld für den richtigen Umgang mit ihnen bzw. für die „Entschärfung“.

Was das für Sie bedeutet

In manch scheinbar harmloser Kinderkostümierung können tatsächlich Gefahren stecken. So kann die spitzkantige Plastikkrone der Prinzessin die Trägerin zwar ganz reizend schmücken, für andere Kinder, die sich neben ihr aufhalten, aber eine erhöhte Verletzungsgefahr bedeuten. Die Industrie sichert sich durch Warnhinweise und Altersangaben ab – Eltern denken sich nichts dabei und wollen außerdem ihrem Kind nicht den Spaß verderben. Wenn Sie bereits beim Eintreffen der Kinder solche Gefahrenquellen an den Kostümen bemerken und gegebenenfalls „unschädlich" machen oder entschärfen, sind Sie auf der sicheren Seite. In einigen Fällen mag es auch ratsam sein, geeignete Ersatzrequisiten bereit zu halten, denn niemand will ja einem Kind die Freude an seiner Faschingskostümierung verderben. Hierauf sollten Sie besonders achten:

TIPP

Beziehen Sie die Eltern mit ein und hängen Sie z. B. im Vorfeld des Festes einen entsprechenden Hinweis zur Unfallvermeidung an die Info-Tafel.

1. *Die Kostüme:* Die Kleidung sollte grundsätzlich nicht zu lang sein, um Stürze zu vermeiden. Meist lässt sich das mit ein paar geschickten Griffen ändern. Und wie immer gilt auch hier: Ketten, Schnüre, Kordeln etc. sind unbedingt verboten! Diese scheinbar harmlosen Accessoires bergen eine ernstzunehmende Strangulierungsgefahr.

2. *Die Requisiten:* Ihre glitzernde (aber leider auch scharfkantige) Krone will die kleine Prinzessin sicher nicht abgeben, ebenso wenig wie der Sheriff seinen spitzkantigen Sheriffstern. Da sind eine Krone aus Goldpapier und ein Stern aus Filz natürlich nur unzureichender Ersatz. Aber eine tobende, tanzende Kindergruppe ist nun mal nicht zu Vorsicht im Umgang miteinander anzuhalten. Wer auf Nummer sicher gehen will, klärt im Vorfeld mit den Eltern, was bei der Kita-Feier geht und was nicht. Das gilt natürlich ebenso für Spielzeugpistolen, Schwerter, Tomahawks etc. und vor allem auch für Spielzeugmunition. Diese gehört jedenfalls nicht in die Hosentasche: Dort könnte sie sich entzünden und schwere Brandverletzungen verursachen.

3. *Die Schminke:* Stellt Ihre Einrichtung für „Notfälle" wie im Fallbeispiel Schminke bereit, achten Sie bereits beim Kauf darauf, dass diese allergenarm und hautfreundlich ist. Unabhängig davon dürfen Sie allergische sowie neurodermitische Kinder grundsätzlich nicht damit schminken. Hier sollten Sie auf jeden Fall die Eltern einbinden, um eine gute Lösung zu finden. Achten Sie außerdem bei wilden Partyspielen darauf, dass schwitzenden Kindern keine verlaufende Schminke in die Augen rinnt, die dort schlimme Reizungen hervorrufen kann.

Die Kinder sollen und wollen in diesen Tagen ausgelassenen Spaß und Freude haben. Umsicht und der aufmerksame Blick der Erwachsenen können dafür sorgen, dass diese Freude auch ungetrübt bleibt. Dabei gilt: Je jünger die Kinder, umso mehr Aufmerksamkeit benötigen sie.

7. Ein Kind ist weggelaufen?

Worum es geht

In Ihrer pädagogischen Arbeit mit Kindern erweisen sich manche von ihnen als eigenständiger, als man für möglich gehalten hätte. Mitunter gelingt es einem Kind auch, die Umzäunung des Außengeländes zu überwinden und eine Entdeckungstour in die Umgebung zu starten. Selbst wenn ein solcher Ausflug glimpflich verläuft, sorgt das Bekanntwerden einer solchen Aktion unter den Eltern naturgemäß für viel Aufregung und auch für Misstrauen dem Personal der Kita gegenüber.

Fallbeispiel
Nervöse Stimmung im Kindergarten „Bärenhöhle": Nachdem vor ein paar Tagen zwei Kinder aus der Einrichtung weggelaufen sind, sind die Eltern beunruhigt über die Sicherheitssituation. Glücklicherweise ist den Kindern nichts passiert, da sie von einem Passanten zurückgebracht wurden. Doch die Leiterin Martina W. grübelt, was sie tun kann, um so etwas in Zukunft zu verhindern.

Was das Gesetz sagt

Allgemein gültige gesetzliche Regelungen für Kindertageseinrichtungen bzw. deren Umzäunungen zum Schutz vor weglaufenden Kindern gibt es nicht. Der Gemeindeunfallversicherungsverband empfiehlt in seinen „Sicherheitsregeln Kindergärten“ einige Maßnahmen für Einfriedungen und Zugänge:

- Die Umfriedung des Grundstücks der Einrichtung, also der Zaun, muss mindestens 1 Meter hoch sein, empfehlenswert wären 1,5 Meter.
- Der Zaun darf nicht zum Überklettern verleiten, keinen Stacheldraht und keine spitzen Zaunpfähle aufweisen. Auch Dornensträucher dürfen nicht verwendet werden. Jägerzäune, Ranchzäune, Dornenhecken o. Ä. sind daher von vornherein ungeeignet. Empfehlenswert sind Stahlmattenzäune, bei denen die Spitzen der Stahlmatten nach unten zeigen.
- Türen, Tore und Gartenpforten müssen abschließbar sein und beim täglichen Gebrauch sicher schließen. Nicht immer ist es möglich und sinnvoll, die Gartenpforte abzuschließen, z. B. in der Bring- und Abholphase. Empfehlenswert ist daher eine Pforte, die innen einen feststehenden Griff hat und nur außen einen Drücker aufweist. Dies hat den Vorteil, dass nur Erwachsene diesen betätigen können, indem sie über den Zaun greifen.
- Als Sicherungen gegen Hineinlaufen in den Straßenverkehr eignen sich an Grundstücksausgängen beispielsweise Auffanggeländer oder Schleusen.

Allein auf Entdeckungstour – das darf nicht passieren!

Was das für Sie bedeutet

Der Kindergartenvertrag enthält als wesentlichen Bestandteil die Pflicht, die Kinder zu betreuen und zu beaufsichtigen. Der Kindergarten wird damit zum sogenannten Garanten für das Wohlergehen der Kinder. In diese Garantenstellung tritt die jeweils Aufsicht führende Erzieherin ein. Verletzt sie ihre Garantenstellung und entsteht daraus dem zu betreuenden Kind ein Schaden, können sich für die Erzieherin

- eine zivilrechtliche Haftung in Form von Schmerzensgeldzahlungen,
- eine strafrechtliche Haftung in Form von Geld- oder Freiheitsstrafen sowie
- arbeitsrechtliche und disziplinarrechtliche Konsequenzen wie Abmahnung, Kündigung und Schadensersatzansprüche ergeben – jedoch nicht zwangsläufig bei jedem Vorfall. Nur wenn die Aufsichtsperson nachweisbar die Aufsichtspflicht verletzt hat, ergeben sich diese Konsequenzen.

Für Ihre tägliche Praxis gibt es leider keine bessere Regel als die des Bundesgerichtshofs, der als Maßstab für die „richtige“ Aufsicht im Einzelfall Folgendes empfiehlt: „Das Maß der gebotenen Aufsicht richtet sich nach Alter, Eigenart und Charakter des Kindes sowie danach, was dem Aufsichtspflichtigen in der konkreten Situation zugemutet werden kann. Es muss immer für den Einzelfall geprüft werden, was verständige Aufsichtspersonen unternehmen müssen, um das Kind oder Dritte vor Schaden zu bewahren“ (BGH, NJW-RR 1987, 1430, NJW 1990, 2553, OLG Düsseldorf, Urt. v. 12.10.1995, NVwZ 1997, 207). Daraus ergibt sich für Sie zum Thema „Weglaufschutz“ für Ihre Einrichtung:

1. *Türen abschließen ist nicht erlaubt:* Im Haus selbst können Sie über die „normale" Aufsichtsführung hinaus wenig tun. Die Brandschutzvorschriften verbieten Ihnen ein Abschließen der Haustür, zumindest wenn diese auch Fluchttür ist, was bei den meisten Einrichtungen zutrifft. Muss ein Kind den Gruppenraum verlassen, sollte die Aufsicht führende Erzieherin immer die bereits verstrichene Zeit im Blick behalten, um bei „Fluchtversuchen" noch rechtzeitig eingreifen zu können. Auch können Sie zur Regel machen, dass Kinder, die aus dem Gruppenraum gehen, die Tür geöffnet lassen. Auf diese Weise haben Sie wenigstens noch freien Blick in den Flur, wenn möglich auch auf die Haustür.

2. *Im Freigelände stets engmaschig beaufsichtigen:* Darüber hinaus müssen Sie im Außengelände immer eine engmaschige Beaufsichtigung durch die Aufsicht führenden Erzieherinnen gewährleisten und zwar je nach Alter und Charakter des Kindes im Abstand von 1 bis 10 Minuten. Außerdem sollten Sie und Ihre Kolleginnen immer mögliche gruppendynamische Prozesse innerhalb einer Kindergruppe mit bedenken. Das bedeutet: Auch ansonsten vernünftige und umsichtige Kinder können in einer Gruppe zu waghalsigen Manövern verleitet werden. Daran müssen Sie Ihr Aufsichtsverhalten ebenfalls ausrichten, um sich nicht im Schadensfall haftbar zu machen.

3. *So handeln Sie, wenn ein Kind verschwunden ist:* Ist doch einmal ein Kind verschwunden, müssen Sie aufgrund Ihrer durch den Kindergartenvertrag begründeten Garantenstellung alles unternehmen, was von Ihnen – so das Juristendeutsch – „vernünftigerweise erwartet werden darf":

- Vergewissern Sie sich, dass sich das Kind nicht doch auf dem Gelände aufhält. Vielleicht hat es sich versteckt, befindet sich in den Sanitärräumen, im Keller etc. Befragen Sie die Kinder, die zuletzt mit ihm gespielt haben.
- Führt das zu keinem Ergebnis, müssen Sie sofort die Polizei unterrichten. Die Einsatzzentrale kann über Funk alle Beamten auf Streife anhalten, die Augen offenzuhalten.
- Weiterhin müssen Sie umgehend die Eltern des Kindes benachrichtigen. Sie können vielleicht Anhaltspunkte geben, wo sich das Kind aufhält bzw. zu wem es unterwegs ist.
- Je nach Personalsituation und Gruppenstärke sollten Sie dann eine oder zwei Erzieherinnen zur Suche nach dem Kind aussenden, die das Umfeld des Kindergartens in konzentrischen Kreisen absuchen. Doch Vorsicht: Keinesfalls darf die Situation entstehen, dass die Kinder in der Einrichtung nicht mehr ordnungsgemäß beaufsichtigt werden.

Dass ein Kind weglaufen und Schaden erleiden könnte, gehört sicher zu den schlimmsten Vorstellungen einer Erzieherin. Doch so lange verbindliche gesetzliche Regelungen zum „Weglaufschutz" in Kindertageseinrichtungen fehlen – und z. T. auch Brandschutzvorschriften entgegenstehen – hilft nur: Aufsicht und nochmals Aufsicht!

8. Übernachtung in der Kita?

Worum es geht

Die Übernachtung in der Kita ist für die meisten Kinder das „Highlight" schlechthin. Neben einem spannenden Abenteuer finden sie hier eine gute Möglichkeit, Selbstständigkeit und Selbstbewusstsein auszubilden sowie positive Gruppenerfahrungen zu machen. Allerdings bedarf so eine Aktion, bei der mitunter 25 Kinder und mehr an ungewohntem Ort und in ungewohnter Weise die Nacht verbringen, einer guten Vorbereitung. Dieses Kapitel zeigt, wie Sie eine solche Nacht richtig planen, um auch für Notfälle gerüstet zu sein.

Fallbeispiel

In der Kita „Sternschnuppe" wird heute übernachtet. Die Vorschulkinder der Einrichtung trauen sich, nach einem aufregenden Besuch der örtlichen Sternwarte und anschließender Nachtwanderung, fern von ihrem Zuhause zu schlafen. Kita-Leiterin Monika S. trifft die letzten notwendigen Vorbereitungen und richtet den Schlafsaal her.

Was das Gesetz sagt

Grundsätze der Aufsichtsführung, Vorschriften zu Flucht- und Rettungswegen, Hygieneregeln – was tagsüber selbstverständlich erscheint, im Arbeitsalltag routiniert abläuft und kaum Probleme bereitet, kann nachts unter ungewohnten Umständen ganz anders aussehen. Selbstverständlich gelten die bekannten einschlägigen Vorschriften auch nachts, können aber in stärkerer Ausprägung Bedeutung erlangen.

Was das für Sie bedeutet

So stellen Sie sicher, dass Sie für die besondere Nacht nichts versäumen:

1. *Nicht ohne Einverständniserklärung:* Eine Übernachtung in Ihrer Kita ist nicht ohne Weiteres vom Betreuungsvertrag gedeckt. Sie benötigen daher für diese Aktion eine gesonderte Einwilligungserklärung der Eltern. Diese Einwilligung kann nicht – wie häufig argumentiert wird – schon darin gesehen werden, dass die Eltern das Kind am späten Nachmittag, ausgerüstet für die Nacht, in der Einrichtung abgeben. Denn möglicherweise unterliegen die Eltern dem Irrtum, dass die Übernachtung eine Pflichtveranstaltung sei, an der das Kind teilzunehmen habe. Die Einwilligung sollte daher unbedingt schriftlich erfolgen und auch erfassen, ob das Kind z. B. Medikamente (wann und in welcher Dosierung?) während des Schlafaufenthalts einnehmen muss (vgl. hierzu Kap. II.9.) oder ob es besondere Einschlafhilfen (Schmusedecke etc.) benötigt. In einem Info-Brief sollten die Eltern vorab detailliert über die Freiwilligkeit der Teilnahme sowie den Verlauf der Nacht informiert worden sein. Lassen Sie sich unbedingt auch eine Notfallnummer der Eltern geben, unter der sie die ganze Nacht erreichbar sind.

2. *Im Vorfeld die Behörden benachrichtigen:* Ungewohnte Geräusche, unübliches Licht etc. aus Ihrer Einrichtung können die Nachbarn veranlassen, die Polizei zu verständigen. Deshalb sollten Sie die Polizei vorab von der Übernachtungsaktion in Kenntnis setzen. Und auch die Feuerwehr sollte Bescheid wissen, dass sich in dieser Nacht Menschen im Gebäude aufhalten. Sollte tatsächlich ein Einsatz notwendig werden, kann sie sich so besser darauf abstimmen.

3. *Kinder und Erzieherinnen vorbereiten:* In pädagogischer Hinsicht bereiten Sie die Kinder selbstverständlich entsprechend auf das große Abenteuer vor und bringen ihnen die wichtigsten Verhaltensregeln nahe – beispielsweise für die Wanderung im Dunkeln. Eine Checkliste zur Vorbereitung von Nachtwanderungen können Sie online herunterladen.
In personeller Hinsicht ist sicherzustellen, dass genügend Aufsicht führende Mitarbeiterinnen – mindestens zwei – anwesend sind, die mit allen nötigen Schlüsseln ausgestattet sind. Die eine der beiden sollte mit den erforderlichen Nachkontrollen für Wasser, Licht, Fenster und Fluchtwege betraut werden, die andere als Ersthelferin ausgebildet sein.
Ist geplant, die Einrichtung auch zu verlassen – etwa für eine Nachtwanderung – so ist einer Erzieherin die Schlüsselgewalt zu überantworten: Sie ist in diesem Fall die Verantwortliche für das Löschen des Lichts, das Schließen der Fenster sowie das Zusperren der Eingangstüren. Die eindeutige Kommunizierung von derlei Pflichten vermeidet Missverständnisse und Versäumnisse.

4. *Sorgen Sie für geeignete Schlafplätze:* Die Schlafplätze müssen stabil sein. Wesentlich besser noch als Campingliegen eignen sich dazu Luftmatratzen plus Isoliermatten. Um in der Nacht im Notfall jederzeit ungehindert zu jedem Kind zu gelangen, sollten zwischen den Schlafplätzen „Verkehrswege" von mindestens 50 cm frei bleiben. Auch Kopfläusen wird durch ausreichende Abstände der Übertragungsweg schwer gemacht. Der Schlafraum muss gut gelüftet und angemessen temperiert sein (Zentralheizung entsprechend programmieren). Ein Dauerlicht in Flur und Sanitärräumen hilft den Kindern, sich bei Bedarf besser zurechtzufinden.

Gemeinsames Übernachten ohne Risiko

5. *Notfallvorsorge:* Für den Fall, dass während der Nacht ein Rettungseinsatz oder ein schnelles Verlassen der Räumlichkeiten notwendig wird, ist unbedingt an eine gute Notfallvorsorge zu denken. Dazu gehört zunächst ausreichendes Erste-Hilfe-Material im Übernachtungsraum, des Weiteren ein Telefon, auf dem die wichtigsten Notrufnummern gespeichert sind. Die Notausgänge müssen frei zugänglich und von innen jederzeit zu öffnen sein. Schlafplätze dürfen nicht in ihrer Nähe eingerichtet werden (Stolperfalle). Flucht- und Rettungswege müssen – auch im Außengelände – frei gehalten werden. Die Privatfahrzeuge der Erzieherinnen dürfen daher auch nachts nur auf gekennzeichneten Parkplätzen abgestellt werden.

6. *Versicherungsschutz der gesetzlichen Unfallversicherung:* Übernachtungen in Ihrer Einrichtung, aber auch auf dem Zeltplatz oder in der Jugendherberge, sind immer dann vom gesetzlichen Unfallversicherungsschutz umfasst, wenn sie von den Mitarbeiterinnen der Tageseinrichtung veranstaltet und im Rahmen der pädagogischen Arbeit durchgeführt werden. Einzige Voraussetzung ist, dass es sich bei der Übernachtung um ein offizielles Erziehungsangebot der Kita handelt. Dies ist gegeben, wenn der Träger seine Zustimmung zur Übernachtung erteilt hat. Nehmen Eltern im Auftrag der Kita an der Aktion teil, sind sie genauso wie die Kinder während ihres Aufenthalts in der Einrichtung und auf den damit in Zusammenhang stehenden Wegen unfallversichert.

Die korrekte Übergabe beendet Ihre Aufsichtspflicht

9. Aufsicht während der Abholzeit?

Worum es geht

Sie kennen das: Die Abholphase beginnt, die Eltern trudeln ein. Schnell bilden sich Grüppchen, in denen das nächste Sommerfest oder der letzte Urlaub besprochen werden. Unterdessen laufen die Kinder zu ihren Müttern, sind aber schnell von den Erwachsenengesprächen gelangweilt und werden von interessanteren Dingen abgelenkt.
Wer ist eigentlich aufsichtspflichtig, wenn die Abholperson das Kind zwar in Empfang nimmt, aber dann noch mit anderen Erwachsenen plaudert? Wer haftet, wenn dem Kind in dieser Zeit etwas passiert?

Fallbeispiel
Im Kindergarten „Stoppelhopser“ spielen die Kinder zur Abholzeit im Freigelände. Als Felix' Mutter durch die Gartenpforte kommt und Leiterin Sonja P. zuwinkt, sieht der sechsjährige Felix sie schon von Weitem. Er holt seine Jacke, verabschiedet sich – so sind die Regeln – von Sonja P. mit Handschlag und läuft zu seiner Mutter. Diese begrüßt ihn zwar, ist aber gerade in ein Gespräch mit einer anderen Mutter verwickelt. Da biegt der Vater von Markus mit seinem neuen Porsche in den Parkplatz ein. Felix will sich den Flitzer natürlich genau ansehen und läuft – die Gartenpforte ist noch immer offen – auf den Parkplatz, wo er vom Wagen von Frau B. erfasst wird. Er erleidet Knochenbrüche und eine Gehirnerschütterung. Wer haftet?

Was das Gesetz sagt

Die im Kindergartenvertrag festgelegte Aufsichtspflicht besteht für eine im Vertrag festgelegte, „gebuchte“ Zeit. Ist diese Zeit beendet, hat die Aufsicht führende Person das Kind korrekt zu übergeben. Was korrekt ist, bestimmt sich juristisch nach dem „objektiven Empfängerhorizont“. Das bedeutet: Die tatsächlichen Handlungen der beteiligten Personen sind so auszulegen, wie sie ein unbeteiligter, objektiver Dritter verstehen würde. Daraus folgt juristisch eine Dreiteilung der tatsächlichen Handlungen der Beteiligten beim Abholen:

1. Indem die Abholperson zum Ende der vereinbarten Betreuungszeit eintrifft, macht sie – auch stillschweigend – ihren Willen deutlich, das Kind abzuholen.
2. Mit der daraufhin erfolgenden Verabschiedung des Kindes durch die Aufsicht führende Person – mittels Handschlag und mündlicher Verabschiedung – gibt diese die Aufsicht über das Kind für alle Beteiligten erkennbar auf.
3. Doch Vorsicht! Diese Aufgabe der Aufsicht ist nur dann eine korrekte Übergabe, wenn die Aufsicht durch den Abholer übernommen

wird bzw. wenn ein objektiver Dritter davon ausgehen kann, dass sie – mündlich oder rein tatsächlich – übernommen wurde. Dies ist der Fall, wenn sich das Kind zumindest eine Zeit lang in enger räumlicher Nähe zum Abholenden befindet.

Was das für Sie bedeutet

Zugegeben: Diese Dreiteilung ist nicht ganz einfach zu verstehen. Wichtig daran ist für Sie, dass Sie Ihre Handlungen so gut wie möglich auf diese drei Phasen abstimmen und auch das Verhalten der Abholperson entsprechend ausrichten, um Missverständnisse zu vermeiden. So gelingt Ihnen das:

1. *Begrüßen Sie immer die Abholperson:* Auf diese Weise machen Sie deutlich, dass Sie sie gesehen haben und wissen, was sie möchte. Auch wenn es trivial erscheint: Stellen Sie eine Übereinkunft her, dass das Kind nun abgeholt werden soll. Für eine solche Übereinkunft reicht es aus, wenn Sie den Abholer begrüßen und das Kind rufen.

2. *Verabschieden Sie sich vom Kind:* Machen Sie in Ihrer Einrichtung zur Regel, dass sich die Kinder per Handschlag von Ihnen oder einer Erzieherin verabschieden müssen. Erstens stellen Sie dadurch sicher, dass Sie genau wissen, welche Kinder abgeholt wurden. Zweitens schaffen Sie auch äußerlich einen Endpunkt Ihrer Beaufsichtigung. Wählen Sie hierfür einen festen Ort, an dem jeden Tag dieses Ritual stattfinden kann, z. B. die Eingangstür oder die Gartenpforte.

3. *Beenden Sie die Situation auch körperlich:* Ist das Kind beim Abholenden, dürfen Sie rechtlich die Situation so verstehen, dass die Abholperson die Beaufsichtigung übernimmt. Im Idealfall beenden Sie die Aufsicht auch körperlich, indem Sie sich abwenden und dem nächsten Kind oder der nächsten Abholperson zuwenden.

Für das Fallbeispiel bedeutet das: Leiterin Sonja P. hat alles getan, was zu einer korrekten Übergabe von Felix erforderlich war. Ein unbeteiligter, objektiver Dritter würde die Situation so verstehen, dass Felix' Mutter ihn von nun an beaufsichtigt. Daher haftet Felix' Mutter wegen Verletzung der Aufsichtspflicht, nicht Sonja P.

Welche Fragen noch offen sind

1. Kann die Aufsichtspflicht des Betreuungspersonals in so einer Situation nicht auch „wiederaufleben", sodass es möglicherweise haftet, ohne es zu wissen?
   Nein. Ist das Kind erst einmal tatsächlich vom Abholenden in Empfang genommen, ist das „Wiederaufleben" der Aufsichtspflicht ohne Ihr Zutun nicht möglich! Sie müssten hierfür die Beaufsichtigung tatsächlich und praktisch wieder übernehmen, beispielsweise durch konkrete Absprache.

2. Würde die Gemeindeunfallversicherung im Beispielsfall zahlen?
   Ja. Die Tatsache, dass im Beispiel Felix' Mutter haftet, darf nicht verwechselt werden mit der versicherungsrechtlichen Fragestellung des Falls! Die Gemeindeunfallversicherung würde im Beispiel selbstverständlich für Felix' Heilbehandlung einstehen, da ein sogenannter Wegeunfall vorliegt. Die Frage, ob und von wem die Aufsichtspflicht verletzt wurde, ist für das daraus folgende Problem entscheidend, ob die Versicherung beim Aufsichtführenden Regress nimmt. Im Beispielsfall würde sowohl der Mutter als auch Frau B. als Halterin bzw. Fahrerin des Fahrzeugs eine Mitschuld angelastet werden.

TIPP

So beschränken Sie die Abholung auf das Wesentliche:
Der Leiterin einer Einrichtung obliegt das sogenannte Hausrecht. Sie können in Ausübung dieses Hausrechts alle Abholenden bitten, sich nicht länger als notwendig in der Einrichtung bzw. im Freigelände aufzuhalten und zu diesem Zweck auch Gespräche auf das Notwendige reduzieren. Notwendige Gesprächsinhalte sind innerhalb der Einrichtung nur solche

- über das Kind
- mit Bezug zur Einrichtung,
- die mit dem Betreuungspersonal geführt werden.

Machen Sie dies am besten mit einem Aushang deutlich, in dem Sie darauf hinweisen, dass „Tür-und-Angel-Gespräche" mit den Betreuungspersonen selbstverständlich immer geführt werden können, es aber im Interesse der Sicherheit der Kinder und einer geordneten Übergabesituation das Beste ist, wenn die Eltern die Abholphase nicht zu Privatgesprächen untereinander nutzen.

Zusammenfassend lässt sich sagen: Entscheidend für die Abholphase ist die Interaktion. Auch ohne viele Worte können Sie mit Gesten und tatsächlichen Handlungen dafür sorgen, dass Sie rechtlich auf der sicheren Seite sind!

10. Getrennte Eltern – wer bestimmt was?

Worum es geht

Wahrscheinlich haben Sie so eine Situation auch schon einmal erlebt: Die Eltern eines Kindes Ihrer Einrichtung haben sich getrennt. Nun möchte jeder Elternteil alleinverantwortlich Entscheidungen für das Kind treffen: Ob es mitdarf zum Schwimmbadbesuch, wann es von wem abgeholt wird oder gar vom Besuch der Kita abgemeldet werden soll. Diese und andere Wünsche der – nicht selten uneinigen – Elternteile werfen in der Praxis einer Kindertageseinrichtung erhebliche Rechtsprobleme auf, die hier beleuchtet werden sollen.

Fallbeispiel

Simone L., Gruppenleiterin in der Kita „Knirpsenland", ist verunsichert: Soeben war die Mutter der vierjährigen Natalie bei ihr und hat mitgeteilt, dass sie sich am Wochenende vom Kindsvater getrennt habe. Sie sei bereits mit Natalie aus der gemeinsamen Wohnung ausgezogen. Sie hat darum gebeten, dass Simone L. sicherstellen möge, dass Natalie ab sofort nicht mehr an ihren Vater herausgegeben werde. Sie wünsche das nicht, weil dieser bestimmt zu seiner Freundin fahren würde, um das Kind an „diese Frau" zu gewöhnen. Simone L. möchte sich auf eine solche Absprache eigentlich nicht einlassen, schließlich hat ja ebenso wie die Mutter auch Natalies Vater das Sorgerecht für das Kind. Sie reagiert deshalb ausweichend. Am Mittag kommt Natalies Vater und will sie abholen.

Was das Gesetz sagt

Seit der Einführung des am 01.07.1998 in Kraft getretenen Kindschaftsreformgesetzes (KindRG) gilt: Die gemeinsame Sorge besteht über Trennung und Scheidung hinaus, wenn nicht ausdrücklich etwas anderes ausgeurteilt wird. Eine solche ausdrückliche gerichtliche Entscheidung auf Übertragung der alleinigen Sorge erfolgt nunmehr ausschließlich auf Antrag eines Elternteiles, so verlangt es § 1671 BGB. Das bedeutet: Solange nach Trennung oder Scheidung keine gerichtliche Regelung des Sorgerechts erfolgt, bleibt es bei der gemeinsamen Sorge, d. h. beide Elternteile können sowohl die Personen- als auch die Vermögenssorge ausüben. Das Recht zur Personensorge über das eigene Kind ist in den §§ 1626ff. BGB geregelt.

Was das für Sie bedeutet

Das bedeutet aber nicht, dass es damit sein Bewenden hätte und beide Elternteile das Kind nach Belieben aus Ihrer Einrichtung abholen können. § 1687 BGB regelt die konkreten Befugnisse der getrennt lebenden Eltern bei grundsätzlich fortbestehender gemeinsamer elterlicher Sorge: „Leben Eltern, denen die elterliche Sorge gemeinsam zusteht, nicht nur vorübergehend getrennt, so ist bei Entscheidungen in *Angelegenheiten,* deren Regelung für das Kind *von besonderer Bedeutung* ist, ihr gegenseitiges Einvernehmen erforderlich. Der Elternteil, bei dem sich das Kind mit Einwilligung des anderen Elternteiles oder aufgrund einer gerichtlichen Entscheidung gewöhnlich aufhält, hat die Befugnis zur alleinigen Entscheidung in *Angelegenheiten des täglichen Lebens.*"
Das Gesetz unterscheidet also danach, ob die Angelegenheit von besonderer Bedeutung für das Kind oder eine Angelegenheit des täglichen Lebens ist. Über erhebliche Angelegenheiten ist Einvernehmen zu erzielen; über Angelegenheiten des täglichen Lebens hingegen entscheidet derjenige Elternteil allein, bei dem das Kind lebt.

1. *Angelegenheiten von besonderer Bedeutung* sind nach der Definition von Rechtslehre und Gerichten „Angelegenheiten, die nicht häufig vorkommen und die nur schwer abzuändernde Auswirkungen auf die Entwicklung des Kindes haben". Hierzu gehören beispielsweise:
   - die Entscheidung darüber, auf welche Schule das Kind gehen bzw. welchen Kindergarten es besuchen soll,
   - die Entscheidung darüber, ob und welche Operationen beim Kind vorgenommen werden, oder über die Behandlung einer schwerwiegenden Erkrankung, ausgenommen Notfälle,
   - die Entscheidung über die Anlage und die Verwendung eines eventuellen Kindesvermögens.

   Diese Angelegenheiten sind von besonderer Bedeutung und laut Gesetz nur einvernehmlich von den Eltern zu treffen. Insbesondere die

Abmeldung von der Einrichtung ist als Angelegenheit von besonderer Bedeutung zu werten. Hierfür ist also stets die einvernehmliche Entscheidung beider Elternteile erforderlich.

2. *Angelegenheiten des täglichen Lebens* sind demgegenüber definiert als
- häufig vorkommende Situationen,
- die eine sorgerechtliche Entscheidung der Eltern erfordern,
- deren Auswirkungen auf die Entwicklung des Kindes ohne Aufwand wieder abänderbar sind.

Dieser Kompetenzbereich wird häufig auch als die sogenannte Alltagssorge bezeichnet. Hierunter fallen Entscheidungen über
- die Frage der Heimweggestaltung (mit wem welchen Weg und wohin),
- die Freizeitgestaltung,
- Anschaffung von Spielzeug,
- Urlaubsfahrten,
- Vereinsbeitritte,
- Kontakt zu Verwandten, Freunden und Nachbarn,
- Kleidung,
- medizinische (ambulante) Behandlungen usw.

Bei Angelegenheiten des täglichen Lebens hat der Elternteil, bei dem sich das Kind gewöhnlich aufhält, die Alleinentscheidungsbefugnis. Der Gesetzgeber hat diese Regelung ganz bewusst unter dem Gesichtspunkt der Praktikabilität aufgenommen, um dem betreuenden Elternteil die Regelungen der alltäglichen Angelegenheiten des Kindes zu erleichtern. In diesen Fällen ist also eine Festlegung des Abholverbotes für den anderen Elternteil zulässig und vom Personal einer Kindertageseinrichtung verbindlich zu beachten. Hieraus ist folgende Handlungsempfehlung abzuleiten: Erhalten Sie die Information, dass sich die Eltern eines Kindes Ihrer Einrichtung getrennt haben, müssen Sie sich darüber informieren, wie die Eltern den gewöhnlichen Aufenthalt des Kindes geregelt haben. Nur derjenige Elternteil, in dessen Obhut sich das Kind befindet, hat die Alleinentscheidungsbefugnis in Angelegenheiten des täglichen Lebens.

11. Fotograf in der Kita?

Worum es geht

Kaum hat das neue Kindergartenjahr begonnen, ist es wieder soweit: Der Fotograf hat sich angemeldet, um von den Kindern Erinnerungsfotos zu machen. Mindestens eine Gruppenaufnahme und mehrere Porträts von jedem Kind werden dann in den nächsten Tagen wieder in Ihren Räumen zum Verkauf ausliegen. Ist der Fotograf auf der Höhe der Zeit, kann für jedes Kind auch ein Paket mit selbstklebenden Fotos, Fotokalendern und diversen Porträts erworben werden. Ohne Frage: Auch Fotografen müssen leben und viele Eltern freuen sich über ein professionelles Foto von ihrem Kind. Aber zweifellos ist auch ein gewisser sozialer Druck zum Kauf vorhanden, und nicht wenigen Eltern sind diese Fotopakete schlicht zu teuer. Ein Umstand, für den die Kinder wiederum kaum Verständnis aufbringen und so sind familiäre Konflikte vorprogrammiert.

Nicht ohne Einverständnis der Eltern!

Auch der psychologische Faktor spielt eine große Rolle: Manche Eltern haben aus plausiblen Gründen ein erhöhtes Sicherheitsbedürfnis im Hinblick auf ihre Kinder, etwa weil sie sehr wohlhabend oder in einem besonders sensiblen beruflichen Umfeld tätig sind (leitende Bankangestellte, Juweliere, Wachleute etc.). Für sie ist es eine beunruhigende Vorstellung, dass Fotos ihrer Kinder in die falschen Hände geraten könnten. Wie steht es also rechtlich um die jährlichen Foto-Sessions? Kann jeder einfach ein Foto von den Kindern Ihrer Einrichtung schießen? Muss sich das Betreuungspersonal in den Verkauf einspannen lassen? Und muss die Kita wirklich als Vertriebsweg herhalten?

Fallbeispiel

In der Kita „Krümelkiste" ist Leiterin Bärbel J. in einer misslichen Lage: Vor ihr steht Klaus O., erfolgreicher Unternehmer und Vater des vierjährigen Benjamin. Lautstark beschwert er sich darüber, dass gestern ein Fotograf Fotos von seinem Sohn geschossen habe. Es habe ihn niemand um eine Einverständniserklärung hierzu gebeten. Wie wolle Bärbel J. sicherstellen, dass diese Fotos nicht in die falschen Hände gerieten und dann ins Internet gestellt würden? Er habe im letzten Jahr viel Geld ausgegeben, um seine Villa gegen Einbruch zu sichern, und nun würde hier mal eben so Bildmaterial von seinem Sohn für potenzielle Entführer produziert. Als Bärbel J. einwendet, der Fotograf habe zugesichert, dass nicht verkaufte Fotos vernichtet würden, lacht er nur spöttisch.

Was das Gesetz sagt

Das sogenannte Recht am eigenen Bild ist eine spezielle Ausprägung des allgemeinen Persönlichkeitsrechts, das in den Artikeln 1 und 2 des Grundgesetzes (GG) verankert ist. Das Bundesverfassungsgericht hat ausgeführt, dass hierdurch dem Einzelnen Einfluss- und Entscheidungsmöglichkeiten gewährleistet werden, soweit es um die Anfertigung und Verwendung von Fotografien oder Aufzeichnungen seiner Person durch andere geht (Bundesverfassungsgericht, Beschluss vom 18.11.2004–1 BvR 2252/04). Für minderjährige Kinder nehmen diese Einfluss- und Entscheidungsmöglichkeiten die Eltern wahr, indem sie in die Fotoaufnahme einwilligen – oder eben nicht. Eine bestimmte Form der Einwilligung ist vom Gesetz nicht vorgeschrieben, sie kann mündlich oder schriftlich, ausdrücklich, aber auch konkludent, also durch schlüssiges Handeln erfolgen. Aus Beweisgründen ist jedoch für die Einwilligungserklärung stets die Schriftform nach den §§ 126ff. BGB zu empfehlen.

Was das für Sie bedeutet

Grundsätzlich gilt für Ihre Einrichtung: Die Kita-Leitung kann aufgrund des ihr zustehenden Hausrechts entscheiden, ob sie einem Fotografen die Möglichkeit zu einem „Shooting" gibt. Wollen Sie Kindern und Eltern diesen Spaß nicht vorenthalten, sind jedoch einige Vorkehrungen zu treffen, damit alle Beteiligten rechtlich abgesichert sind. An diese Dinge sollten Sie denken:

1. *Holen Sie die Zusicherung des Fotografen ein:* Selbst wenn Fotos nur von den Kindern geschossen werden, deren Eltern es ausdrücklich gewünscht haben: Eine Pflicht der Eltern zur Abnahme besteht nicht, da diese Fotos in der Regel nur Angebote sind. Sie sollten sich daher vom Fotografen auch auf jeden Fall die Zusicherung in schriftlicher Form geben lassen, dass er nicht verkauftes Material vernichtet und die Weiterverwendung zu gewerblichen Zwecken ausschließt.

2. *Holen Sie das Einverständnis der Eltern ein:* Dies sollte in schriftlicher Form erfolgen. Hängen Sie dazu einen Info-Brief in Ihren Räumen aus, in dem Ort und Zeit des Fototermins sowie der Name des Fotografen genannt wird. Fairerweise sollten Sie den Eltern auch mitteilen, mit welchen Kosten sie rechnen müssen und sie weiterhin davon in Kenntnis setzen, dass Ihnen die Zusicherung des Fotografen vorliegt (s. Punkt 1). Darunter können sich dann alle Eltern eintragen, die eine Aufnahme von ihrem Kind wünschen.

3. *So regeln Sie den Verkauf:* Mit dem Verkauf haben Sie grundsätzlich nichts zu tun. Weder müssen Sie hierfür die Räumlichkeiten der Kita zur Verfügung stellen, noch selbst am Verkauf mitwirken. Dies bindet ohnehin nur Zeit- und Raumressourcen, die den Kindern dann fehlen. Weisen Sie den Fotografen frühzeitig darauf hin, dass er den Vertrieb über sein Atelier selbst organisieren muss. Die Herausgabe von Namen und Anschriften der Eltern ist hierfür nicht nötig: Sind die Bilder entwickelt, reicht ein kurzer Aushang in der Kita, in dem Sie darauf hinweisen, welcher Fotograf die Fotos für die Eltern bereithält.

Welche Fragen noch offen sind

1. Reicht es denn nicht, wenn mit einem Aushang bekannt gemacht wird, dass der Fotograf an einem bestimmten Tag in der Kita sein wird? Wer kein Foto machen lassen möchte, kann sein Kind doch an diesem Tag zu Hause behalten!
   Nein, eine solche Vorgehensweise reicht nicht aus. Zwar kann die notwendige Einwilligung auch stillschweigend (konkludent) erteilt werden, es muss aber dafür eine Handlung der Eltern vorliegen, die unzweifelhaft als Einwilligung in die konkrete Fotoaufnahme gedeutet werden kann. Dies läge z. B. vor, wenn das Kind von der Mutter in einen Raum geschickt wird, von dem sie weiß, dass dort die Aufnahmen gemacht werden.

2. Gilt dies auch, wenn z. B. ein Fotograf einer Zeitung kommt, um einen Bildbericht über die Kita zu machen?
   Ja. Ist eine Bildberichterstattung einer Tageszeitung in Ihrer Einrichtung geplant, sollten Sie die Eltern beim Bringen bitten, Ihnen eine kurze Einverständniserklärung im Hinblick auf das Foto und die Veröffentlichung zu unterschreiben.

II. Sicherheit und Organisation

1. Sicherheits-Check Kita?

Worum es geht

Zwei Vorfälle aus jüngster Zeit in Luxemburg und Österreich, bei denen Kinder in der Kita in Lebensgefahr kamen, machen wieder einmal deutlich, wie wichtig es ist, aufmerksam zu sein für Sicherheitsmängel bei alltäglichen Gebrauchsgegenständen und eine Sensibilität zu entwickeln für drohende Gefahren. In Luxemburg wurde ein Sechsjähriger von einem umstürzenden Holzschrank erschlagen, aus dem er sich ein Spiel herausnehmen wollte. In Salzburg explodierte eine Leuchtstoffröhre im Gruppenraum einer Kita. Brennende Lampenteile fielen auf den Spielteppich und brannten ihn bis zum Holzboden durch. Die Kita wurde evakuiert, da durch die Explosion des Kondensators der Leuchtstoffröhre außerdem giftige Dämpfe freigeworden waren.

Fallbeispiel

In der Kita „Kunterbunt" hat gerade das neue Kindergartenjahr begonnen. Unter den neuen Kindern sind zum ersten Mal auch viele Zweijährige. Daher wurde rechtzeitig vorher ein Wickeltisch angeschafft und eine Dusche eingebaut. Eigentlich hat sie an alles gedacht, wiegt sich Leiterin Simone L. in Sicherheit. Als um 10.30 Uhr Hochbetrieb am Wickeltisch herrscht, greift sich allerdings die zweijährige Frieda unbemerkt das Fädelspiel für die Vorschulkinder. Die bunten Perlen sehen aus wie Bonbons und schnell verschwinden einige davon in Friedas Mund.

Der Tigerenten-Unfall

Ein dreijähriges Kind war in einem Kindergarten über eine 15 Kilogramm schwere „Tigerente" gefallen und hatte sich einen Zeh gebrochen. Daraufhin verklagte es – vertreten durch seine Mutter – den Kindergarten und seine Erzieherin vor dem Amtsgericht München auf Schmerzensgeld. Zur Begründung machte es geltend, die Tigerente sei aufgrund ihres Gewichts als Spielzeug nicht geeignet. Die Erzieherin hätte dies erkennen müssen und habe daher die Aufsichtspflicht verletzt. Die Klage wurde abgewiesen. Zur Begründung führten die Richter aus, das bloße Gewicht eines Spielzeugs stelle keinen ausreichenden Umstand dar, es für untauglich zu halten. Im Gegenteil bringe es eine höhere Standfestigkeit mit sich als leichtere Geräte.
(Amtsgericht München, Urteil vom 06.11.2006, Aktenzeichen: 262 C 20011/06)

Was das Gesetz sagt

Es gibt eine Vielzahl von Vorschriften, die die Sicherheit in einer Kindertageseinrichtung gewährleisten sollen. Ganz oben auf der Liste der wichtigen Vorschriften steht die neue „Unfallverhütungsvorschrift (UVV) Kindertageseinrichtungen", die die bisher geltenden „Richtlinien für Kindergärten – Bau und Ausrüstung" vom Oktober 1992 (aktualisiert Januar 2006) abgelöst haben.
Die neue UVV, die unter der Kennnummer GUV-V S2 bei den jeweils für die Einrichtung zuständigen Unfallversicherungsträgern zu beziehen sein wird, macht nun erstmalig und bundesweit Vorgaben zum Gesundheitsschutz der Kinder, die bisher nirgends Niederschlag fanden. Sie regelt beispielsweise
§ 6 die Bau- und Raumakustik,
§ 7 die Lüftung und das Raumklima,
§ 21 Spiel- und Lernplätze am PC,
§ 23 Aufenthaltsbereiche und Ausstattungen für Krippenkinder.

Parallel zur neuen UVV wurden auch die „Regeln zur Sicherheit und zum Gesundheitsschutz in Kindertageseinrichtungen" (zu beziehen unter der Kennnummer GUV-SR S2) veröffentlicht, die die Schutzziele der UVV „Kindertageseinrichtungen" konkretisieren und erläutern.
Beachtet der Träger einer Einrichtung die Regeln der GUV-SR S2, kann er ruhigen Gewissens davon ausgehen, dass er die in der UVV „Kindertageseinrichtungen" postulierten Schutzziele erreicht.
Besonders entlastend für Träger von Einrichtungen ist auch § 3 der neuen UVV: Danach muss ein für die Kindertageseinrichtung erteilter Auftrag, der sich auf die Planung, Herstellung, Änderung oder Beschaffung baulicher Anlagen, Aufenthaltsbereiche und Ausstattungen bezieht, eine schriftliche Mitteilung für den Auftraggeber enthalten, dass die Bestimmungen der UVV „Kindertageseinrichtungen" einzuhalten sind. Auf diese Weise soll Gewissheit herrschen, dass nach Erledigung des Auftrags alle Vorschriften eingehalten wurden, die für den Auftrag gebenden Einrichtungsträger gelten.

Neben den Richtlinien der Gemeindeunfallversicherungsträger hinsichtlich Bau und Ausrüstung von Kindergärten sind aber auch die Arbeitsstättenrichtlinien, z. B. hinsichtlich der Beleuchtung, zu beachten. Und weiterhin kommen zivilrechtliche Aspekte des Bürgerlichen Gesetzbuchs (BGB) zum Tragen, wenn es im Einzelfall um die korrekte Ausübung der Aufsichtspflicht im Zusammenhang mit dem vorhandenen Spielmaterial geht, wie das Urteil zum Tigerenten-Unfall (s. Kasten) zeigt.
Dieses Urteil war für die verklagte Erzieherin sicher erfreulich. Dennoch ist Skepsis gegenüber der Begründung angebracht – gerade im Hinblick auf das Gewicht der Ente. Immerhin wird im Luxemburger Fall der umgestürzte Holzschrank wesentlich schwerer als 15 kg gewesen sein. Eine besondere Standfestigkeit hatte er aber dadurch trotzdem nicht.

Was das für Sie bedeutet

Die gesetzlichen Vorgaben nur zu kennen, genügt natürlich nicht. Sie müssen in Ihrer Kita auch dafür sorgen, dass sie konsequent umgesetzt werden. Denn der Träger Ihrer Einrichtung haftet für den baulichen Zustand des Gebäudes. Kommt ein Kind Ihrer Kita durch Sicherheitsmängel zu Schaden, wird er in Regress genommen. Und weist Ihre Einrichtung sogar schwere bauliche Mängel auf, kann ihr die Betriebserlaubnis nach dem Kinder- und Jugendhilfegesetz (KJHG, SGB VIII) entzogen werden. Denn Zweck des KJHG ist unter anderem, Kinder in Einrichtungen vor Gesundheitsgefahren zu schützen.

So checken Sie Ihre Kita

1. *Kontrollieren Sie regelmäßig und vollständig:* Anhand der Checkliste (s. S. 26/27) können Sie schnell und gründlich alle wichtigen Gefahrenbereiche auf mögliche Schwachstellen untersuchen. Sie sollten einen solchen Check regelmäßig ca. alle drei Monate, mindestens aber zu Beginn eines jeden Kindergartenjahres vornehmen.

2. *Diese Gefahrenbereiche sollten Sie checken:* Folgende Bereiche sollten Sie unbedingt einer kritischen Überprüfung unterziehen:

- Gefahrenbereich Bau und Ausrüstung
- Gefahrenbereich Elektro
- Gefahrenbereich Einrichtung und Ausstattung
- Gefahrenbereich Spielmaterial
- Gefahrenbereich Mehrzweckraum

Die Checkliste (s. S. 26/27) erhebt jedoch keinen Anspruch auf Vollständigkeit! Wenn Ihnen beim Rundgang durch Ihre Kita weiteres Gefährdungspotenzial auffällt, sollten Sie die Liste erweitern und so den konkreten Gegebenheiten Ihrer Einrichtung anpassen.
Gehen Sie während Ihres Checks auch ruhig einmal in die Knie und erkunden Sie Ihre Einrichtung von unten. Sie werden erstaunt sein, wie viele Kanten, Ecken, Kabel, Steckdosen und Kleinteile Sie aus der Kleinkindperspektive entdecken.

TIPP

Um sicherzugehen, prüfen Sie in Ihrer Einrichtung, ob und wo Sie das schwere Mobiliar und schwere Spielgeräte mit der Wand oder mit dem Boden verschrauben lassen können.

3. *Sie können die Aufgabe delegieren:* Ideal geeignet für einen solchen Check ist die Sicherheitsbeauftragte Ihrer Einrichtung (s. nächstes Kapitel). Sie kennt die möglichen Gefahrenpotenziale am besten und kann sich in Fortbildungen über neu erlassene Richtlinien kundig machen.

4. *Dokumentieren Sie die Überprüfungen:* Das Ergebnis einer durchgeführten Überprüfung sollten Sie zu Beweiszwecken immer protokollieren. Die Protokolle bewahren Sie am besten in einem eigens dafür angelegten Ordner auf. Bei einem Unfall kann diese Dokumentation Ihrem Träger dazu dienen, den Nachweis darüber zu erbringen, dass er seiner Sicherungspflicht nachgekommen ist. Aus dem Protokoll muss hervorgehen:

- Wer
- wann
- wo
- mit welchem Ergebnis
- welche Mängel festgestellt hat und
- wann diese
- durch wen beseitigt wurden.

Auf diese Weise können auch Sie nachvollziehen, ob festgestellte Mängel tatsächlich und vollständig beseitigt wurden.

Wenn Sie die Sicherheitsüberprüfungen ernst nehmen und sie konsequent und regelmäßig durchführen, dann sind Sie und Ihr Träger – zumindest aus juristischer Sicht – auf der sicheren Seite.

2. Sicherheitsbeauftragte in der Kita?

Worum es geht

Immer mehr Kindertageseinrichtungen lassen sich zertifizieren, um im Wettbewerb mit anderen Kitas ein Gütesiegel vorweisen zu können. Aber gerade bei der Einführung von Qualitätsmanagement (QM) in Kindertageseinrichtungen stellt sich oft heraus, dass die zahlreichen gesetzlichen Vorschriften, die die Einrichtung in der täglichen Praxis betreffen, nur lückenhaft umgesetzt werden. Zwar handelt es sich in diesen Fällen meist nicht um Kernbereiche des QM, da diese rechtlichen Anforderungen unabhängig von QM schon längst hätten wirksam umgesetzt werden müssen. Ob diese im konkreten Einzelfall tatsächlich umgesetzt wurden, wird jedoch bei einer Zertifizierung in der Regel überprüft. Denn es ergibt keinen Sinn, einer Kindertageseinrichtung ein Zertifikat zu erteilen, wenn grundlegende gesetzliche Vorschriften nicht eingehalten werden. Besonders häufig gibt es Defizite im Beauftragtenwesen. Als wichtigste Beauftragte in einer Kindertageseinrichtung ist sicherlich die Sicherheitsbeauftragte zu nennen. Wie sieht es in Ihrer Kita mit einer Sicherheitsbeauftragten aus?

Fallbeispiel
In der Kita „Tausendfüßler" ist Freispielstunde. Vivien und Franzi haben sich die Wippe ausgesucht. Erzieherin Sissi H. bemerkt, dass die Wippe in ihrer Verankerung wackelt und leise quietscht. Bei näherem Hinsehen stellt sie außerdem fest, dass die Bodenhülse Rostflecken aufweist.

Checkliste: Sicherheit in Ihrer Kita

Protokoll über eine durchgeführte Sicherheitsüberprüfung

Name der Einrichtung: Kita Kunterbunt Datum: 10.10.2010

	o.k.
1. Gefahrenbereich Bau und Ausrüstung	
Sämtliche Fußböden weisen rutschhemmende Eigenschaften auf.	☐
Stolperstellen werden vermieden (keine Einzelstufen, Türpuffer, Türfeststeller).	☐
Die Oberflächen von Wänden sind bis zu einer Höhe von mind. 1,50 m nicht spitz/rau.	☐
Verglasungen vom Fußboden bis zu einer Höhe von mind. 1,50 m, die direkt zugänglich sind, sind aus Sicherheitsglas.	☐
Es sind keine Pendeltüren eingebaut.	☐
Die Türen und die Flügel von Fenstern öffnen sich nicht in Verkehrsbereiche oder Fluchtwege hinein.	☐
Griffe, Hebel und Schlösser an Türen und Fenstern sind so beschaffen und angeordnet, dass Quetsch- und Scherstellen vermieden werden.	☐
Treppen weisen an beiden Seiten Handläufe auf.	☐
2. Gefahrenbereich Elektro	
Die Räume sind ausreichend mit natürlichem und künstlichem Licht beleuchtet.	☐
Elektrische Betriebsmittel werden regelmäßig von Fachleuten geprüft.	☐
Alle Steckdosen, auch Mehrfachsteckdosen, sind mit einer Kindersicherung versehen.	☐
Es hängen oder liegen keine losen Kabel herum.	☐
3. Gefahrenbereich Einrichtung	
Ecken und Kanten an Bauteilen und Einrichtungsgegenständen sind mind. 2 mm gerundet oder mit Kantenschutz versehen.	☐
Füße und Streben von Stellwänden, Ständern und anderen Einrichtungsgegenständen sind so gestaltet, dass keine Stolpergefahren entstehen.	☐
Rollbare Einrichtungsgegenstände haben eine Feststellvorrichtung.	☐
Schubladen sind gegen Herausfallen gesichert.	☐
Schränke, Regale, Raumteiler etc. sind kippsicher aufgestellt bzw. mit der Wand verschraubt. Die Liegefläche des Wickeltisches ist fest mit der Unterkonstruktion verbunden.	☐

In den Räumen stehen keine giftigen Topfpflanzen (z.B. Efeu, Dieffenbachie, Weihnachtsstern, Alpenveilchen). ☐

Fenster, Türen und Treppen sind mit Kindersicherungen ausgestattet. ☐

Reinigungsmittel, Farben, Lacke etc. befinden sich korrekt gekennzeichnet in einem abgeschlossenen Schrank. ☐

4. Gefahrenbereich Spielmaterial

Das komplette Spielmaterial wurde überprüft und alle Kleinteile, die sich ablösen könnten, wurden entfernt. ☐

Es wurden außerdem alle Materialien ausgesondert, die kleiner als 4,5 cm sind. ☐

Die Augen und Nasen von Stofftieren und Puppen sind gestickt. ☐

Tischdecken, Läufer etc. wurden entfernt. ☐

5. Gefahrenbereich Mehrzweckraum

Der Fußbodenbelag weist einen elastischen Untergrund auf. Der Fußbodenbelag ist rutschhemmend und frei von Rissen und Stolperstellen. ☐

Die Wände sind bis zu einer Höhe von 1,50 m glatt und ohne Risse, vorstehende Teile, Brüche oder scharfe Kanten. ☐

Verglasungen und Beleuchtung sind bruchfest, insbesondere ballwurfsicher. ☐

Sämtliche Turngeräte sind in Wandschränken oder Nebenräumen gesondert untergebracht und sicher gelagert. ☐

Folgende Mängel wurden festgestellt:

1. Abgesplitterte Fliese im Sanitärbereich, dort drittes Waschbecken in einer Höhe von ca. 1 Meter.
2. Wartungsvertrag mit Elektrofirma ist ausgelaufen, muss erneuert werden.

Mängel behoben am:	**durch:**
Datum	Name/Funktion/Unterschrift
1. 11.10.2010	Fliesen Neubauer
2. 12.10.2010	Elektro Schmiedinger
10.10.2010	Conny P., Sicherheitsbeauftragte

Sissi H. fragt sich, ob dies schon eine Gefährdung für die Kinder darstellt? Schließlich ist sie nicht vom Fach und kennt sich mit technischen Geräten nicht so gut aus.

Sie muss stets vor Ort sein

Was das Gesetz sagt

Es gibt eine Vielzahl von Vorschriften, um die Sicherheit in einer Kindertageseinrichtung zu gewährleisten. § 22 SGB VII bestimmt beispielsweise:
„In Unternehmen mit regelmäßig mehr als 20 Beschäftigten hat der Unternehmer unter Beteiligung des Betriebsrates oder Personalrates Sicherheitsbeauftragte unter Berücksichtigung der im Unternehmen für die Beschäftigten bestehenden Unfall- und Gesundheitsgefahren und der Zahl der Beschäftigten zu bestellen. Als Beschäftigte gelten auch die nach § 2 Abs. 1 Nr. 2, 8 und 12 Versicherten."
Da die Kinder einer Einrichtung nach § 2 Abs. 1 Nr. 8 a) SGB VII als Beschäftigte im Sinne dieser Vorschrift gelten, werden in der Regel stets mehr als 20 „Beschäftigte" zu verzeichnen sein. Des Weiteren macht die Anlage 2 der GUV-V A1 für Kindertageseinrichtungen unabhängig von ihrer Größe die Bestellung mindestens einer Sicherheitsbeauftragten zur Pflicht. Die Unfallkassen weisen darauf hin, dass die Sicherheitsbeauftragte stets nur unterstützend tätig ist. Ihr können im Rahmen dieses Aufgabenbereichs keinerlei Verantwortung oder Weisungsbefugnisse übertragen werden. Die Schwerpunkte ihrer Tätigkeit liegen beispielsweise bei Fragen zu Bau und Ausrüstung der Tageseinrichtung (elektrische Betriebsmittel etc.), Sicherheit der Außenspielgeräte sowie korrekter Ausübung der Aufsichtspflicht und vielem mehr.

Was das für Sie bedeutet

Jede Einrichtung muss die gesetzlichen Vorschriften beachten und sich umgehend um die Bestellung einer Sicherheitsbeauftragten kümmern, falls sie noch keine hat oder diese den gesetzlichen Anforderungen nicht genügt. Das Vorgehen ist dabei folgendermaßen:

1. *Eine geeignete Person auswählen:* Wer infrage kommt und auch bereit ist, diese Aufgabe zu übernehmen, kristallisiert sich für gewöhnlich im Gespräch zwischen Leiterin und Mitarbeiterin bzw. durch den Austausch im Team heraus. Sicherheitsbeauftragte kann jede normale Beschäftigte in der Einrichtung sein, also z. B. eine Gruppenleiterin. In Betracht kommen besonders zuverlässige, verantwortungsbewusste, erfahrene und allgemein anerkannte Mitarbeiterinnen, bei denen zu erwarten ist, dass sie der Vorbildfunktion, die diesem Amt innewohnt, gerecht werden können. Aus diesem Grund sollten auch nur Mitarbeiterinnen ausgewählt werden, die das Amt voraussichtlich über längere Zeit ausüben werden. Ein beispielsweise jährlicher Wechsel, wie er nicht selten praktiziert wird, ist vor diesem Hintergrund nicht erstrebenswert. Die Unfallversicherungsträger weisen in diesem Zusammenhang darauf hin, dass Erzieherinnen in der Regel für diese Position besser geeignet sind als Leiterinnen, da sie „näher" an den Kindern sind und deren Verhaltensweisen besser einschätzen können. Außerdem entsteht bei Übernahme des Amtes durch die Leiterin bei dieser leicht ein Interessenkonflikt, da sie ja selbst Hauptadressatin der Hinweise der Sicherheitsbeauftragten ist.
Die Sicherheitsbeauftragte kann nicht gegen ihren Willen beauftragt werden und kann jederzeit von diesem Amt zurücktreten.

2. *Sicherheitsbeauftragte bestellen:* Die Sicherheitsbeauftragte wird vom Träger oder einer von ihm autorisierten Person – in der Regel die Leiterin – bestellt. Die Beauftragung muss schriftlich erfolgen und

WICHTIG

Das häufig praktizierte Bestellen von Personen, die nicht in der Einrichtung arbeiten, wie etwa Eltern, Mitarbeiter des gemeindlichen Bauhofs oder Mitarbeiter des Trägers, ist nicht zulässig.

Ebenfalls nicht zulässig ist, dass sich ein Mitarbeiter eines größeren Trägers um mehrere Einrichtungen kümmert. Als Regel gilt: Die Sicherheitsbeauftragte muss stets vor Ort sein!

ist von der Beauftragten zu unterschreiben. Den Vordruck „Bestellung zum Sicherheitsbeauftragten" können Sie kostenlos bei Ihrem Unfallversicherungsträger unter der Bestellnummer GUV-I 8543 erhalten oder unter www.ukpt.de/pages/service/formulare/formulare/guv_i_8543.pdf downloaden.

3. *Aufgaben der Sicherheitsbeauftragten:* Nach durchgeführter Fortbildung ist die Sicherheitsbeauftragte verpflichtet und berechtigt,
- Kolleginnen auf mögliche Gefahren und sicherheitswidriges Verhalten hinzuweisen,
- darauf zu achten, dass persönliche Schutzausrüstungen verwendet werden, z. B. von Reinigungskräften,
- an Unfalluntersuchungen von Behörden mitzuwirken und
- sich fortzubilden.

Das Aufgabengebiet beinhaltet ausdrücklich NICHT
- die Übernahme erhöhter Verantwortung für Arbeits- und Gesundheitsschutz in der Einrichtung (diese obliegt nach wie vor dem Träger),
- Aufsichts- und Weisungsbefugnisse gegenüber den Beschäftigten.

Die Sicherheitsbeauftragte ist weisungsfrei tätig, d. h. niemand – auch nicht die Leiterin – kann ihr Vorschriften machen, wie sie ihr Amt auszuüben hat. Für Fortbildungen muss der Träger sie freistellen. Selbstverständlich darf die Sicherheitsbeauftragte auch nicht wegen Erfüllung ihrer Aufgaben benachteiligt werden.
Nehmen Sie das Thema ernst! Sollte Ihre Einrichtung noch keine Sicherheitsbeauftragte haben, ist es jetzt höchste Zeit!

3. Sicherheit bei Eis und Schnee?

Worum es geht

Wenn der Winter Einzug hält, steigt mit ihm wieder die Gefahr, auf vereisten Flächen zu stürzen. Aber nicht nur die Verkehrsflächen Ihrer Einrichtung, auch Spielgeräte im Außenbereich sind eisfrei zu halten. Wie Sie in Ihrer Kita bei Eis und Schnee vorgehen müssen und was sonst noch zu beachten ist, um der Verkehrssicherungspflicht Ihrer Einrichtung zu genügen, zeigt das folgende Kapitel.

Fallbeispiel
Die Kinder der Kita „Märchenland" sind begeistert. In der Nacht hat es Neuschnee gegeben und nun hält sie nichts mehr: Jeder hat seinen Schlitten mitgebracht und gleich nach dem Morgenkreis beginnt die Rodelpartie. Erzieherin Susanne Z. baut gerade mit einigen Kindern einen Schneemann, als Tobias plötzlich weinend zu ihr gelaufen kommt. Ein Eiszapfen hat sich vom Dach gelöst und den Dreijährigen so unglücklich am Kopf getroffen, dass er eine Platzwunde davonträgt.

Was das Gesetz sagt

Eine explizite Pflicht, Straßen, Wege und Plätze von Schnee zu räumen und notfalls zu streuen, kennt das Gesetz nicht. Auf der Grundlage des Bürgerlichen Gesetzbuchs (BGB) hat aber der Träger einer Kindertageseinrichtung für diese die sogenannte Verkehrssicherungspflicht. Das bedeutet, dass er dafür zu sorgen hat, dass sämtliche Gefahren von Dritten, die die Einrichtung bestimmungsgemäß benutzen, abgewendet werden. Verletzt er diese Pflicht, macht er sich im Schadensfall ersatzpflichtig.

Der Träger darf diese Pflicht aber auf andere Personen – in der Regel die Leiterin der Einrichtung – übertragen und tut das normalerweise auch. Dies erfolgt entweder im Arbeitsvertrag selbst oder durch Nebenabreden, die auch durch schlüssiges Verhalten (der Jurist nennt dies „konkludent") geschlossen werden können. Hierdurch wird die Leiterin verpflichtet, den Zustand der Einrichtung zu überwachen und Mängel zu melden bzw. selbst zu beheben. Die Leiterin wiederum kann die Pflicht an andere Mitarbeiterinnen oder den Hausmeister delegieren. In einem solchen Fall ist sie jedoch verpflichtet, regelmäßig zu kontrollieren, ob die Verkehrssicherungspflichten ordnungsgemäß – für den Winterdienst bedeutet dies insbesondere auch rechtzeitig – erfüllt werden. Diesbezüglich gilt stets die wichtigste Regel des Arbeitsschutzes: „Die Organisations- und Kontrollverantwortung liegt beim Vorgesetzten".

Was das für Sie bedeutet

Sie und Ihre Mitarbeiterinnen haben in den unfallträchtigen Wintermonaten einiges zu beachten, um Ihren Verkehrssicherungspflichten für das Gelände Ihrer Einrichtung nachzukommen. So gehen Sie dabei am besten vor:

1. *Räumen Sie rechtzeitig alle Wege:* Sämtliche Verkehrswege sind von Eis und Schnee – in der Regel in einer Breite von 1,25 m – freizuhalten. Dies sind alle Zugangswege und Treppen, die zu Ihrer Einrichtung gehören. Für den Beginn der Räumpflicht ist nach ständiger Rechtsprechung ebenso wie für

Umfang und Ende maßgeblich auf das Verkehrsbedürfnis der Nutzer abzustellen. Oder einfacher gesagt: Das Verkehrsbedürfnis der Nutzer Ihrer Einrichtung beginnt mit der Bringzeit. Spätestens zu diesem Zeitpunkt müssen die Verkehrswege eisfrei sein. Eventuelle Vorgaben Ihrer Kommune, die eine Räumpflicht zu einem späteren Zeitpunkt zulassen, stehen demgegenüber zurück (s. beispielhaft dazu OLG Celle, Urteil 9 U 74/02).

TIPP

Denken Sie daran, bei Bedarf auch am Abend zu räumen: Das Verkehrsbedürfnis der Nutzer ist auch bei Veranstaltungen gegeben, die Ihre Einrichtung abends durchführt wie z. B. Elternabende.

2. *Parkplätze nicht vergessen:* Die Verkehrssicherungspflicht Ihrer Einrichtung bezieht sich insbesondere auch auf Eltern, die „die Einrichtung bestimmungsgemäß nutzen", also beispielsweise ihre Kinder bringen und abholen. Sie sollten daher unbedingt auch auf die Zufahrtswege und Parkplätze Ihrer Einrichtung ein wachsames Auge haben. Das Ausstreuen auftauender Stoffe wie beispielsweise Salz erlauben die Gemeinden in der Regel nur in Extremsituationen wie Eisregen und Blitzeis. Für alle anderen Situationen soll das Ausstreuen von Sand oder Granulat reichen.

3. *Spielgeräte notfalls sperren:* Mit unbesonnenem Verhalten von Kindern haben Aufsicht führende Personen stets zu rechnen, wie Gerichtsentscheidungen immer wieder ausführen. Sind Spielgeräte vereist oder beispielsweise Kletteranlagen stark verschneit, kann es die beste Entscheidung sein, sie für den Spielbetrieb vorübergehend zu sperren. Für solche Maßnahmen sollte Ihre Einrichtung stets Absperrbänder bzw. andere Sperrvorrichtungen bereithalten.

4. *Gefahr droht auch von oben:* Achten Sie stets auch auf Gefahren „von oben". Dies können Eiszapfen an der Dachrinne sein, aber auch schneebeladene morsche Äste, die plötzlich herabfallen und Verletzungen verursachen können. Sobald Sie eine solche „Gefahr aus der Luft" entdecken, müssen Sie Abhilfe schaffen und bis zur Beseitigung die gefährdete Stelle abzäunen und für den allgemeinen Zugang sperren. Generell ist es ratsam, in Verkehrs- und Spielbereiche hineinragende Äste rein vorsorglich immer von Schnee zu befreien.

5. *Frischen Sie Ihre Erste-Hilfe-Kenntnisse auf:* Wie waren noch gleich die Erste-Hilfe-Maßnahmen bei Knochenbrüchen? Zur Erinnerung hier noch einmal:

- Stellen Sie zunächst fest, welcher Körperteil betroffen ist. Die äußeren Extremitäten wie Arme, Beine, Hände, Füße und Finger sind die am häufigsten gebrochenen Gliedmaßen bei einem Glatteisunfall. Bei einem Bruch am Oberkörper kann das Kind sich u. U. noch selbst in den Sanitätsraum begeben.
- Kann der Verunfallte nicht selbst laufen, müssen Sie ihn an Ort und Stelle notversorgen. Lassen Sie in diesem Fall eine Decke bringen, die den Verletzten wärmt. Besonders geeignet ist in diesen Fällen eine Alu-Schockdecke, die in Ihrer Einrichtung stets griffbereit im Sanitätsraum liegen sollte.
- Versorgen Sie offene Wunden mit einem keimfreien Verband und stellen Sie die Bruchstelle ruhig, beispielsweise mit Decken oder Kleidungsstücken. Wichtig ist jedoch, dass bei diesen Maßnahmen die Bruchstelle selbst nicht bewegt wird. Anderenfalls könnte der Schaden vergrößert werden. Keinesfalls dürfen Sie versuchen, Fehlstellungen zu korrigieren!
- Falls der Kopf verletzt ist, müssen Sie den Oberkörper hochlagern.
- Setzen Sie einen Notruf ab.

Mit den richtigen Vorsorgemaßnahmen bleibt die Schlittenpartie für Sie und die Kinder eine sichere Sache!

4. Sichere Elektroanlagen?

Worum es geht

Immer wieder kommt es zu Bränden in Kindertageseinrichtungen aufgrund defekter Elektrogeräte und -leitungen. Im rheinischen Witzhelden brach jüngst ein Feuer im Entspannungsraum eines Kindergartens aus: Ein Gummi-Massageball war auf eine heiße Halogenlampe gefallen und hatte den Brand ausgelöst. Durch den mutigen Einsatz einer Erzieherin, die auch Mitglied bei der Freiwilligen Feuerwehr ist, konnte der Brand noch vor dem Eintreffen der Feuerwehr gelöscht werden. Das folgende Kapitel macht deutlich, was Sie zur Vorbeugung in Ihrer Einrichtung tun können.

Fallbeispiel

Es ist 17.00 Uhr im Kindergarten „Gänseblümchen". Leiterin Susanne M. macht ihren Feierabend-Rundgang und schaut noch einmal nach dem Rechten. In der Küche riecht es ein bisschen, da hat die Praktikantin heute etwas anbrennen lassen. Aber bis morgen hat sich der Geruch bestimmt verflüchtigt. Zufrieden sperrt sie ab und fährt nach Hause. In der Nacht wird die Feuerwehr zu einem Großeinsatz im Kindergarten gerufen. Die fieberhaften Löschversuche haben jedoch keinen Erfolg: Das Gebäude brennt bis auf die Grundmauern nieder. Soweit feststellbar, war der Brand in der Küche ausgebrochen.

Was das Gesetz sagt

Die Verordnungen der Unfallkassen (GUV-V A2) schreiben vor, dass regelmäßige Überprüfungen der elektrischen Anlagen und Betriebsmittel in einer Kindertageseinrichtung durchzuführen sind. Danach sind die „ortsfesten" Anlagen und Betriebsmittel wie Einbauherde, Sicherungskästen, Stromverteiler, Lichtschalter und Steckdosen alle vier Jahre durch einen Fachbetrieb zu prüfen, die „ortsveränderlichen" Anlagen und Betriebsmittel wie Bügeleisen, Staubsauger, Wasserkocher etc. jährlich. Die jährliche Prüfung kann auch durch eine unterwiesene Person mit geeignetem Mess- bzw. Prüfgerät vorgenommen werden.

Was das für Sie bedeutet

Sie müssen dafür Sorge tragen, dass diese Überprüfungen turnusmäßig und vollständig durchgeführt werden. Darüber hinaus sollten auch Sie selbst ein waches Auge auf die elektrischen Anlagen in Ihrer Einrichtung haben, um Schäden sofort erkennen und beheben zu können.

1. *Schließen Sie einen Wartungsvertrag mit einem Fachbetrieb ab:* Die vorgeschriebenen Wartungsarbeiten sollten Sie einem Elektrobetrieb übertragen, der die fristgemäße Durchführung garantiert und auch die Terminüberwachung übernimmt. Schließen Sie den Vertrag nicht zu langfristig ab, um wechseln zu können, wenn Sie unzufrieden sind oder dieselbe Leistung woanders preiswerter bekommen. Die Wartung besteht aus einer Sichtprüfung und einer elektrischen Funktionsprüfung durch eine Fachkraft. Nach durchgeführter Prüfung erhalten alle geprüften Anlagen einen kleinen Aufkleber, der die Gebrauchstauglichkeit bestätigt.

Immer im Blick haben: elektrische Anlagen

2. *Halten Sie die Prüfkosten gering:* Die meisten Betriebe rechnen nach Zeitaufwand ab. Den halten Sie gering, indem Sie eine Inventarliste der ortsveränderlichen Anlagen und Betriebsmittel Ihrer Einrichtung erstellen. Das sind, vereinfacht gesagt, alle Geräte, die eine Steckdose benötigen und die Sie – theoretisch – tragen könnten. (Im Kasten unten finden Sie eine

WICHTIG

Diese Geräte müssen Sie prüfen:

1. **ortsveränderliche Elektrogeräte:** Bügeleisen, Staubsauger, Kochplatten, Mikrowelle, Kaffeemaschine, Wasserkocher, Kabeltrommel, Verlängerungskabel, Overheadprojektor, Telefon, Computer, Fax, Kopierer, CD-Player, Diaprojektor, TV- und Videogeräte, Stehlampen, Lichterketten, elektrische Mikroskope, Föhn, Klebepistole
   wie oft: jährlich
   durch: Fachbetrieb oder unterwiesene Person mit geeignetem Prüf- oder Messgerät

2. **ortsfeste Elektrogeräte:** Sicherungskästen/Stromverteiler, Lichtschalter, Steckdosen, Einbaubeleuchtungen, Herd, Backofen, Kühlschrank, Waschmaschine, Trockner
   wie oft: alle 4 Jahre
   durch: Fachbetrieb

Übersicht über die in einer Kita gängigen Geräte.) Halten Sie die Liste stets aktuell, indem Sie Neuanschaffungen sofort aufnehmen und entsorgte Geräte streichen. Geräte, die nicht leicht zugänglich sind wie Staubsauger oder Bügeleisen, sollten Sie im Vorfeld der Prüfung zusammenstellen, um das Verfahren zu beschleunigen.

3. *Die Prüfpflicht können Sie auch teilweise delegieren:* Kleingeräte, das sind die ortsveränderlichen, können auch durch eine unterwiesene Person wie Hausmeister oder Sicherheitsbeauftragte mit geeignetem Mess- oder Prüfgerät geprüft werden. Dies kann die Wartungskosten erheblich reduzieren. Gegenrechnen müssen Sie allerdings die Kosten für die Einweisung/Schulung dieser Person, die Kosten für die Prüfgeräte und den zusätzlichen Aufwand für die Dokumentation, die sonst der Fachbetrieb durch Aufkleben der Prüfplaketten und Erstellen der Rechnung übernimmt.

4. *Ziehen Sie defekte Geräte sofort aus dem Verkehr:* Auch Sie und Ihre Mitarbeiterinnen können eine Menge zur Elektro-Sicherheit in Ihrer Einrichtung beitragen. Ohnehin sind Sie verpflichtet, regelmäßig – spätestens alle sechs Monate – die Fehlerstromschutzeinrichtung, den sogenannten FI-Schalter/RCD-Schalter, zu betätigen. Darüber hinaus sollten Sie vor jedem Einschalten eines Gerätes eine einfache Sichtkontrolle an Gehäuse, Kabel und Steckdose vornehmen. Ein defektes Gerät müssen

Checkliste: So sorgen Sie für sichere Elektroanlagen in Ihrer Einrichtung

1. Sie betätigen regelmäßig alle vier bis sechs Monate den FI/RCD-Schalter. ☐
2. Sie unterziehen elektrische Geräte vor jeder Benutzung einer Sichtkontrolle. ☐
3. Defekte oder altersschwache Geräte ziehen Sie sofort aus dem Verkehr. ☐
4. Sämtliche Stecker, Schalter, Steckdosen und Kabel sind unbeschädigt. ☐
5. Gerätegehäuse sind im Originalzustand und weisen keine Verfärbungen auf. ☐
6. Sie überprüfen regelmäßig die Kindersicherungen auf Schäden oder Verlust. ☐
7. Sie vermeiden „Kabelsalate" in Ihrer Einrichtung. ☐
8. Sie achten bei Halogenlampen auf sicheren Stand und Abdeckung gegen direktes Berühren. ☐
9. Halogenlampen sind so aufgestellt, dass sie ausreichend Abstand zu brennbaren Gegenständen haben. ☐
10. Lichterketten werden in Ihrer Einrichtung nur über Trafos betrieben. ☐
11. Die Herde in den Gruppenräumen haben einen abschließbaren Schalter oder einen Zusatzschalter in Erwachsenenhöhe. ☐
12. Sie achten auf ungewöhnliche Geräusche und Gerüche in Ihrer Einrichtung. ☐

Sie umgehend aus dem Verkehr ziehen und als solches kennzeichnen. Zahlreiche Kabelbrände in Kindertageseinrichtungen zeigen: Es wird zu sorglos mit elektrischen Geräten umgegangen. Sorgen Sie für einen umsichtigen Gebrauch solcher Geräte und sparen Sie nicht am falschen Ende!

5. Sicherheits-Check Außengelände?

Worum es geht

Das Frühjahr beginnt und endlich können Sie mit den Kindern wieder häufiger nach draußen gehen. Doch sobald Eis und Schnee weggetaut sind, zeigt sich auch, welche Spuren der Winter an den Geräten hinterlassen hat. Rostige Gestänge, morscher Sandkasten oder wackelnde Verankerungen: Es gibt jetzt einigen Handlungsbedarf, den Sie mit einem kritischen Frühjahrs-Check (s. Checkliste S. 35) lückenlos dokumentieren und konsequent angehen sollten.

Fallbeispiel

Ein milder Frühjahrsmorgen in der Kita „Pusteblume". Die Kinder toben nach langer Zeit wieder im Freigelände der Einrichtung. Rutsche, Karussell und Kletterwand sind wie immer beliebte Spielgeräte. Doch plötzlich blutet der vierjährige Philipp an der Hand. Zur Ursache befragt, gibt er weinend an, er habe sich „an der Rutsche geratscht". Leiterin Annette S. untersucht die Stahlrutsche und stellt fest, dass der Handlauf an der Unterseite stark angerostet ist. Dies hat offensichtlich zu der Verletzung geführt.

Was das Gesetz sagt

Ihre Einrichtung sollte die Wartungspflicht ernst nehmen und frühzeitig geeignete Hilfspersonen, z. B. den Hausmeister oder die Sicherheitsbeauftragte der Einrichtung, hinzuziehen, um Unfälle zu vermeiden. So bekommen Sie mögliche Gefahren im Außengelände in den Griff:

1. *Veranlassen Sie jetzt den großen Jahres-Check:* Rechtzeitig vor Beginn der Spielsaison müssen die Geräte eingehend auf Verschleiß oder Verrottung geprüft werden. Diese Prüfung setzt ein erhöhtes technisches Verständnis voraus und sollte daher von einem Sachkundigen – beispielsweise von TÜV oder DEKRA – vorgenommen werden. Diese Spezialisten werden in der Regel vom Träger beauftragt und prüfen, ob
   - Befestigungen nachgezogen oder erneuert,
   - Roststellen entfernt,
   - Gelenke geschmiert,
   - defekte Teile ersetzt,
   - Schweißarbeiten etc. ausgeführt werden müssen.

Sie sollten diesen Sachverständigen bei seinem Rundgang unbedingt begleiten, um von ihm zu lernen, denn:

Auf sicheren Geräten macht das Spielen doppelt Spaß

2. *Für regelmäßige Sichtkontrollen haben Sie die Verantwortung:* Im Laufe des Jahres sind regelmäßig, d. h. alle ein bis drei Monate, Sichtkontrollen durchzuführen. Hierfür trägt die Leitung der Einrichtung die Verantwortung. Diese können Sie auf den Hausmeister übertragen, sollten aber – dazu sind Sie als Vertreterin des Trägers ebenfalls verpflichtet – regelmäßig prüfen, ob er dieser Aufgabe gründlich nachkommt. Rutschen Sie auch selbst einmal, um sich von der sogenannten Verkehrssicherheit der Rutsche zu überzeugen.

3. *Defekte Geräte müssen unverzüglich gesperrt werden:* Darüber hinaus müssen die Mitarbeiterinnen Ihrer Einrichtung bei der täglichen Freispielzeit draußen stets Augen und Ohren offenhalten: Knarrt, quietscht oder wackelt etwas? Sind Schrauben oder Schellen locker? Müssen Taue oder Ketten ausgewechselt werden? Denken Sie auch an die Spielgeräte aus Holz: Vorstehende Holzsplitter bergen ein hohes Unfallrisiko! Stellt eine Mitarbeiterin einen (möglichen) Mangel fest, muss sie sofort die Leitung informieren, die das Gerät für die Kinder unverzüglich sperrt. Lässt eine Erzieherin die Kinder trotz Mängel-Verdachts weiter an dem Gerät spielen, ist sie im Schadensfall ersatzpflichtig.

4. *Überprüfen Sie die Außenanlagen:* Nehmen Sie den Jahres-Check der Spielgeräte durch den Sachverständigen zum Anlass, die gesamte Außenanlage Ihrer Einrichtung auf betriebssicheren Zustand hin zu überprüfen:

- Muss Fallschutzmaterial (Sand, Mulch, Kies) aufgefüllt,
- müssen Klettersteine befestigt,
- müssen Schäden an Zäunen oder am Eingangstor beseitigt,
- müssen Sitzflächen von Bänken erneuert,
- müssen Bäume und Sträucher zurückgeschnitten werden?
- Ist der Sandspielbereich sauber?

5. *Dokumentieren Sie die Inspektionen:* Dokumentieren Sie Inspektions- und Wartungsarbeiten sowie Reparaturen in einem Ordner, in dem auch die Überprüfungstermine vermerkt sind. So stellen Sie sicher, dass Ihr Träger im Schadensfall den korrekten Nachweis erbringen kann, dass er seiner Verkehrssicherungspflicht Genüge getan hat. Die Dokumentation gelingt am besten auf Grundlage eines Ergebnisprotokolls über die Bestandsaufnahme, die Sie zusammen mit dem Sachverständigen beim großen Jahres-Check durchführen. Für alle folgenden Sichtkontrollen durch die Mitarbeiterinnen sowie die Sicherheitsbeauftragte sollten Sie ebenfalls ein solches Protokoll erstellen. Dies verschafft dem Träger einen guten Überblick über notwendige Ersatzanschaffungen und Reparaturen. Ein Beispiel für ein Ergebnisprotokoll finden Sie im Kasten auf S. 35.

Wer ist sachkundig und wer ist sachverständig?

Sachkundiger (SK) ist, wer aufgrund seiner fachlichen Ausbildung und Erfahrung ausreichend Kenntnisse auf dem Gebiet der zu prüfenden Einrichtungen hat und mit den einschlägigen staatlichen Arbeitsschutzvorschriften, Unfallverhütungsvorschriften, Richtlinien und allgemein anerkannten Regeln der Technik soweit vertraut ist, dass er den arbeitssicheren Zustand der Einrichtung beurteilen kann.
Sachverständiger (SV) ist, wer aufgrund seiner fachlichen Ausbildung und Erfahrung besondere Kenntnisse auf dem Gebiet der zu prüfenden Einrichtung hat und mit den einschlägigen staatlichen Arbeitsschutzvorschriften, Unfallverhütungsvorschriften, Richtlinien und allgemein anerkannten Regeln der Technik soweit vertraut ist. Er muss die Einrichtung prüfen und gutachterlich beurteilen können. Als Sachverständige kommen Angehörige von Verbänden, Organisationen, Ingenieurbüros und andere berufene Fachkräfte in Frage.

WICHTIG

Sind die Außenanlagen Ihrer Einrichtung vandalismusgefährdet, sollten Sie die Frequenz der Sichtkontrollen deutlich erhöhen und einmal wöchentlich einen Rundgang über Ihr Außengelände unternehmen. Dies dient zum einen der Sicherheit der Geräte, zum anderen stellen Sie sicher, dass Sie bei Beschädigungen durch Fremde rechtzeitig die Polizei informieren und Anzeige erstatten können (vgl. dazu auch Kap. II.7.)

6. Fit für die Brandschau?

Worum es geht

Immer wiederkehrende Berichte über Brände in Kindertageseinrichtungen geben Zeugnis davon, wie wichtig das Thema Brandschutz ist. In einem Beschluss des Oberverwaltungsgerichts Münster heißt es: „Es entspricht der Lebenserfahrung, dass mit der Entstehung eines Brandes praktisch jederzeit gerechnet werden muss. Demzufolge stellt der Umstand, dass in vielen Gebäuden jahrzehntelang kein Brand ausgebrochen ist, nur einen Glücksfall dar, dessen Ende jederzeit möglich ist." (OVG Münster, Beschluss vom 21.02.2008 – Aktenzeichen 7 B 107/08). Maßnahmen des Brandschutzes sind alle Maßnahmen, durch die die Entstehung eines Brandes verhindert (sogenannter vorbeugender Brandschutz) bzw. seine Auswirkungen auf ein Mindestmaß reduziert (sogenannter abwehrender Brandschutz) werden können. Zentrales Element des vorbeugenden Brandschutzes ist die Brandschau, die in regelmäßigen Abständen von Fachleuten in Ihrer Einrichtung durchgeführt wird. Sie sollten deshalb stets gut auf eine Brandschau vorbereitet sein.

Fallbeispiel
In der Kita „Krümelkiste" geht die Brandschau dem Ende zu. Leiterin Bärbel J. führt den Kreisbrandmeister der Feuerwehr, Alfred S., sowie einen Vertreter des Trägers durch die Einrichtung. Bislang gibt es noch keine Beanstandungen und Bärbel J. beginnt sich ein wenig zu entspannen. Doch unvermittelt stoppt Alfred S.: Im Sanitärraum stapeln sich in einer Nische neben der Tür mehrere

Muster-Checkliste: Sichtkontrollbogen Außenspielbereich

Protokoll über die Sichtkontrolle des Außenspielbereichs

durchgeführt am: ______________________

durchgeführt von: ______________________

kontrolliertes Gerät/ Gelände	erfasste Schäden/ Mängel	Gerät/Bereich gesperrt	erforderliche Maßnahme	Reparatur veranlasst?	Erledigt
Klettergerüst	Kletternetz gerissen	ja	neues Netz einziehen	ja	12.04.2010
Kletterbaum	nein				
Klettersteine	2 Steine locker	ja	Steine einbetonieren	ja	
Rutsche	nein				
Schaukeln	quietschen	nein – keine akute Gefahr	gelegentlich ölen	ja	07.04.2010
Baumhaus	nein				
Karussell	Bodenverankerung durchgerostet	ja	Abbau	Abbau veranlasst	
Sandkasten	Sand verschmutzt	ja	Sandaustausch	ja	07.04.2010
Wipptiere	schwergängig	nein – keine akute Gefahr	schmieren	ja	07.04.2010
Fallschutz	zu wenig Mulch unter Klettergerüst	ja	Mulch auffüllen	ja	07.04.2010
Gartentor	Scharnier defekt	nein – keine akute Gefahr	Scharnier erneuern	ja	08.04.2010
Zäune	nein				
Zugangsweg	Pflastersteine locker	ja	Steine einbetonieren	ja	
Parkplatz	nein				
Baumbestand	morsche Äste an Hauseiche	ja	Äste absägen	ja	08.04.2010
Gartenmöbel	nein				

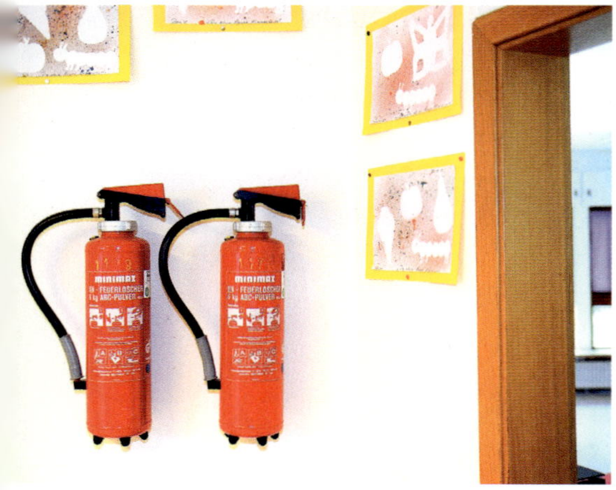

Für den Notfall gerüstet sein

Kartons mit einer Großbestellung Toilettenpapier. Rückfragen ergeben: Praktikantin Lisa Z. hätte die Rollen längst in den dafür vorgesehenen Lagerschrank einräumen müssen, ist aber noch nicht dazu gekommen.

Was das Gesetz sagt

Kindertageseinrichtungen unterliegen einer regelmäßigen „Brandverhütungsschau", auch kurz „Brandschau" oder „Begehung" genannt, die im Abstand von mindestens zwei Jahren durch einen Vertreter der Feuerwehr durchzuführen ist. Sie dient der Feststellung brandgefährlicher Zustände, der Kontrolle der Brandlast sowie der Überprüfung und Umsetzung von Brandschutzmaßnahmen. Für die Brandschau gelten die Brandschutzverordnungen der Bundesländer, die i.d.R. im jeweiligen Feuerwehrgesetz, Feuerschutzgesetz oder Brand- und Katastrophenschutzgesetz enthalten sind. Die Kennzeichnung von Flucht- und Rettungswegen sowie Notausgängen ist nach § 55 Arbeitsstättenverordnung (ArbStättV) sowie der Verordnung des Gemeindeunfallversicherungsverbandes GUV-V A8 „Sicherheits- und Gesundheitsschutzkennzeichnung am Arbeitsplatz" geregelt. Demnach hat der Träger einer Kindertagseinrichtung sicherzustellen, dass die Kinder und die Mitarbeiterinnen den Brandort sicher, schnell und auf möglichst kurzem Weg ins Freie oder in gesicherte Bereiche, beispielsweise in Sicherheitstreppenhäuser, verlassen können.

Was das für Sie bedeutet

Auf eine Brandschau müssen Sie sich gut vorbereiten. Schon eine vermeintlich unwichtige Kleinigkeit kann zu Beanstandungen führen.

Die Vorbereitung

Unabdingbare Voraussetzung für eine Brandbegehung ist ein maßstabsgerechter Grundriss des gesamten Geländes, auf dem sämtliche Gebäude mit allen Stockwerken verzeichnet sind.
Als Teilnehmer der Brandschau kommen neben der Leiterin und dem Brandschutzbeauftragten der örtlichen Feuerwehr auch in Betracht:

- ein Vertreter des Trägers,
- die Sicherheitsbeauftragte der Einrichtung,
- ein eventuell eingesetzter Brandschutzbeauftragter seitens des Trägers,
- ein Vertreter der zuständigen Feuer- oder Sachversicherung,
- der Bezirksschornsteinfegermeister.

Die Durchführung

Die Begehung prüft schwerpunktmäßig neben der Kennzeichnung von Zu- und Durchfahrten für die Feuerwehr auch die Sammelplätze für die Beschäftigten und die Kinder nach Vorhandensein, Lage, leichter Erreichbarkeit und Größe. Des Weiteren werden die Versorgungseinrichtungen überprüft. Hier ist von besonderer Wichtigkeit die Funktionstüchtigkeit aller Absperrvorrichtungen für Strom, Gas, Wasser etc. Ein besonderes Augenmerk wird der Brandschutzexperte auch auf die Kennzeichnung und Nutzbarkeit von Flucht- und Rettungswegen legen:
In jeder Etage müssen mindestens zwei voneinander unabhängige Rettungswege vorhanden sein. Diese müssen der Feuerwehr, den Kindern und allen Mitarbeiterinnen geläufig sein. In Treppenhäusern und Fluren muss die Fluchtrichtung deutlich gekennzeichnet sein. Ferner muss eine Sicherheitsbeleuchtung mit unabhängiger Energieversorgung installiert sein, die jederzeit gut sichtbar sein muss und keinesfalls zugestellt werden darf.
Die Fluchtwege dürfen nicht – auch nicht teilweise – durch abgestellte Geräte (z.B. Fotokopierer), Möbel (z.B. Werkbank) oder Spielsachen (z.B. Bobby-Cars) versperrt sein. Informationswände, Pinboards etc. sind in Fluchtwegen nicht gestattet: Sie bilden sogenannte Brandlasten, die im Falle eines Feuers brandbeschleunigend wirken. Papier- und Stoffdekorationen an Decke, Wand

WICHTIG

Immer wieder kommt es vor, dass Fluchttüren abgeschlossen werden. Das ist nicht gestattet! Wollen Sie jedoch sicherstellen, dass die Fluchttür von außen nicht zu öffnen ist, müssen Sie ein selbstverriegelndes Panikschloss anbringen lassen. Dieses lässt sich jederzeit von innen öffnen, ist aber von außen – versicherungsrechtlich einwandfrei – verschlossen. Mehr zu den Funktionsweisen verschiedener Panikschlösser finden Sie im Internet unter http://de.wikipedia.org/wiki/Panikschloss.

und Fenstern sind aus diesem Grund nicht zulässig. Der Stapel Toilettenpapier im Fallbeispiel gehört selbstverständlich in den Schrank!
Die Türen Ihrer Einrichtung, die sich im Verlauf von Flucht- und Rettungswegen befinden, müssen sich in Fluchtrichtung aufschlagen und vollständig öffnen lassen. Das bedeutet: Hinter den Türen dürfen keinerlei Gerätschaften abgestellt sein. Die Türen dürfen auch niemals verschlossen werden und müssen sich leicht und ohne fremde Hilfe jederzeit öffnen lassen.

Das Protokoll und die Nachschau

Über die stattgefundene Begehung fertigt der die Brandschau Durchführende ein Protokoll an. Es enthält einen genauen Bericht über die festgestellten Mängel. Diese sind unverzüglich (juristisch bedeutet das: ohne schuldhaftes Zögern) zu beseitigen. Denn die ordnungsgemäße Beseitigung der Mängel wird in einer Nachschau kontrolliert und protokolliert.

Zu guter Letzt: Selbstverständlich ist es nicht damit getan, den Brandschutz in der Einrichtung nur im Vorfeld des Brandschautermins zu überprüfen. Brandschutzmaßnahmen müssen ganzjährig gewissenhaft und nachhaltig umgesetzt werden. In größeren Einrichtungen empfiehlt sich hierfür die Einsetzung einer Brandschutzbeauftragten. Anders als die Bestellung einer Sicherheitsbeauftragten (vgl. Kap. II.2.) ist die Einsetzung einer Brandschutzbeauftragten allerdings stets freiwillig, solange keine Verpflichtung im Einzelfall besteht, beispielsweise als Resulat eines Baugenehmigungsverfahrens.

7. Schutz gegen Einbruch und Vandalismus?

Worum es geht

Immer öfter geraten Kindertageseinrichtungen in den Blickpunkt von Kleinkriminellen und Dieben. Diebstahlsicherungen sind selten und die Einbrecher haben daher einen entsprechend leichten Zugang zum Gebäude. Weil sie ziemlich sicher sein können, dass sich an den Wochenenden und nachts niemand im Gebäude befindet, ist das Entdeckungsrisiko gering.

Fallbeispiel

Die „Villa Kunterbunt“ in Ludwigshafen war in den vergangenen zwei Jahren viermal das Ziel von Einbrechern. Dabei wurden neben der Kaffeekasse ein Laptop, ein Diaprojektor und eine Digitalkamera entwendet. Seit die Polizei zu Beginn des letzten Jahres eine Tätergruppe fassen konnte, ist zunächst Ruhe eingekehrt. An Halloween allerdings gab es neuen Ärger: Vandalen hatten das große Trampolin im Außenbereich des Kindergartens angezündet. Schaden: 1.500 Euro.

Was Statistik und Fachleute sagen

Einbrüche gehören zu den häufigsten Straftaten in Deutschland. Alle zwei Minuten wird in Wohnungen, Büros oder eben Kindergärten eingebrochen; zu 90 Prozent dann, wenn die Bewohner abwesend sind.
Vandalismus ist nach Meinung von Polizeipsychologen Ausdruck von Vernachlässigung der Kinder durch ihre Eltern. Die Kinder und Jugendlichen lebten damit einen Freiraum aus, der ihnen gelassen werde. Gerade in den Sommerferien nähmen die Fälle von Sachbeschädigung deutlich zu. Ferienzeit sei offensichtlich für viele Jugendliche mangels Freizeitangeboten eben auch eine Problemzeit. Durch Langeweile, mangelnde Angebote und Herausforderungen kämen sie innerhalb der peergroup auf „dumme“ Ideen.
Vandalismus ist kein rein städtisches Phänomen, er trifft ländliche Gebiete genauso. Die Kriminalstatistiken der Kommunen weisen bundesweit eine steigende Tendenz auf.

Was das für Sie bedeutet

1. *Machen Sie Ihr Grundstück einsehbar:* Viele Kitas haben den Hauseingang an der der Straße abgewandten Seite und sind mit Hecken oder Büschen umfriedet. Dies macht es Einbrechern und Vandalen leicht, ungesehen zu bleiben. Auch wenn Sie die Eingangstüre nicht verlegen können, können Sie doch dafür sorgen, dass das Außengelände von der Straße aus einsehbar ist, indem Sie veranlassen, dass allzu dichtes Blattwerk entfernt wird. Büsche, die direkt am Gebäude stehen, sollten restlos entfernt werden. Mit einer geschickt angebrachten flutlichtartigen Beleuchtung, die schlagsicher und mit einem Bewegungsmelder ausgerüstet sein sollte, erhöhen Sie die Wahrscheinlichkeit, dass Vorbeikommenden oder Nachbarn ungebetene Personen auf dem Gelände auffallen werden, erheblich.

2. *Fenster können Sie mit einer Folie sichern:* Relativ neu auf dem Markt sind Einbruchschutz-Folien, die ein Eindringen durch das Fenster verhindern. Die Folie ist durchsichtig und kann auf jeder üblichen Fensterscheibe aufgebracht werden. Sie ist durchwurfsicher: Selbst Pflastersteine können sie nicht durchdringen. Durch die Folie wird das splitternde Glas zusammengehalten. Es zerbricht zwar ähnlich wie bei einer Verbundglasscheibe, fällt aber nicht heraus. Die Hersteller versprechen, dass das Eindringen durch Einschlagen der Glasscheibe so gut wie unmöglich ist. Und weil die Folie auch einen in Kindergärten ohnehin erforderlichen hohen Splitterschutz gewährleistet, kommt sie dort besonders häufig zum Einsatz. Weitere Infos finden Sie dazu im Internet unter dem Stichwort „Einbruchschutzfolie" oder im Fachhandel.

3. *Für alle Zugänge gibt es mechanische Sicherungen:* Es gibt für alle denkbaren Zugangswege eines Hauses mechanische Vorrichtungen, die ein Eindringen vereiteln oder zumindest erschweren (z. B. stabile Fenster- und Türsicherungen, Kellerschachtsicherungen, Sicherheitsbeschläge und Zusatzverriegelungen). Ihre örtliche Polizeidienststelle kann Ihnen die Adresse einer kriminalpolizeilichen Beratungsstelle nennen, die Ihnen hierzu nähere Auskünfte erteilt. Außerdem helfen folgende Internet-Adressen: www.polizei-beratung.de sowie www.nicht-bei-mir.de

4. *Bei Vandalismus hilft Kontrolle:* Ist Ihre Einrichtung vandalismusgefährdet, kommt es neben der guten Einsehbarkeit des Grundstücks vor allem darauf an, einen angerichteten Schaden unverzüglich anzuzeigen. Hierfür müssen Sie engmaschige Kontrollen des gesamten Außengeländes vornehmen, auf jeden Fall montags und nach jedem Feiertag. Nur eine gute Kontrolle mit anschließender schneller Meldung bzw. Anzeige hilft der örtlichen Polizei, strategische Maßnahmen zur Verfolgung zu ergreifen und schützt die Kinder vor Schaden. Kontrollieren Sie hierzu unbedingt immer alle Spielgeräte sowie den Sandkasten auf Glassplitter.

5. *Schäden unverzüglich beseitigen:* Eine gute Prävention gegen immer neuen Vandalismus ist nach Meinung von Psychologen die zügige Beseitigung der Schäden. Die jugendlichen Täter erkennen so, dass auf ihr Tun reagiert wird. Außerdem vermeiden Sie durch eine schnelle Beseitigung der Schäden, dass Ihre Einrichtung Verwahrlosungstendenzen aufweist. Denn diese führen erfahrungsgemäß zu noch mehr Vandalismus ...

Den hundertprozentigen Schutz vor Einbruch und Vandalismus gibt es nicht. Doch nahezu 40 Prozent aller Einbruchsdelikte bleiben im Versuch stecken. Eine Studie, für die auch Täter befragt wurden, belegt, dass ein Einbrecher bereits nach fünf Minuten aufgibt, wenn er nicht sofort ans Ziel kommt. Ein guter Grund, mit Ihrem Träger über die Sicherung Ihrer Einrichtung zu sprechen, um die genannten Ratschläge umzusetzen. Sicher lassen sich auch die Eltern dafür gewinnen. Im (wahren) Fallbeispiel haben die Mütter mit einem Osterbasar das Geld für ein neues Trampolin erarbeitet. Vielleicht kommen die Erlöse aus dem nächsten Basar Ihrer Einrichtung dem Einbruchschutz zugute!

8. Meldepflichtige Krankheiten?

Worum es geht

Die nasskalten Monate des Jahres haben begonnen und die Zahl der Infektionskrankheiten in Ihrer Einrichtung steigt wieder. Häufig klingelt in diesen Wochen das Telefon und Eltern melden ihr Kind krank. Manche Eltern wiederum – oft alleinerziehende oder alleinverdienende Mütter – trauen sich aus Angst um ihren Arbeitsplatz nicht, ihr Kind zu Hause zu pflegen und dafür Pflegeurlaub in Anspruch zu nehmen.
Sie bringen ihr krankes Kind in die Kita und hoffen auf Ihr Verständnis. Doch eine Kita kann keine Pflegestation sein. Die Vorschriften des Infektionsschutzgesetzes sind im Interesse eines geordneten Ablaufs des Kita-Alltags und nicht zuletzt auch im Interesse der Gesundheit aller anderen Kinder immer zu beachten. Wie Sie das Infektionsschutzgesetz rechtssicher umsetzen, zeigt das folgende Kapitel.

Fallbeispiel
Bärbel J., Leiterin der Kita „Krümelkiste", ist sprachlos. Die Mutter der dreijährigen Janina, alleinerziehend, Kellnerin in einem Hotel und noch in der Probezeit, hat gerade ihre Tochter in die Einrichtung gebracht und dabei eine Thermoskanne und

Hustensaft mit abgegeben. Mit den Worten „Janina ist ein bisschen krank, hier habe ich Tee für sie" verabschiedet sie sich gleich wieder und geht.

Was das Gesetz sagt

Wichtigste rechtliche Grundlage zur Hygiene und zum Infektionsschutz ist das Infektionsschutzgesetz (IfSG), das in § 1 und 2 ausdrücklich die Eigenverantwortung der Träger und Leiter von Gemeinschaftseinrichtungen bei der Prävention übertragbarer Krankheiten betont. Der 6. Abschnitt des IfSG enthält besondere Vorschriften für Gemeinschaftseinrichtungen, in denen Betreute und Betreuer täglich in engem Kontakt miteinander stehen. Enge Kontakte begünstigen die Übertragung der meisten Krankheitserreger, die bei gefährdeten Gruppen wie z. B. Kindern schwere Krankheitsverläufe verursachen können. Im Katalog des § 34 IfSG sind sämtliche meldepflichtigen Krankheiten aufgeführt. Aber auch bei nicht meldepflichtigen Krankheiten gilt immer der Grundsatz des Infektionsschutzgesetzes: Zweck des Gesetzes ist es, übertragbare Krankheiten beim Menschen zu vermeiden, Infektionen frühzeitig zu erkennen und ihre Weiterverbreitung zu verhindern. Auch grippale Infekte fallen somit aufgrund der hohen Ansteckungsgefahr unter den Schutzzweck der Norm.

WICHTIG

Die meisten ArbeitnehmerInnen haben einen tarifvertraglichen Anspruch auf bis zu 10 Tage Sonderurlaub im Jahr zur Pflege eines erkrankten Kindes. Für Alleinerziehende erhöht sich dieser Anspruch auf bis zu 20 Tage im Jahr.

Was das für Sie bedeutet

§ 34 IfSG listet auf, bei welchen Krankheiten Sie sowohl das zuständige Gesundheitsamt als auch die Eltern Ihrer Einrichtung informieren müssen. Es gilt stets: Die Gesundheit der Ihnen anvertrauten Kinder geht immer vor individuellen Hilfsmaßnahmen für einzelne Eltern.

1. *So melden Sie Krankheiten:* Alle Gesundheitsämter halten Formular-Vorlagen bereit, mit denen Sie die aufgetretene Krankheit eindeutig mitteilen können. Das Gesundheitsamt informiert Sie auch darüber, welche Maßnahmen Sie ergreifen müssen, um einer Weiterverbreitung der gemeldeten Krankheit entgegenzuwirken, z. B. durch den verstärkten Einsatz von Desinfektionsmitteln oder besondere Hygienemaßnahmen bei der Textilwäsche.

2. *Dann müssen Sie die Eltern informieren:* Das Gesundheitsamt wird Ihnen auch Auskunft darüber erteilen, ob im konkreten Fall eine Pflicht der Einrichtung besteht, die anderen Eltern von der aufgetretenen Krankheit in Kenntnis zu setzen. Bei manchen Krankheiten wie z. B. Scabies (Krätze) kann darauf verzichtet werden. Besteht hingegen eine Informationspflicht, sollten Sie die Eltern in einem Aushang über
   - Krankheit,
   - Krankheitsverlauf,
   - Krankheitsanzeichen,
   - Inkubationszeit und
   - Ansteckungswege

   informieren.

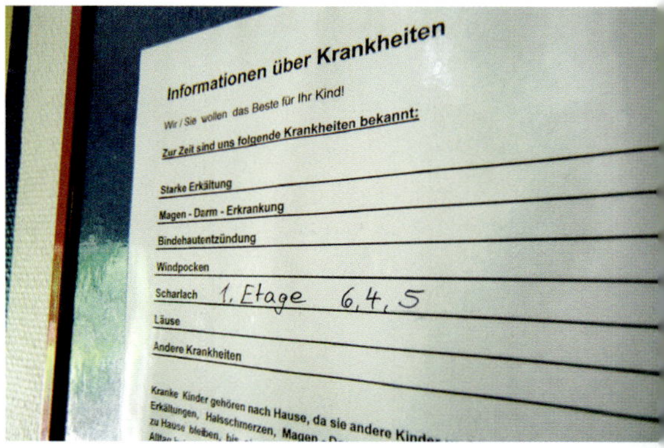

Die Elterninformation ist Pflicht

3. *Schicken Sie fiebernde und ansteckende Kinder umgehend wieder nach Hause:* Für fiebernde Kinder können und dürfen Sie nicht als Krankenschwester fungieren – bei allem Verständnis für die Notlage mancher Eltern. Kranke Kinder benötigen viel mehr Betreuung als Sie ihnen in Ihrem Arbeitsalltag geben könnten. Zudem besteht keine Sicherheit, dass sich ein vermeintlich harmloses „kleines Fieber" im Laufe des Vormittags nicht doch verschlimmert und Sie plötzlich einen Notfall haben. Ebenso wie fiebernde dürfen auch ansteckende Kinder nicht in die Einrichtung kommen. Als ansteckend gelten auch grippale Infekte und Durchfallerkrankungen. Wenn Sie diese Regel konsequent anwenden, werden sich die Eltern rechtzeitig um Alternativen für den Krankheitsfall bemühen. Entwickelt das Kind im Laufe des Vormittags Krankheitssymptome, zögern Sie nicht, die Eltern am Arbeitsplatz anzurufen, damit diese das Kind abholen.

Checkliste zum Infektionsschutz

Mit dieser Checkliste können Sie überprüfen, ob Ihre Einrichtung den Infektionsschutz im Griff hat:

- In Ihrer Einrichtung finden regelmäßig Schulungen zum Infektionsschutz statt. ☐
- Es gibt eine Hygienebeauftragte mit speziellen Kenntnissen über Hygiene und Desinfektion. ☐
- Die Sanitärräume sind mit Einmalhandtüchern, Seifenspendern (keine Stücke) und Händedesinfektionsmittel ausgestattet. ☐
- Beim Wickeln der Kinder tragen die Erzieherinnen Einmalhandschuhe und desinfizieren danach ihre Hände. ☐
- Die Wickelflächen werden nach jedem Wickeln mit einem Flächendesinfektionsmittel aus der DGHM-Liste (Deutsche Gesellschaft für Hygiene und Mikrobiologie: www.dghm.org) gereinigt, die Desinfizierung wird nach jedem Wickeln dokumentiert. ☐
- Es gibt einen Hygieneplan nach HACCP (Hazard Analysis and Critical Control Point-Konzept) in Ihrer Einrichtung. ☐
- Sie erinnern auf Elternabenden regelmäßig an Ihre Pflicht, kranke Kinder umgehend wieder nach Hause zu schicken. ☐
- Sie schauen sich jedes Kind am Morgen kurz auf Krankheitssymptome an und schicken fiebernde oder ansteckende Kinder umgehend wieder nach Hause. ☐
- Sie bestehen auf vollständiger Gesundung des Kindes, bevor es wieder in die Einrichtung gebracht werden kann. ☐

9. Medikamentengabe in der Kita?

Worum es geht

Selbstverständlich ist: Kranke Kinder gehören nicht in Ihre Einrichtung. Das Infektionsschutzgesetz bietet Ihnen ausreichend Handhabe, um ansteckend erkrankte Kinder der elterlichen Obhut zu überantworten.

Was aber gilt bei chronischen Krankheiten? Der in § 22 Abs. 3 SGB VIII festgeschriebene Förderungsauftrag der Kindertageseinrichtung gebietet es schließlich, auch Kindern mit Allergien, Neurodermitis, Epilepsie oder Diabetes Normalität und Teilhabe zu ermöglichen.

Fallbeispiel
In der Kita „Knirpsenland" ist Anmeldetag. Leiterin Simone L. führt interessierte Eltern mit ihren Kindern durch die Räume und regelt dann die vertraglichen Grundlagen bei einem ausführlichen Gespräch in ihrem Büro. Im Gespräch mit Barbara S. erfährt sie, dass der dreijährige Benni wegen seines Diabetes im Verlauf des Vormittags Insulin gespritzt bekommen muss. Simone L. ist verunsichert. Darf sie das überhaupt?

Was das Gesetz sagt

Eindeutige gesetzliche Regelungen fehlen. Jedenfalls gibt es keine gesetzliche Verpflichtung zum Verabreichen von Medikamenten für Kindertageseinrichtungen bzw. deren Mitarbeiterinnen. Aus diesem Grund vertritt ein Teil der Literatur die Ansicht, dass eine Medikamen-

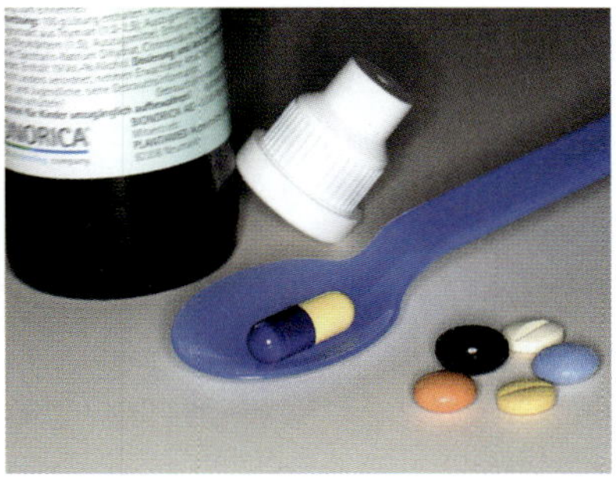

Medikamentengabe – eine freiwillige Leistung

tengabe durch eine Erzieherin oder Tagesmutter eine sogenannte eigenwirtschaftliche Tätigkeit sei, die sie selbst zu verantworten habe. Nach dieser Auffassung besteht also auch kein Versicherungsschutz für den Fall eines durch die Medikamentengabe eintretenden Schadens.
Die überwiegende Auffassung in Literatur und Rechtsprechung und auch Auskünfte der Unfallkassen zu dieser Problematik gehen jedoch in die entgegengesetzte Richtung:

Die Entscheidung einer Einrichtung, einem Kind Medikamente zu verabreichen, unterliegt dem in Deutschland gültigen Grundsatz der Vertragsfreiheit. Das bedeutet: Wird im Betreuungsvertrag eindeutig festgelegt, dass bestimmte Medikamente zu verabreichen sind, ist diese Entscheidung gültig und unterliegt dem Versicherungsschutz der Unfallkassen.

Was das für Sie bedeutet

Für Sie bedeutet dies eine generelle Freiheit in der Entscheidung, ob Sie in Ihrer Einrichtung Medikamente an chronisch erkrankte Kinder verabreichen. Entscheiden Sie sich dafür, sollten Sie aber im eigenen Haftungsinteresse unbedingt wie folgt vorgehen:

1. *Grundsätzliche Entscheidung treffen:* Die Entscheidung, Medikamente zu verabreichen, sollte grundsätzlich und nicht nur von Fall zu Fall getroffen werden. Dabei muss wegen des damit einhergehenden erhöhten Arbeits- und Organisationsaufwands sowohl das ganze Team als auch der Träger miteinbezogen werden.

2. *Schriftliche Indikation des Arztes fordern:* Medikamente sollten nie lediglich auf „Zuruf" der Eltern verabreicht werden. Lassen Sie sich immer eine schriftliche Indikation des behandelnden Arztes vorlegen. Und ganz wichtig ist: Diese Indikation muss eindeutig sein! Lassen Sie sich keine Abwägungsentscheidung beispielsweise hinsichtlich der Dosierung zumuten. Das „Wann" und „Wieviel" muss vom Arzt zweifelsfrei festgelegt werden.

3. *Schriftliches Einverständnis der Eltern einholen:* Diese Erklärung muss ebenfalls so genau wie möglich sein und die Namen der Medikamente, Dosierung und Einnahmezeiten enthalten. Im Idealfall fassen Sie die Dosierungsanleitung des Arztes mit der Einverständniserklärung der Eltern zu einem Formular zusammen, denn dann haben Sie auch sichergestellt, dass die Eltern genau der verordneten Dosierung zugestimmt haben. Eine Vorlage für diese Erklärung finden Sie im Internet unter www.kindergarten-heute.de/Einverstaendnis.

4. *Unterweisung durch den Arzt:* Der das Kind behandelnde Arzt muss in die Verabreichung des Medikaments und die damit einhergehenden Risiken einweisen. An dieser Einweisung sollten mindestens zwei Erzieherinnen teilnehmen, um sich bei Abwesenheit wegen Krankheit oder Urlaub gegenseitig vertreten zu können. Mögliche Komplikationen wie beispielsweise das Auftreten eines allergischen Schocks und entsprechende Hilfsmaßnahmen sollten hierbei so eingehend wie möglich besprochen und auch geübt werden.

5. *Medikamentengabe nur durch unterwiesene Personen:* Nur diese unterwiesenen Mitarbeiterinnen sollten dem Kind das Medikament

WICHTIG

Streng abzugrenzen von der regelmäßigen Medikamentengabe an chronisch kranke Kinder ist die ausnahmsweise Verabreichung von Medikamenten an gesunde Kinder im Notfall. Hier gilt stets: Das Personal einer Kindertageseinrichtung darf niemals eigenständige medizinische Heilbehandlungen durchführen. Das Vorhalten einer „kleinen Hausapotheke", aus der Kinder bei Schmerzen oder kleineren Blessuren Heilmittel erhalten, verbietet sich daher. Im Zweifel ist der Notarzt zu rufen.

verabreichen. Tritt einmal der Fall ein, dass beide zum selben Zeitpunkt nicht anwesend sind, ist anzuraten, das Kind entweder an diesem Tag nicht zu betreuen oder die etwaige Aussage der Eltern, das könne heute auch einmal die Kollegin X machen, schriftlich zu fixieren.

6. *Medikamente richtig lagern:* Bewahren Sie die Medikamente richtig auf: Der richtige Ort ist, je nach Vorschrift, der unzugängliche Kühlschrank oder der abschließbare Medikamentenschrank. Keinesfalls ist es der Erste-Hilfe-Kasten, denn zu diesem hat jedermann Zugang. Jedes Medikament sollte mit dem Namen des Kindes beschriftet sein und eine verkleinerte Kopie der Einwilligungserklärung bzw. Dosierungsanleitung enthalten.

Eine Versagung des Versicherungsschutzes kommt nach § 105 SGB VII nur in den Fällen in Betracht, in denen der Versicherungsfall vorsätzlich oder grob fahrlässig herbeigeführt wurde. Wenn Sie so vorgehen wie hier empfohlen, kann Ihnen niemand vorwerfen, grob fahrlässig gehandelt zu haben.

10. Erste-Hilfe-Kasten und Notfalltasche?

Worum es geht

Aufgrund des geänderten Unfallgeschehens gelten seit November 2009 neue Vorschriften für die auch in Kindertageseinrichtungen zu verwendenden Betriebsverbandskästen. Sie sehen beispielsweise erstmals Kälte-Sofortkompressen vor, die bei Prellungen, Zerrungen und Verstauchungen eingesetzt werden sollen. Weggefallen sind dagegen das „Verbandtuch" nach DIN 13152 BR und der „Netzverband für Extremitäten". Sowohl im kleinen Verbandskasten nach DIN 13157 als auch im großen Verbandskasten nach DIN 13169 sind jedoch nicht alle Inhalte verändert worden. Daher ist auch ein kompletter Austausch nicht erforderlich. Es genügt eine Überprüfung und Ergänzung. Geeignete Nachfüllsets sind im Fachhandel erhältlich. Es ist also an der Zeit, die Erste-Hilfe-Bestände Ihrer Einrichtung zu checken und verbrauchte Vorräte aufzufüllen. Wenn Sie die Erste Hilfe in Ihrer Einrichtung darüber hinaus optimieren wollen, können Sie hier lesen, worauf es dabei ankommt.

Fallbeispiel

Die Sommerhitze ist vorbei und Erzieherin Paula M. genießt mit den Kindern ihrer Gruppe die angenehmen Temperaturen bei einem ausgedehnten Spaziergang. Als der vierjährige Daniel unglücklich stolpert und sich bei dem Sturz das Knie aufschlägt, bleibt Paula M. ganz gelassen. Schließlich hat sie die „Wandertasche" mit dabei, eine Erste-Hilfe-Notfalltasche für unterwegs. Sofort findet sie darin auch einen Wundschnellverband. Als sie die Packung aufreißt und ihr Blick auf das Mindesthaltbarkeitsdatum fällt, beschleicht sie jedoch ein schlechtes Gewissen. Das Produkt ist seit zwei Monaten abgelaufen.

Was das Gesetz sagt

Zunächst hat der Träger unter dem Gesichtspunkt der allgemeinen Verkehrssicherungspflicht, die aus § 823 BGB abgeleitet wird, den sicheren Zustand seiner Einrichtung zu verantworten. Er hat dafür zu sorgen, dass die Räume und ihre Ausstattung sowie das Außengelände ordnungsgemäß angelegt sind, um voraussehbare Schäden Dritter zu verhindern.

Weiterhin übertragen das staatliche Arbeitsschutzrecht und das Recht der gesetzlichen Unfallversicherungen in erster Linie dem Träger einer Tageseinrichtung für Kinder die Verantwortung für die Gewährleistung von Sicherheit und Gesundheit (§§ 4, 13 Arbeitsschutzgesetz (ArbSchG), § 21 SGB VII). Der Träger hat im Rahmen seiner Betreiberpflichten für eine wirksame Erste Hilfe nicht nur für die ihm anvertrauten Kinder, sondern auch für die sonstigen Besucher der Einrichtung zu sorgen.

Sollte es trotz aller Vorsichtsmaßnahmen dennoch einmal zu einer Verletzung kommen, so sind erforderliche Notfalleinrichtungen und Sachmittel sowie entsprechend qualifizierte Mitarbeiter unerlässlich.

Hierzu gehört nach den §§ 2, 24–26 GUV-V A1, dass

- Erste-Hilfe-Material schnell erreichbar und leicht zugänglich bereit gestellt wird,
- Erste-Hilfe-Material rechtzeitig ergänzt und ggf. erneuert wird,
- eine Notrufeinrichtung vorhanden ist,
- eine Übersicht über Erste-Hilfe-Maßnahmen ausgehängt ist und
- je Gruppe mindestens ein Ersthelfer, in integrativen und heilpädagogischen Gruppen zwei Ersthelfer zur Verfügung stehen.

Was das für Sie bedeutet

Immer wieder taucht in der täglichen Praxis die Frage auf, ob man in einer Kita wirklich all die Materialien anschaffen muss, die im Inhaltsverzeichnis eines DIN-Kastens aufgeführt sind. Schließlich, so die Argumentation, bräuchte man doch eigentlich „nur" Pflaster und ab und zu mal ein Verbandpäckchen.

1. *Muss es wirklich immer gleich ein Kasten sein?:* Die Antwort lautet „ja". Rechtlich gesehen sind die Kinder Ihrer Einrichtung „Beschäftigte" im Sinne der arbeitsschutzrechtlichen Vorschriften und genießen denselben Schutz wie Arbeitnehmer in Betrieben. Warum auch weniger? Das bedeutet aber, dass genau wie in normalen „arbeitenden Betrieben" der vom Gesetz vorgesehene Mindeststandard eingehalten werden muss: Für bis zu 20 Personen ist dies der DIN Kasten 13157 (kleiner Kasten) und für mehr als 20 Personen der große Kasten nach DIN 13169. Versäumt dies die Einrichtung, sind arbeitsschutzrechtliche Sanktionen durch die Aufsichtsbehörde unvermeidlich. Bei schweren Verstößen kann der Einrichtung auch die Betriebserlaubnis entzogen werden.

2. *Das gilt für die „Wandertasche":* Jede Einrichtung muss darüber hinaus über wenigstens eine Notfalltasche verfügen. Diese muss bei allen Veranstaltungen, die außerhalb der Einrichtung stattfinden, mitgeführt werden (Ausflüge, Wanderungen, Waldtage etc.) Will jede Gruppe eigenständig mobil sein, muss auch für jede Gruppe eine eigene Tasche gepackt werden. Der vorgeschriebene Inhalt dieser Sanitätstasche oder des Rucksacks richtet sich nach der DIN Vorschrift 13160, die Sie problemlos googeln oder beim zuständigen Unfallversicherungsträger, bei Ihrer Fachberatung oder dem Gesundheitsamt als Merkblatt erhalten können.

3. *Regelmäßige Verfallsdatenkontrolle ist unerlässlich:* Materialengpässe vermeiden Sie am effektivsten, wenn Sie regelmäßig – mindestens vierteljährlich – den Inhalt sämtlicher Kästen und Taschen anhand eines Inhaltsverzeichnisses checken und eine Verfallsdatenkontrolle vornehmen, die Sie auch dokumentieren sollten. Sondern Sie rigoros aus, was bereits abgelaufen ist. Da diese Kontrolle keine speziellen Fachkenntnisse voraussetzt, können Sie sie auch gut delegieren, z.B. an Praktikantinnen. Diese sollten auch überprüfen, ob neue Verbandsstoffe das erforderliche CE-Zeichen tragen.

4. *Markieren Sie die Standorte:* Bei Ihrem zuständigen Unfallversicherungsträger erhalten Sie kostenlos Aufkleber mit dem Erste-Hilfe-Hinweisschild (weißes Kreuz auf grünem Grund). Diesen Aufkleber sollten Sie deutlich sichtbar an jedem Schrank anbringen, der einen Erste-Hilfe-Kasten beinhaltet. So stellen Sie sicher, dass auch in Stresssituationen oder von mit den Örtlichkeiten unvertrauten Personen wie Praktikantinnen, Aushilfen und hospitierenden Eltern schnell das Erste-Hilfe-Material gefunden werden kann.

5. *Weiterhin zu beachten:* Medikamente und Salben gehören nicht in den Verbandskasten, sondern, je nach empfohlenem Lagerort, in einen Medizinschrank oder den Kühlschrank. Außerdem ist es empfehlenswert, für Kinder, die an einer Pflasterallergie leiden, entsprechendes Ersatzmaterial bereitzuhalten. In vorschulischen Einrichtungen ist weiterhin mindestens eine geeignete Liegemöglichkeit für Verletzte vorzusehen. Und letztlich gilt: Jede Erste-Hilfe-Maßnahme muss im Verbandbuch dokumentiert werden. Ausnahme hiervon: Die Dokumentation findet durch Unfallanzeige statt.

Wie effektiv eine Erste Hilfe wirklich organisiert ist, erweist sich erst im Ernstfall. Mit diesen Vorbereitungen haben Sie jedenfalls alles dafür getan, dass einem Verletzten schnell geholfen werden kann.

TIPP

Rechtlich ebenfalls zulässig und viel praktischer und bedarfsorientierter ist es, wenn Sie mehrere kleine Kästen vorhalten – und zwar genau dort, wo die Unfälle geschehen, nämlich

- in der Küche,
- in jedem Gruppenraum,
- im Mehrzweckraum,
- im Werk-/Malraum,
- im Spielgeräteschuppen des Freigeländes,
- im Sanitärraum.

Wenn Sie dann noch ein revolvierendes System zur Erneuerung einführen und jedes Jahr vielleicht zwei neue Kästen anschaffen, halten sich auch die Kosten (ein kleiner Kasten nach DIN 13157 kostet um die 15 Euro) in überschaubaren Grenzen.
Und: Es gibt eine Reihe von Apotheken und Versandfirmen, die bereits fix und fertig gepackte Taschen für unterwegs anbieten.

11. Giftpflanzen im Außengelände?

Worum es geht

Vor einiger Zeit ging ein Ereignis durch die Presse, das so oder ähnlich auch in Ihrer Einrichtung vorkommen könnte: In einem Gemeindehaus in Nordhessen war ein Pilzexperte zu Gast bei einer Familienfeier. Er staunte nicht schlecht, als ihm die Kinder Pilze zeigten, die sie im Gelände gesammelt hatten. Ihr Fund war hochgefährlich: der Grüne Knollenblätterpilz (Amanita phalloides), einer der giftigsten Pilze überhaupt. Nur zwei Gramm dieses Pilzes rufen schwere Verletzungen hervor. Der Verzehr von 20–50 Gramm ist für einen Erwachsenen tödlich. Die Pilze wuchsen auf einem Grundstück neben dem Kindergarten.

Schön, aber hochgiftig!

Fallbeispiel

Die Erzieherinnen und Kinder des Kindergartens „Hexenhaus" erleben in diesem Jahr einen heißen Herbst: Erst vergangene Woche hatten sie einige Exemplare des Grünen Knollenblätterpilzes im Freigelände ihrer Einrichtung entdeckt und die Polizei verständigt, die wiederum die Feuerwehr alarmierte. Diese sperrte das Gelände ab und entsorgte 12 Pilze. Heute sind schon wieder neue Pilze aus dem Boden geschossen. Die Fachleute beraten, was nun zu tun ist. Es hilft nichts: Der Hausbaum – eine Eiche – und mehrere Haselnusssträucher müssen gefällt und mitsamt Wurzeln aus dem Boden gegraben werden, denn sie dienen den Pilzen offensichtlich als Wirte.

Was das Gesetz sagt

Nach den Richtlinien der Gemeindeunfallversicherungen GUV-SR 2002, GUV-SI 8018 sowie GUV-SI 8014 ist die Bepflanzung im Außengelände einer Tageseinrichtung für Kinder so auszuwählen, dass sich keine Gefahren für die spielenden Kinder ergeben. Hochgiftige Pflanzen wie Seidelbast, Tollkirsche, Pfaffenhütchen, Stechpalme etc. sind daher verboten und müssen sofort entfernt werden, wenn sie sich dort angesiedelt haben sollten. Besonders die Beeren dieser Sträucher sind hochgiftig, üben jedoch auf Kinder einen großen Reiz aus.
Bei den Pilzen sind in erster Linie die tödlich giftigen Knollenblätterpilzarten zu nennen, nämlich der Grüne, der Spitzhütige sowie der Flachhütige Knollenblätterpilz. Sie sind die gefährlichsten Giftpilze überhaupt und für rund 90 Prozent aller Pilzvergiftungen mit tödlichem Ausgang verantwortlich, da sie leicht mit Champignons verwechselt werden.
Aber auch andere Pilze wie

- diverse Rauhkopfarten,
- Gifthäubling,
- Fliegenpilz

und viele weitere sind hochgradig giftig und können einen Kinderorganismus nachhaltig schädigen.

Was das für Sie bedeutet

Wenn im Außengelände Ihrer Einrichtung im Herbst Pilze aus dem Boden schießen und die Sträucher voller Beeren hängen, sollten Sie ein besonders wachsames Auge haben, um Gefahren von den Kindern abzuwenden. So gehen Sie am besten vor:

1. *Besorgen Sie sich Informationen über Giftpflanzen:* Schaffen Sie für Ihre Einrichtung einen guten Pilz- und Pflanzenführer an, der nicht nur beschreibt, sondern auch abbildet: Zu jeder Art sollte es ein großes Farbfoto geben, auf dem die Charakteristika der Pflanze deutlich zu erkennen sind.

2. *Kontrollieren Sie regelmäßig:* In der Pilz- und Beerenhochsaison Herbst ist eine tägliche Kontrolle Ihres Freigeländes erforderlich. Pilze schießen oft über Nacht aus dem Boden. Machen Sie es sich zur Regel, das Freigelände immer nach Pilzen abzusuchen, bevor Sie die Kinder ins Freie schicken. Pilze bevorzugen schattige Stellen unter Büschen und Bäumen. Kontrollieren Sie auch die Nachbargrundstücke, soweit die Kinder durch den Zaun hindurchgreifen können.

WICHTIG

Wie geht man vor, wenn ein Kind doch einmal einen giftigen Pilz oder ein giftiges Pflanzenteil verspeist hat? Eine Pflanzenvergiftung kann viele Erscheinungsbilder haben. Zeigt ein Kind Ihrer Einrichtung eines oder mehrere der folgenden Symptome, sollten Sie sofort den Notarzt rufen bzw. die Giftinformationszentrale (GIZ) verständigen:

- Übelkeit und Erbrechen
- (blutiger) Durchfall
- Magenschmerzen
- Schweißausbrüche
- Schwindel
- Verwirrtheit, Wahrnehmungsstörungen
- asthmatische Atembeschwerden
- Herzrasen
- Gleichgewichtsstörungen

3. *Ein Pilzexperte kann Ihnen weiterhelfen:* Finden Sie giftige Sträucher, müssen diese sofort ausgegraben und im Restmüll – nicht Kompost! – Ihrer Einrichtung beseitigt werden. Pilze, die Sie bei Ihrem Rundgang nicht eindeutig bestimmen können, sollten Sie abschneiden oder herausdrehen und in einem luftigen Behälter (z. B. Korb) aufbewahren. In vielen Städten gibt es Pilzbestimmungsstellen, in denen Ihnen anerkannte Experten Auskunft geben können. Bescheinigt Ihnen ein Pilzexperte die Giftigkeit eines Pilzes, muss das Freigelände Ihrer Einrichtung gerodet werden. Das Herausdrehen der Pilze genügt nicht, da das unterirdische Pilzmycel auf diese Weise im Boden bleiben und immer wieder neue Pilze hervorbringen würde. Da besonders Eichen und Haselnusssträucher Wirtspflanzen des Knollenblätterpilzes sind, sollten Sie unter diesen Pflanzen besonders aufmerksam suchen.

12. Das neue Hygienerecht?

Worum es geht

Mit Inkrafttreten der Verordnung 852/2004 der Europäischen Union über Lebensmittelhygiene am 1.1.2006 ist für Kindertageseinrichtungen eine neue Zeitrechnung angebrochen. Denn die neue Verordnung verpflichtet alle Kindertageseinrichtungen, in denen Lebensmittel gelagert und verarbeitet werden, zur Einrichtung, Durchführung und Aufrechterhaltung (inklusive stetiger Anpassung) eines HACCP-Eigenkontrollsystems, das gegenüber den Lebensmittelkontrollbehörden durch lückenlose Dokumentation nachgewiesen werden muss.

Fallbeispiel

Seit Neuestem bietet der Kindergarten „Seepferdchen“ zum Ausgleich für die sinkenden Kinderzahlen auch Mittagsbetreuung für Schulkinder an. Die Kinder kommen aus der nahe gelegenen Grundschule und nehmen hier zusammen mit den über Mittag bleibenden Kindern der Einrichtung ihre Mahlzeit ein, bis alle gegen 14 Uhr von den Eltern abgeholt werden. Als es an der Tür klingelt, rechnet Leiterin Lydia M. mit einer Paketlieferung. Sie öffnet und sieht sich einem freundlichen Herrn gegenüber, der sich als Lebensmittelkontrolleur ausweist und sie zur Vorlage der HACCP-Dokumentation der Einrichtung auffordert.

Was das Gesetz sagt

HACCP bedeutet „Hazard Analysis and Critical Control Point“, auf Deutsch: „Gefährdungsanalyse und kritische Lenkungspunkte“. Es handelt sich dabei um ein vorbeugendes System zur Erkennung, Beurteilung und Verhinderung von Fehlerquellen und zur Gewährleistung der Lebensmittelsicherheit. Es betrifft alle Einrichtungen, die eine mit Produktion, Verarbeitung und Vertrieb von Lebensmitteln zusammenhängende Tätigkeit ausführen. Ziel von HACCP ist es, sicherzustellen, dass Primärerzeugnisse im Hinblick auf die spätere Verarbeitung vor Kontamination (Verunreinigung) geschützt werden. Das neue Hygienerecht hat zur Folge, dass folgende Verordnungen seit 1.1.2006 nicht mehr gelten: Lebensmittelhygieneverordnung, Fleischhygienegesetz, Fleischhygieneverordnung, Geflügelhygienegesetz, Geflügelhygieneverordnung, Hackfleischverordnung, Eiprodukteverordnung, Fischhygieneverordnung.

Was das für Sie bedeutet

Wenn in Ihrer Einrichtung für die Kinder gekocht wird, sind Sie verpflichtet, ein Eigenkontrollsystem einzurichten, das folgende Anforderungen erfüllen muss:

1. *Sie müssen eine Gefahrenanalyse durchführen:* Gehen Sie mit kritischem Blick durch die Einrichtung und achten Sie auf Punkte wie z. B.:
   - Ist das Reinigungspersonal angewiesen, die Kühlschränke regelmäßig zu reinigen und zu desinfizieren?
   - Wird der Inhalt des Kühlschranks einer regelmäßigen Verfallsdatenkontrolle unterzogen?
   - Weisen die Kühlschränke die richtige Temperatur (max. 6 °C) auf?
   - Lagert Ihre Einrichtung Rohwaren wie Hackfleisch, Eier, Geflügel?
   - Lagert Ihre Einrichtung empfindliche, verarbeitete Lebensmittel wie Mayonnaise, Tiramisu etc.?
   - Werden alle benutzten Kochgeräte nach der Arbeit bei mindestens 60 °C gereinigt?
   - Werden alle Arbeitsflächen desinfiziert?
   - Ist bei gefrorenen Lebensmitteln eine konstante Kühlkette vom Einkauf bis zur Lagerung gewährleistet?
   - Wird angelieferte Ware stichprobenartig kontrolliert auf Einhaltung der vorgeschriebenen Kühltemperatur, das Mindesthaltbarkeitsdatum, unbeschädigte Verpackung sowie Hygienelage beim Lieferanten?
   - Analysieren Sie den Umgang mit Abfallentsorgung und Resten: Werden Reste nicht nur aufgewärmt, sondern gut durchgekocht?

2. *Legen Sie nun die CCP fest:* Ein CCP (= Kritischer Kontrollpunkt) ist ein Punkt innerhalb eines Prozesses, der bei fehlender Lenkung zu einer Gesundheitsgefährdung des Verbrauchers führen kann. Eine Kindertageseinrichtung hat also beispielsweise folgende CCP:
   - gänzlicher Verzicht auf rohe Eier,
   - Hackfleisch wird ausschließlich am Verzehrtag eingekauft,
   - Schneidebretter dürfen nicht aus Holz sein, sondern nur aus leicht zu desinfizierendem Kunststoff,
   - Mayonnaise wird immer im Kühlschrank und nie länger als vier Wochen gelagert etc.

Mittagessen in der Kita – hier sind viele Vorschriften zu beachten

3. *Außerdem müssen Sie Grenzwerte festlegen:* Hier ist insbesondere die Kühlschranktemperatur zu nennen, die 6 °C nicht übersteigen darf, sowie die notwendige Erhitzung salmonellengefährdeter Lebensmittel auf mindestens 80 °C. Die Kühlkette sollte vom Einkauf bis zur Lagerung nicht länger als zwei Stunden unterbrochen sein.

4. *Die CCP und Grenzwerte müssen überwacht werden:* Legen Sie fest, wer diese CCP und Grenzwerte in welchen Abständen überwacht. So kann z. B. bestimmt werden, dass diejenige Mitarbeiterin, die einkauft, auch darüber wacht, dass die Kühlkette nicht länger als zwei Stunden unterbrochen ist.

5. *Wie immer im Qualitätsmanagement besteht auch hier die Pflicht zur Korrektur:* Werden bei der Überwachung Lücken deutlich, sind unverzüglich Korrekturmaßnahmen zu ergreifen, um den CCP wieder unter Kontrolle zu bringen. Wie strikt das u. U. im Einzelfall zu handhaben ist, veranschaulicht folgendes Beispiel: Die für den Einkauf zuständige Erzieherin kauft immer auf dem Nachhauseweg ein und bringt die Lebensmittel dann am nächsten Tag mit in die Einrichtung. Hackfleisch kann also nicht am Verzehrtag eingekauft werden. Korrekturmaßnahme: Eine andere Erzieherin ist für den Hackfleischeinkauf zuständig.

6. *Sie haben die Pflicht zur Verifikation:* Verifikation (Überprüfung) ist die Optimierung der Lenkungspunkte. Wird beispielsweise durch neueste wissenschaftliche Studien belegt, dass die optimale Kühlschranktemperatur nicht unter 6 °C, sondern unter 4 °C liegt, ist diese Erkenntnis unverzüglich in das HACCP Ihrer Einrichtung einzuarbeiten.

7. *Wer schreibt, der bleibt:* Letzte Pflicht des HACCP ist die Dokumentation, in der lückenlos die vorstehenden Punkte protokolliert werden.

Ihrer Pflicht zur Einrichtung und Durchführung eines Eigenkontrollsystems kommen Sie am besten dadurch nach, dass Sie zu diesem Zweck eine Hygienebeauftragte bestellen. Idealerweise ist dies eine Mitarbeiterin aus dem Küchenbereich, die regelmäßig anwesend ist. Über die Verpflichtung zur Einführung und Überwachung des HACCP-Systems hinaus hat sie auch die Pflicht zur Überprüfung auf Schädlingsbefall (Schaben, Käfer, Fliegen usw.) sowie Schadnager (Mäuse, Ratten). Zugegeben: HACCP verursacht eine Menge Verwaltungsaufwand in einer Kindertageseinrichtung, doch die Gefährdungsanalyse hat auch Vorteile: Die Mitarbeiterinnen werden sensibilisiert für lebensmittelhygienische Standards, die Warenwirtschaft wird optimiert und nicht zuletzt minimiert das Eigenkontrollsystem Behördenkontrollen auf ein notwendiges Mindestmaß.

13. Rechtssichere Homepage?

Worum es geht

Mit einem gelungenen Internetauftritt können Sie in Zeiten sinkender Kinderzahlen und erhöhtem Wettbewerb die Vorteile Ihrer Einrichtung optimal präsentieren und so bei Eltern und Medien Interesse an Ihrer pädagogischen Arbeit wecken. Doch ohne ein Mindestmaß an Rechtskenntnissen sollten Sie sich keinesfalls in dieses Abenteuer stürzen.

Was das Gesetz sagt

Ein eigenes Internet-Gesetzeswerk gibt es nicht. Vielmehr sind bei der Gestaltung eines Internet-Auftritts verschiedenste Aspekte des Daten- und Urheberrechts sowie des Bürgerlichen Rechts zu beachten. Außerdem gelten die Regelungen des Telemediengesetzes (TMG) sowie des Staatsvertrags für Rundfunk und Telemedien (RStV), wenn es z. B. um die formale Richtigkeit des Impressums geht.

Was das für Sie bedeutet

Die eigene Homepage im Internet gibt Ihnen die Möglichkeit, die individuellen Facetten Ihrer pädagogischen Arbeit einem riesigen Kreis von Menschen eindrucksvoll nahezubringen und über Aktivitäten und Ereignisse in der Einrichtung aktuell zu berichten. Folgende Punkte müssen Sie beachten, damit Ihr Internetauftritt rechtssicher ist:

1. *Sie brauchen einen extra PC:* Es darf keine Verbindung zwischen Ihrer Homepage und dem Verwaltungsrechner Ihrer Einrichtung geben. Sonst besteht die Gefahr, dass interne Daten Ihrer Einrichtung wie Namen, Adressen, Bankverbindungen der Eltern etc. von Hackern abgerufen werden können.

2. *Ihre Homepage braucht einen eigenen Namen:* Für Ihren Internetauftritt müssen Sie eine Domain erwerben. Zuvor sollten Sie bei der deutschen Internetverwaltung DENIC (www.denic.de) prüfen, ob der vorgesehene Name noch verfügbar ist. Unbedingt sollten Sie bei der Registrierung darauf achten, dass
   - Ihre spätere Seite frei ist von den Rechten Dritter, dort Banner anbringen zu dürfen („Bannerfreiheit").
   - Ihre Einrichtung als Inhaberin der Domain eingetragen wird, denn nur dann hat sie auch die Verfügungsgewalt über den Namen und kann ihn wie Eigentum beispielsweise übertragen.

3. *Urheberrechte sind stets zu wahren:* Bei allem, was Sie auf Ihre Homepage stellen, müssen Sie vorab prüfen, ob Urheberrechte berührt sind. Texte, Bilder, Musik usw. sind vor Vervielfältigung geschützt, d. h. Kopieren, Verwertung und Verbreitung von Inhalten stehen allein dem Urheber zu. Veröffentlichen Sie fremde Informationen wie Datenmaterial etc. müssen Sie stets
   - eine Genehmigung des Inhabers des Urheberrechts zur Verwendung einholen und
   - die Quelle angeben, aus der Sie sie bezogen haben.

4. *Aufgepasst beim Verlinken:* Wollen Sie die Homepage Ihrer Einrichtung mit einer anderen Internetseite verlinken, brauchen Sie dafür keine Genehmigung. Sie sollten aber genau überlegen, auf welche Seiten Sie verweisen, da eine Verlinkung immer eine gewisse „Nähe" signalisiert. Richten Sie es technisch so ein, dass sich beim Anklicken des Links ein neues Fenster öffnet. Ansonsten entsteht der Eindruck, die fremde Seite sei Inhalt Ihrer eigenen.

5. *So veröffentlichen Sie pädagogische Materialien:* Um den Facettenreichtum Ihrer pädagogischen Arbeit darzustellen, ist es sinnvoll, auch geeignete pädagogische Materialien auf Ihrer Homepage zu veröffentlichen wie Versuchsanordnungen, Schautafeln, Malvorlagen etc. Was immer in Ihrer Einrichtung von den pädagogischen Fachkräften selbst erarbeitet wurde, ist jedoch deren geistiges Eigentum! Will es die Einrichtung auf der Homepage abbilden, muss zuvor die jeweilige Fachkraft schriftlich zustimmen.

6. *Sichern Sie Ihre Homepage vor „Plünderungen":* Ist Ihre Homepage dann im Internet zu betrachten, unterliegt sie als gedankliches Eigentum der Einrichtung selbstverständlich ebenfalls dem Urheberrechtsschutz. Wenn Sie möchten, können Sie den Inhalt aber auch als „Open Content" (= freier Inhalt) mit einer sogenannten CC-Lizenz kennzeichnen und damit kontrolliert auf bestimmte, von Ihnen ausgewählte Rechte verzichten. Informationen dazu erhalten Sie unter http://creativecommons.org.

7. *Schützen Sie Personendaten:* Personenbezogene Daten wie vollständiger Name, Alter, Adresse etc. dürfen von Ihnen ohne vorherige Zustimmung des Betroffenen nicht veröffentlicht werden. Beim Einholen dieser Zustimmung ist dem

Betroffenen auch offenzulegen, zu welchem Zweck diese Daten veröffentlicht werden. Praktikabler und sicherer ist es, derartige Daten so zu anonymisieren, dass eine Zuordnung zu einer bestimmten Person nicht möglich ist.

8. *Beachten Sie das Recht am eigenen Bild:* Am lebendigsten stellen Sie das Leben in Ihrer Einrichtung dar, indem Sie Fotos veröffentlichen, z. B. vom letzten Museumsbesuch, dem Wandertag oder der Nikolausfeier. Hierbei müssen Sie jedoch beachten, dass jede Person, die auf diesen Bildern zu sehen ist, das sogenannte Recht am eigenen Bild nach § 22 Kunsturhebergesetz (KunstUrhG) geltend machen kann. Wichtig: Eine Ausnahme von dieser Regelung gilt nach § 23 Abs. I Nr. 2 und 3 KunstUrhG, wonach Bilder, auf denen Personen nur als „Beiwerk“ neben einer Landschaft oder sonstigen Örtlichkeit erscheinen, sowie Bilder von Umzügen oder ähnlichen Vorgängen nicht der gesonderten Einwilligungspflicht unterliegen. Diese Regelung führt in der Praxis einer Kita immer wieder zu Problemen. Man wird i. d. R. bei Bildern einer Kita zu der Auffassung gelangen, dass es hier eher auf die abgebildeten Kinder ankommt als auf den Baum oder das Museumsgebäude im Hintergrund. Sie sollten daher mit der Annahme eines solchen Ausnahmetatbestands vorsichtig sein. Allenfalls wären Bilder beispielsweise vom Martinsumzug („Aufzüge“) hierunter zu fassen.

9. *Ihre Homepage braucht ein Impressum:* Nach § 55 Abs. 1 Staatsvertrag für Rundfunk und Telemedien (RStV), § 5 TMG müssen die Betreiber einer Homepage, die ausschließlich privaten oder familiären Zwecken dient, keine Pflichtangaben machen. Alle anderen Anbieter, also auch Ihre Einrichtung, müssen den Namen und die Anschrift angeben. Ist Ihre Einrichtung eine juristische Person, müssen Sie zusätzlich den Namen und die Anschrift des Vertretungsberechtigten angeben.

Die Nichteinhaltung der gesetzlichen Vorgaben im Internetbereich kann Ihre Einrichtung teuer zu stehen kommen: Homepages, die – z.T. aus purer Unkenntnis – den gesetzlichen Vorgaben nicht entsprechen, setzen sich dem Risiko einer Abmahnung durch Anwälte aus, die Serienabmahnungen als Einnahmequelle betrachten und laufend das Internet durchforsten. Wenn Sie vorgehen, wie hier empfohlen, sind Sie im World Wide Web auf der sicheren Seite.

Hinweis

Die in diesem Heft dargestellten rechtlichen Grundlagen zu den Themen „Aufsichtspflicht und Haftungsrecht“ sowie „Sicherheit und Organisation“ erheben keinen Anspruch auf Vollständigkeit und können im Einzelfall auch nicht die Beratung durch einen Anwalt bzw. eine Anwältin ersetzen. Der Verlag übernimmt für die Inhalte dieses Heftes keine Gewähr.

Impressum

management kompakt: Wie Sie rechtlich auf der sicheren Seite sind – Die häufigsten Rechtsfragen aus dem Kita-Alltag ist ein Sonderheft von ‚kindergarten heute – Die Fachzeitschrift für Erziehung, Bildung und Betreuung von Kindern‘

Redaktion
Carolin Küstner (verantw.)

Anschrift der Redaktion
Hermann-Herder-Str. 4
79104 Freiburg
Tel.: 0761/2717-439
Fax: 0761/2717-240
E-Mail: redaktion@kindergarten-heute.de
www.kindergarten-heute.de

Fotos
Hartmut W. Schmidt, Freiburg

Titelillustration
Barbara Link, Gundelfingen

Layout, Satz und digitale Bearbeitung
rsrdesign, Wiesbaden; www.rsrdesign.de

Druck
fgb • freiburger graphische betriebe 2012; www.fgb.de

Leserservice
Verlag Herder GmbH
Hermann-Herder-Str. 4
79104 Freiburg
Tel.: 0761/2717-379
0761/2717-244
Fax: 0761/2717-249
E-Mail: kundenservice@herder.de

Gedruckt auf chlorfrei gebleichtem Papier

Titelnummer 284
ISBN: 978-3-451-00284-7
2. Auflage

VORWORT

Liebe Leserin, lieber Leser!

In Ihrem pädagogischen Alltag haben Sie es ständig auch mit rechtlichen Fragen zu tun: Dürfen Sie Paul eigenmächtig Hustensaft verabreichen, weil er stark erkältet ist, oder kann Ihnen das bereits als Körperverletzung ausgelegt werden? Dürfen die Eltern am Waldtag eine Fahrgemeinschaft bilden und die KiTa-Kinder im privaten Pkw transportieren? Darf Herr Maier seine Tochter vom Kindergarten abholen, obwohl die Mutter das alleinige Sorgerecht hat? Und wie sieht es mit der Aufsichtspflicht der pädagogischen Fachkräfte aus: Wann beginnt, wann endet sie? Kann sie delegiert werden? Und wer haftet im Falle einer Aufsichtspflichtverletzung?

Dieses Heft vermittelt Ihnen die wichtigsten rechtlichen Grundlagen für die pädagogische Arbeit in KiTa und Kindergarten und eignet sich daher ebenso für die Ausbildung wie für die Berufspraxis von ErzieherInnen. Es informiert Sie über die Leistungen der Jugendhilfe, neue gesetzliche Regelungen (z. B. TAG und KICK) und darüber, was Sie bei Verdacht auf Kindeswohlgefährdung tun können. Auch die elterliche Sorge, die Rechtsbeziehung zwischen Eltern und KiTa sowie die Mitwirkungsmöglichkeiten von Eltern werden ausführlich thematisiert, ist das Wissen darüber doch unerlässliche Voraussetzung für eine konstruktive Zusammenarbeit mit Eltern. Schließlich wird der Komplex der Kinderrechte und der Kinderbeteiligung – in der Praxis oft vernachlässigt – umfassend dargestellt, denn nur mit den entsprechenden Kenntnissen können Sie dem gesetzlich verankerten Partizipationsauftrag gerecht werden.

So bietet Ihnen dieses Einführungs- und Nachschlagewerk rechtliches Grundlagenwissen sowie die Klärung konkreter Rechtsfragen, die in Ihrem pädagogischen Alltag auftauchen. Zudem erhalten Sie wichtige Tipps und Hinweise, die Sie bei der Umsetzung Ihres neuen Wissens in die Praxis unterstützen.

Eine informative und spannende Lektüre wünscht Ihnen

Carolin Küstner
Redaktion basiswissen kita – kindergarten heute

basiswissen kita: Von Elternrecht bis Aufsichtspflicht – Rechtliche Grundlagen für die pädagogische Arbeit ist ein Sonderheft von „kindergarten heute – Fachzeitschrift für Erziehung, Bildung und Betreuung von Kindern"

Redaktion
Carolin Küstner (verantw.)

Anschrift der Redaktion
Hermann-Herder-Str. 4
79104 Freiburg
Tel.: 0761/27 17 - 495
Fax: 0761/27 17 - 240
E-Mail:
redaktion@kindergarten-heute.de
www.kindergarten-heute.de

Verlag

www.herder.de

Fotos
Hartmut W. Schmidt, Freiburg

Grafik, Satz und digitale Bearbeitung
MEDIENHAUS-LAHR:
Reprographia GmbH & Co. KG
Frank & Konsorten, Werbeagentur

Druck
fgb · freiburger graphische betriebe 2011
www.fgb.de

Leserservice
Verlag Herder GmbH
Hermann-Herder-Str. 4
79104 Freiburg
Tel.: 0761/27 17 - 379
0761/27 17 - 244
Fax: 0761/27 17 - 249
E-Mail: kundenservice@herder.de

Gedruckt auf chlorfrei gebleichtem Papier.

Titel Nr. 240
ISBN: 978-3-451-00240-3

4. Auflage

DIE AUTORINNEN

Petra Stamer-Brandt

ist Erzieherin und Diplom-Sozialpädagogin. Sie arbeitet als Studiendirektorin an der Fachschule für Sozialpädagogik in Hamburg-Altona und unterrichtet dort sozialpädagogische, organisatorische und rechtliche Lernfelder. Zudem ist sie als Fachbuchautorin, Pädagogische Organisationsberaterin und auch in der Weiterbildung tätig.

Ricarda Ulbrich

ist Fachanwältin für Arbeitsrecht und praktiziert in einer Anwaltskanzlei in Freiburg. Dort liegen ihre Schwerpunkte in den Bereichen Arbeits-, Sozial-, Beamten- und allgemeines Zivilrecht. Zudem ist sie als Dozentin für Arbeits- und Sozialrecht bei der Gewerbeakademie Freiburg sowie beim Bildungszentrum der Industrie- und Handelskammer Südlicher Oberrhein tätig. Sie hat das vorliegende Heft juristisch begutachtet und das Kapitel „Aufsichtspflichtverletzung und Haftung" verfasst.

Dieses Heft richtet sich an ErzieherInnen und Leitungskräfte in Kindertageseinrichtungen, Träger, Lehrende und Lernende in Aus- und Fortbildung sowie Tagespflegepersonen. Es wendet sich an alle, die mit Kindern arbeiten und sich über die für den pädagogischen Alltag relevanten rechtlichen Fragen umfassend informieren wollen.

INHALT

GRUNDLAGEN DER JUGENDHILFE

- **Was die Jugendhilfe leistet**
- **Das Wohl des Kindes**
- **Gefährdung des Kindeswohls**
- **Vernetzungsauftrag der Jugendhilfe**
- **Qualifikation der Fachkräfte**

In Deutschland werden unter Jugendhilfe alle Leistungen und Aufgaben freier und öffentlicher Träger zugunsten junger Menschen und deren Familien zusammengefasst. ErzieherInnen sollten darüber Bescheid wissen, um Eltern beraten und bei Verdacht auf Kindeswohlgefährdung die richtigen Maßnahmen ergreifen zu können.

Was die Jugendhilfe leistet

Vermutlich arbeiten Sie in einer Kindertageseinrichtung und vielleicht haben Sie auch eigene Kinder, die eine KiTa besuchen oder regelmäßig Gäste im Haus der Jugend sind. Vielleicht gibt es in Ihrer Familie oder in Ihrem Bekanntenkreis Adoptiv- oder Pflegekinder oder Sie selbst haben gerade einer Mutter die Adresse einer Familienberatungsstelle gegeben. Wenn das so ist, sind Sie bereits mehrfach mit der Jugendhilfe konfrontiert gewesen. Auch Ihr Arbeitsplatz ist mit den Leistungen der Jugendhilfe verknüpft. Deswegen ist es wichtig, über deren Ziele und Funktionen Bescheid zu wissen. Schließlich nehmen Sie nicht nur Leistungen der Jugendhilfe in Anspruch; Sie werden auch häufig Eltern beraten müssen und sollten deshalb das breite Spektrum an Hilfen und Angeboten kennen.

> ErzieherInnen sollten über die Aufgaben und Ziele der Jugendhilfe Bescheid wissen.

Das Achte Sozialgesetzbuch

Das Sozialgesetzbuch (SGB) VIII

- regelt allgemein die Leistungen und Hilfeangebote gegenüber Kindern und Jugendlichen sowie deren Familien,
- formuliert den Erziehungs-, Bildungs- und Betreuungsauftrag von Kindertageseinrichtungen,
- beschreibt den Auftrag der Familienorientierung von Kindertageseinrichtungen,
- formuliert einen sozialintegrativen Auftrag: Jugendhilfe soll dazu beitragen, „positive Lebensbedingungen für junge Menschen und ihre Familien sowie eine kinder- und familienfreundliche Umwelt zu erhalten oder zu schaffen" (§ 1 Abs. 3 Nr. 4),
- formuliert einen Gleichberechtigungsauftrag: Bei der Erfüllung der Aufgaben sind „die unterschiedlichen Lebenslagen von Mädchen und Jungen zu berücksichtigen, Benachteiligung abzubauen und die Gleichberechtigung von Jungen und Mädchen zu fördern" (§ 9 Nr. 3),
- befördert die Partizipation von Kindern und Jugendlichen: „Kinder und Jugendliche sind entsprechend ihrem Entwicklungsstand an allen sie betreffenden Entscheidungen der öffentlichen Jugendhilfe zu beteiligen" (§ 8 Abs. 1 S. 1),
- befördert ebenso die Partizipation der Eltern: Die Fachkräfte in den Einrichtungen sollen „mit den Erziehungsberechtigten und Tagespflegepersonen zum Wohl der Kinder und zur Sicherung der Kontinuität des Erziehungsprozesses" zusammenarbeiten. „Die Erziehungsberechtigten sind an den Entscheidungen in wesentlichen Angelegenheiten der Erziehung, Bildung und Betreuung zu beteiligen" (§ 22 a Abs. 2).

Vorgaben für ErzieherInnen

Die Kindertageseinrichtung und Sie als deren Mitarbeiterin haben also durch das SGB VIII klare Zielvorgaben für die pädagogische Arbeit bekommen. Ihre Aufgabe besteht im Wesentlichen darin, folgende Aspekte zu berücksichtigen:

1. Erziehung, Bildung und Betreuung
2. Familienorientierung
3. Partizipation von Kindern und Eltern
4. Soziale Integration
5. Gleichberechtigung
6. Sozialraumorientierung (Zusammenarbeit mit anderen öffentlichen Einrichtungen, z. B. Beratungsstellen)
7. Planungsverantwortung (Verantwortung für die sinnvolle Planung der pädagogischen Arbeit)

Zum Beispiel Simon

Simon (4,5 Jahre) lebt mit seiner alleinerziehenden Mutter und seinen vier schulpflichtigen Geschwistern in einem sozialen Brennpunkt. Die Mutter ist mit ihrer Situation völlig über-

Gesetzliche Regelung der Kinder- und Jugendhilfe

In Deutschland werden unter Kinder- und Jugendhilfe alle Leistungen und Aufgaben freier und öffentlicher Träger zugunsten junger Menschen und deren Familien zusammengefasst. Diese wurden 1990/91 im Achten Buch des Sozialgesetzbuches (SGB VIII) neu zusammengestellt und grundlegend überarbeitet. Dieses Gesetz wird in der Praxis auch häufig als Kinder- und Jugendhilfegesetz (KJHG) bezeichnet, wobei beide nicht ganz identisch sind. Das KJHG ist ein Artikelgesetz mit 24 Artikeln; die wesentlichen Bestimmungen finden sich in Artikel 1. Dieser bildet das SGB VIII mit über 100 Einzelparagrafen. Das SGB VIII wurde zuletzt durch das Tagesbetreuungsausbaugesetz (TAG) von 2004 sowie durch das Gesetz zur Weiterentwicklung der Kinder- und Jugendhilfe (KICK) von 2005 novelliert.

fordert. Sie bemerkt weder Simons sprachliche Defizite noch seine Probleme in der motorischen Entwicklung und seinen Mangel an sozialer Kompetenz. Nichtsdestotrotz liebt Simons Mutter ihre Kinder und möchte ihnen ein möglichst problemfreies Aufwachsen ermöglichen. Da sie selbst die Defizite nicht wahrnimmt (ihr fehlt nicht nur das entsprechende Wissen, sondern auch ein angemessener Vergleich in ihrem sozialen Umfeld), ist es Aufgabe von Simons Erzieherin in der KiTa, sich um die Förderung des Jungen zu kümmern, ihm Chancengleichheit zu bieten und sich darüber hinaus der Mutter zuzuwenden, die Beratung und Hilfe benötigt.

Als (sozial-)pädagogische Fachkraft erwartet der Gesetzgeber von Ihnen, dass Sie über analytische, planerische, kommunikative, organisatorische und selbstreflexive Kompetenzen verfügen, das soziale Umfeld der Kinder, mit denen Sie arbeiten, kennen, wissen, welche Einflüsse und welche Entwicklungschancen und -hemmnisse sich daraus ableiten lassen und wie Sie individuelle Hilfen für das Kind und seine Mutter entwickeln können. Von Ihnen wird zudem erwartet, dass Sie die Kinder systematisch beobachten, Ihre Beobachtungen dokumentieren und Schlussfolgerungen für eine individuelle Förderung daraus ableiten. Für die Unterstützung der Mutter benötigen Sie fachliche Kenntnisse, kommunikative und Beratungskompetenz sowie die Fähigkeit, mit unterschiedlichen Zielgruppen adäquat umzugehen bzw. sie an die richtigen Stellen weiterzuverweisen.

Das TAG befasst sich mit dem qualitäts- und bedarfsgerechten Ausbau der Tagesbetreuung.

Zum Beispiel Katharina

Katharina (5 Jahre) ist das einzige Kind der alleinerziehenden Frau B. Frau B. arbeitet im Hotel- und Gaststättengewerbe und hat dort unregelmäßige Arbeitszeiten sowie Schichtdienst. Dies führt dazu, dass es immer wieder zu Problemen kommt. Manchmal steht Katharina schon vor der Tür, wenn die KiTa morgens öffnet, oder sie wird viel zu spät von ihrer Mutter abgeholt. Die ErzieherInnen sind einerseits verständnisvoll, andererseits aber auch verärgert, weil sie immer wieder Überstunden machen müssen und kein verlässliches Arbeitsende in Sicht ist. Ein Beratungsgespräch mit Frau B. ist dringend notwendig.

Die KollegInnen überlegen im Vorfeld gemeinsam, welche Hilfen sie Frau B. anbieten können, um auf ihre familiäre Situation angemessen zu reagieren. Dabei sollten folgende Aspekte diskutiert und schriftlich festgehalten werden:

- Durch welches Angebot lässt sich die Betreuung am besten sichern?
- Gibt es Gesichtspunkte (z. B. Gesundheitszustand, psychische Entwicklung des Kindes), die eher für die Betreuung durch eine Tagesmutter sprechen?
- Ist es wichtig für das Kind, mit anderen Kindern in Kontakt zu kommen?
- Gibt es eine adäquate Einrichtung in erreichbarer Nähe?

In der Regel nimmt der Kindergarten in der Tagesbetreuung einen herausgehobenen Platz ein. Seit dem 1.1.1996 hat jedes Kind vom vollendeten dritten Lebensjahr bis zum Schuleintritt einen Rechtsanspruch auf einen Kindergartenplatz. Beide Fallbeispiele machen die Beratungsfunktion von ErzieherInnen deutlich.

TAG

Das Tagesbetreuungsausbaugesetz (TAG) aus dem Jahr 2004 befasst sich mit dem qualitätsorientierten und bedarfsgerechten Ausbau der Tagesbetreuung zur Weiterentwicklung der Kinder- und Jugendhilfe. Der Gesetzgeber regelt darin u. a. gemeinsame Grundsätze der Förderung von Kindern in Tageseinrichtungen und Tagespflege. Von besonderer Bedeutung sind in diesem Zusammenhang die Paragrafen 22 bis 24 a SGB VIII, in denen die Verpflichtung des Jugendamtes konkretisiert wird, Plätze für Kinder unter drei Jahren vorzuhalten. Dafür werden Qualitätsmerkmale formuliert. § 24 Abs. 4 SGB VIII verpflichtet die Jugendämter, Eltern über das Betreuungsangebot im Einzugsbereich zu informieren und sie bei der Auswahl zu beraten. Die Jugendämter sollen künftig auch sicherstellen, dass ErzieherInnen mit Eltern und anderen familienbezogenen Institutionen, insbesondere Familienberatungsstellen und Schulen, zusammenarbeiten.

Das Wohl des Kindes

Anna (4 Jahre) ist ein sehr ruhiges, auffällig ungepflegtes Kind. Zudem stürzt sie sich jeden Tag als erste auf das zweite Frühstück. Annas Erzieherin vermutet, dass sie zu Hause kein Frühstück bekommt, und überlegt, ob diese Anzeichen wohl schon als eine Gefährdung des Kindeswohls zu betrachten sind. Bevor sie einen voreiligen Schluss zieht, sollte sie den Fall mit ihren KollegInnen besprechen:

- Machen die KollegInnen ähnliche Beobachtungen?
- Kennen sie die häusliche Situation von Anna?
- Wie äußert sich Anna selbst zu ihrer Situation (z. B. im Rollenspiel, durch Zeichnungen)?
- Wie haben sich Annas Eltern im Aufnahmegespräch dargestellt?

Annas Erzieherin kommt relativ schnell zu dem Schluss, dass keine Gefahr im Verzug ist, weil Anna sehr liebevolle Eltern hat, die lediglich andere Vorstellungen von Ordnung und Sauberkeit haben. Sie beschließt dennoch, mit Annas Eltern zu sprechen, weil sie befürchtet, dass Anna von den anderen Kindern gehänselt wird.

Ein unbestimmter Rechtsbegriff

In erster Linie besteht Ihre Aufgabe darin, das Wohl der Kinder, mit denen Sie arbeiten, sicherzustellen. Das ist komplizierter als man zunächst annimmt, denn „Kindeswohl“ ist ein unbestimmter Rechtsbegriff. Sie müssen selbst Kriterien festlegen, die das Wohl des Kindes aus Ihrer Sicht beschreiben. Das sollten Sie mit Ihren KollegInnen gemeinsam tun und dabei auch die Eltern einbeziehen. Denn: Eltern müssen z. B. wissen, welche Erwartungen Sie in Bezug auf den „Pflegezustand“ der Kinder haben. Für Eltern, die diesem Anspruch nicht gerecht werden, können Sie Hilfen anbieten (zweimal in der Woche ist in der KiTa Duschtag, morgens wird ein Büfett für Kinder, die zu Hause nicht frühstücken konnten, bereitgestellt, eine Waschmaschine steht für die Eltern zur Verfügung etc.).

In § 1697 a Bürgerliches Gesetzbuch (BGB) wird das Wohl des Kindes zum allgemeinen Prinzip richterlicher Entscheidungen erhoben. Das bedeutet, dass in letzter Instanz der Richter entscheidet, ob das Wohl des Kindes gefährdet ist. Das ist von großer Bedeutung, da eine Gefährdung für Eltern und Kind Folgen haben kann. Bei einem hohen Gefährdungsgrad kann das Kind sofort aus der Familie entfernt werden. Auch im Sozialrecht ist das Kindeswohl ganz oben angesiedelt. In § 1 Abs. 3 SGB VIII heißt es u. a., dass „Jugendhilfe (...) Kinder und Jugendliche vor Gefahren für ihr Wohl schützen (soll)“. Allerdings wird in keinem Gesetz definiert, was unter „Kindeswohl“ genau zu verstehen ist und wann es als gefährdet zu gelten hat. Jörg Maywald, Geschäftsführer der Deutschen Liga für das Kind, setzt sich mit diesem schwierigen Begriff wie folgt auseinander: „Das so genannte Kindeswohl ist vermutlich der am meisten strapazierte und zugleich am heftigsten umstrittene Begriff, wenn es darum geht, Entscheidungen für Kinder und mit Kindern zu treffen und zu begründen. Was, wann und unter welchen Umständen im wohl verstandenen Interesse eines Kindes oder Jugendlichen liegt, darüber gehen die Meinungen bei Richtern, Anwälten, Medizinern, Psychologen, Pädagogen, Sozialarbeitern und nicht zuletzt bei Eltern oder Elternteilen häufig weit auseinander. Als Konstante im zumeist dissonanten Konzert der unterschiedlichen Positionen kann allenfalls ausgemacht werden, dass die Kinder und Jugendlichen selbst zu der Frage, was in ihrem besten Interesse liegt, häufig nicht einmal gehört werden.“ Und weiter: „Ein am Wohl des Kindes (Best Interest of the Child) ausgerichtetes Handeln wäre (...) dasjenige Handeln, das die an den Grundbedürfnissen und Grundrechten von Kindern orientierte, jeweils am wenigsten schädigende Handlungsalternative wählt“ (Maywald 2002).

Die in diesem Heft nach Jörg Maywald zitierten Passagen entstammen dem Artikel „Kindeswohl und Kindesrechte“, in: Zeitschrift „frühe Kindheit“ Heft 4/2002.

„Kindeswohl“ ist ein unbestimmter Rechtsbegriff, d. h. er wird nirgendwo genau definiert.

Die kindlichen Grundbedürfnisse

Da die KiTa dafür zuständig ist, das Wohl des Kindes zu sichern, sollten die Fachkräfte auf jeden Fall gemeinsam definieren, welche Grundbedürfnisse von Kindern hierfür unbedingt befriedigt werden müssen. „Erste Versuche einer Konkretisierung basaler kindlicher Bedürfnisse sind in der Kindeswohl-Trilogie von Goldstein, Freud und Solnit (1974, 1982, 1988) zu finden. Zu den grundlegenden Bedürfnissen rechnen sie Nahrung, Schutz und Pflege, intellektuelle Anregungen und Hilfe beim Verstehen der Innen- und Außenwelt. (...)

Von Fegert (2002) stammt der Versuch, sechs Grundbedürfnisse (Basic Needs of Children) zu identifizieren und die negativen Folgen bei deren Nichtbeachtung zu beschreiben. Hierzu gehören

1. **Liebe, Akzeptanz und Zuwendung:** Der Mangel an emotionaler Zuwendung kann zu schweren körperlichen und psychischen Deprivationsfolgen bis hin zum psychosozialen Minderwuchs und ‚failure to thrive' (nicht organisch bedingten Gedeihstörungen) führen.
2. **Stabile Bindungen:** Bindungsstörungen zeigen sich bei kleinen Kindern zunächst in Auffälligkeiten der Nähe-Distanz-Regulierung und können später zu massiven Bindungsstörungen führen.
3. **Ernährung und Versorgung:** Als Folgen einer Mangel- oder Fehlernährung treten Hunger, Gedeihstörungen und langfristig körperliche sowie kognitive Entwicklungsbeeinträchtigungen auf.
4. **Gesundheit:** Mängel im Bereich der Gesundheitsfürsorge führen zu vermeidbaren Erkrankungen mit unnötig schwerem Verlauf, z. B. infolge von Impfmängeln, Defektheilungen etc.
5. **Schutz vor Gefahren von materieller und sexueller Ausbeutung:** Psychisch können diese Belastungen zu Anpassungs- bzw. posttraumatischen Störungen führen, die durch eine Fülle von Symptomen und teilweise langfristige Erkrankungsverläufe gekennzeichnet sind.
6. **Wissen, Bildung und Vermittlung hinreichender Erfahrung:** Mängel in diesen Bereichen führen zu Entwicklungsrückständen bis hin zu Pseudodebilität" (Maywald 2002).

Tipp:

Versäumen Sie nicht, diese Aspekte mit Inhalt zu füllen und das gemeinsame Verständnis zu klären. Fragen Sie sich im Team:

- Woran können wir erkennen, dass Kindern Akzeptanz und Zuwendung fehlen?
- Welche Indikatoren gibt es für eine fehlende Bindung? (s. Laewen/Andres 2002)
- Wie lassen sich Ernährungs- und andere Gesundheitsmängel erkennen?
- Über welche Kompetenzen sollten Kinder in bestimmten Altersspannen verfügen? etc.

Um diese Fragen beantworten zu können, sind Sie auf die Zusammenarbeit mit Experten (z. B. Familienberatungsstellen, Psychologen, Kinderärzten) sowie auf entsprechende Fachlektüre angewiesen.

Gefährdung des Kindeswohls

Kira (5 Jahre) hat sich verändert. Sie ist unkonzentriert, zieht sich häufig zurück und zuckt zusammen, wenn sich ihr jemand nähert. Auffallend ist auch, dass sie selbst bei großer Hitze langärmelige T-Shirts und Hosen trägt. Trotzdem entdeckt die Erzieherin die blauen Flecken, mit denen Kiras Körper übersät ist. Kira gibt an, die Treppe heruntergefallen zu sein. Und das nicht zum ersten Mal. Diverse Verletzungen und blaue Flecken hat sie sich in den letzten Monaten angeblich zugezogen, weil sie gestürzt ist, sich gestoßen hat oder von ihrem Bruder geboxt wurde. Kiras Erzieherin vermutet, dass eine Misshandlung vorliegt, und überlegt, wie sie tätig werden kann.

Was können ErzieherInnen tun?

Immer wieder kommt es vor, dass Kinder von ihren Eltern misshandelt oder gar sexuell missbraucht werden. In diesem Fall muss der Staat eingreifen und tut es auch, weil die Gefährdung eindeutig ist. Es gibt aber auch immer wieder (berechtigte?) Zweifel am Gefährdungsbegriff. Ist ein Kind in seiner Entwicklung gefährdet, wenn es nur zwei Mahlzeiten am Tag erhält, die körperliche Pflege zu wünschen übrig lässt, es aber trotzdem von den Eltern heiß geliebt wird? Oder ist ein Kind gefährdet, weil seine Eltern es aus religiösen Gründen nicht impfen lassen und im Notfall eine Bluttransfusion ablehnen?

Um akute Gefährdungssituationen vermeiden zu helfen bzw. ein Stück Präventionsarbeit zu leisten, ist es generell notwendig, den Eltern zu vermitteln, dass Sie den Kindern ein hohes Maß an Aufmerksamkeit schenken und dass die Eltern, wenn sie sich überfordert fühlen, zu Ihnen kommen und um Rat und Hilfe bitten können. Der Staat hat die gesetzlich verankerte Aufgabe, alle erdenklichen Maßnahmen zu ergreifen, die eine Gefährdung des Kindes und eine Trennung vom Elternhaus verhindern. Dabei spielen Sie als Erzieherin eine wichtige Rolle. Ihr Handlungsauftrag lautet:

- Die Eltern sind bei den Aufgaben der Versorgung und Erziehung ihrer Kinder zu unterstützen und zu entlasten.
- Die Kinder sind insbesondere präventiv vor Gefahren für ihr Wohl zu schützen.

Beide Aufgaben sind gleichrangig, wobei der Schutz der Kinder vor allem durch Entlastung und Hilfe für die Eltern realisiert werden muss. Die Eltern müssen erkennen können, dass alle Interventionen ihrer Unterstützung dienen sollen. Das setzt ein echtes Vertrauensverhältnis zwischen ErzieherInnen und Eltern voraus. An erster Stelle gilt es, den Eltern zu vermitteln, dass die Fachkräfte alle Gespräche, auch die über eine möglicherweise vorliegende Gefährdung, vertraulich behandeln. Sieht die KiTa keine andere Möglichkeit, als das Jugendamt einzuschalten, so wird dort geprüft, ob durch geeignete und notwendige Hilfen, insbesondere durch Hilfen zur Erziehung gemäß §§ 27 ff SGB VIII, „eine dem Wohl des Kindes oder Jugendlichen entsprechende Erziehung" gewährleistet werden kann.
Dennoch bleibt festzuhalten: Es gibt keine objektiv überprüfbaren, allgemein gültigen Kriterien für eine Kindeswohlgefährdung!

Maßnahmen bei Gefährdung

Sollten Sie eine Gefährdung des Kindeswohls vermuten, müssen Maßnahmen ergriffen werden. Die konkreten Schritte sehen wie folgt aus (vgl. auch Kapitel „Die neue gesetzliche Regelung"):

1. Kollegiale Beratung mit dem Ziel der Übereinstimmung bezüglich der Gefährdungsanalyse,
2. Gespräch mit den Eltern mit dem Ziel der Abwendung der Gefahr,
3. Beratung der Eltern mit dem Ziel, dass diese fachliche Hilfe (Erziehungsberatung) in Anspruch nehmen,
4. Einschaltung des Jugendamtes, wenn die Eltern keine Hilfe annehmen.

Dabei haben alle Beteiligten die datenschutzrechtlichen Regelungen des SGB VIII einzuhalten: „Zu beachten ist, dass Informationen – beispielsweise aus der mit den Eltern gemeinsam vorgenommenen Abschätzung des Gefährdungsrisikos – teilweise als Daten zu bewerten sind, die den MitarbeiterInnen zum Zwecke persönlicher und erzieherischer Hilfen anvertraut worden sind und die daher einem besonderen Vertrauensschutz unterliegen (§ 65 SGB VIII). Ohne Einwilligung der Eltern dürfen Daten daher nur an das Jugendamt weitergegeben werden, wenn konkrete Anhaltspunkte für eine Kindeswohlgefährdung vorliegen" (KiTa spezial: Recht, Sonderausgabe 2/2005, S. 26).
Ihre Aufgabe als Erzieherin wird es zudem immer sein, in einem reflexiven Verfahren die Einschätzungen und Prognosen zu überprüfen und dadurch abzusichern. Das bedeutet für Sie konkret:

- Intensive Beobachtung der Kinder, auch unabhängig von einer Gefährdungsvermutung und Wahrnehmung von Veränderungen,
- regelmäßige Dokumentation der Beobachtungen mit Hinweisen auf Besonderheiten und mögliche Zusammenhänge,
- ständige Überprüfung der eigenen Wahrnehmung durch KollegInnen,
- regelmäßiger Elternkontakt,
- Dokumentation der mit den Eltern verabredeten Hilfsmaßnahmen,
- konkrete Vereinbarungen mit den Eltern und Kontrolle, ob diese auch eingehalten werden,
- Weitervermittlung der Eltern an Fachleute und soziale Dienste (z. B. Beratungsstellen).

Ebenso ist es notwendig, mit den KollegInnen im Vorfeld gemeinsam zu klären:

- Wann ist eine „Schmerzgrenze" der Gefährdung erreicht?
- Wer muss diese Schmerzgrenze erreichen (das Kind, die Eltern, beide, die ErzieherInnen)?

Das KICK verbessert den Schutz von Kindern und Jugendlichen bei Gefahr für ihr Wohl.

KICK

Das Gesetz zur Weiterentwicklung der Kinder- und Jugendhilfe (KICK), das 2005 in Kraft getreten ist, verbessert

- den Schutz von Kindern und Jugendlichen bei Gefahren für ihr Wohl,
- die fachliche und wirtschaftliche Steuerungskompetenz des Jugendamtes,
- die Wirtschaftlichkeit von Leistungen der Kinder- und Jugendhilfe sowie
- die Datenlage der Kinder- und Jugendhilfe
- und unterstützt die durch das Tagesbetreuungsausbaugesetz (TAG) initiierte Verbesserung der Kinderbetreuung.

- Aufgrund welcher halbwegs objektiver Faktoren dürfen/müssen wir als ErzieherInnen intervenieren?
- Wie lange dürfen/müssen Interventionen dauern?
- Welche Formen der Intervention sind überhaupt akzeptabel und von uns durchzuführen, wann muss professionelle Hilfe einsetzen?

Die neue gesetzliche Regelung

Bei Verdacht auf und bei bereits festgestellter Kindeswohlgefährdung gilt der Schutzauftrag durch den neuen § 8 a SGB VIII (vgl. KICK). Pädagogische Fachkräfte sind nun verpflichtet, Meldung beim Jugendamt zu machen, wenn das Kindeswohl aus ihrer Sicht gefährdet ist.

Das Jugendamt soll zusammen mit den ErzieherInnen eine Analyse des Gefährdungsrisikos vornehmen.

Diese Regelung ist auf eine Initiative des Hamburger Senats zurückzuführen. § 8 a SGB VIII soll im Rahmen des Kinderschutzes eine Lücke schließen, die im Fall Jessica deutlich wurde. (Hierbei handelte es sich um den spektakulären Fall von sexuellem Missbrauch und Vernachlässigung eines siebenjährigen Mädchens, der die Bevölkerung aufschreckte und intensiv in der Presse besprochen wurde.) Nach § 8 a SGB VIII soll das Jugendamt, in Zusammenarbeit mit den pädagogischen Fachkräften, eine Analyse des Gefährdungsrisikos vornehmen. ErzieherInnen haben also künftig die Aufgabe, das Gefährdungsrisiko einzuschätzen, z. B. bei Verdacht auf sexuellen Missbrauch. Im Rahmen einer Vereinbarung mit dem Träger soll die zuständige Erzieherin die Gefährdung mit den Eltern thematisieren und auf Beratungs- und andere Hilfsangebote hinweisen (vgl. auch Kapitel „Maßnahmen bei Gefährdung"). Wirken die Eltern bei der Beseitigung der Gefährdung nicht mit, kann das Familiengericht eingeschaltet werden. Kann die Entscheidung des Gerichts aufgrund der konkreten Gefährdung für das Kind nicht abgewartet werden, nimmt das Jugendamt das Kind in Obhut.
Unter den Fachkräften in den Einrichtungen wird die neue gesetzliche Regelung durchaus kontrovers diskutiert. Natürlich soll der Schutz der Kinder möglichst umfassend gewährleistet sein. Kritisch wird jedoch betrachtet, dass die Einführung des § 8 a SGB VIII nicht durch Fortbildungen begleitet wurde. Nun befürchten einige Fachkräfte, dass das Vertrauensverhältnis zu den Eltern beeinträchtigt werden könnte. Für ErzieherInnen stellt sich zudem auch immer die schwierige Frage, wann das Kindeswohl tatsächlich gefährdet ist und welche Anzeichen der Gefährdung es gibt, die den Schutz des Kindes gegenüber seinen Eltern notwendig machen.

Vernetzungsauftrag der Jugendhilfe

Die Kindertagesstättengesetze der Länder, der 12. Jugendbericht und auch das SGB VIII weisen auf den Vernetzungsauftrag der Jugendhilfe hin. Der KiTa kommt dabei eine wesentliche Bedeutung zu. Im SGB VIII wird der Vernetzungsauftrag (sozialräumliche Orientierung) so formuliert: „Die Träger der öffentlichen Jugendhilfe haben mit anderen Stellen und öffentlichen Einrichtungen, deren Tätigkeit sich auf die Lebenssituation junger Menschen und ihrer Familien auswirkt (...), im Rahmen ihrer Aufgaben und Befugnisse zusammenzuarbeiten" (§ 81).

Träger der Jugendhilfe

- **Öffentliche Träger:** Kommunen, Landkreise, Länder. Sie richten Jugendämter ein, die die Aufgaben der Jugendhilfe wahrnehmen.
- **Freie Träger:** Kirchen und sonstige Religionsgemeinschaften, Wohlfahrtsverbände (z. B. Deutscher Caritasverband, Diakonisches Werk, Arbeiterwohlfahrt, Deutscher Paritätischer Wohlfahrtsverband), Selbsthilfeorganisationen, Jugendverbände, Elterninitiativen.

Öffentliche und freie Träger arbeiten partnerschaftlich zusammen. Die Zusammenarbeit findet vorrangig im Jugendhilfeausschuss der Kommunen statt.

Beispiel: Vernetzte KiTa

Die Kindertagesstätte „Zum Gutshof" ist eine Einrichtung der Arbeiterwohlfahrt, eines freien Trägers. Der Träger hat klare, schriftlich formulierte Vorstellungen davon, wie die pädagogische Arbeit in der KiTa aussehen soll. Darüber hinaus hat auch die KiTa ein Konzept entwickelt, an dem sich die ErzieherInnen orientieren und das Eltern hilft, sich ein Bild von der Einrichtung zu machen. Die KiTa befindet sich in einem Stadtteil, der durch einen hohen Anteil von Migrantenfamilien geprägt ist; das wirkt sich auch auf die Arbeit der Einrichtung aus. In unmittelbarer Nachbarschaft befinden sich eine Grundschule, eine Sporthalle, in der rege Vereinstätigkeit herrscht, sowie ein Seniorenheim. Die Eltern der Kinder sind sehr aktiv und unterstützen die KiTa. Sie haben schon einen Spielplatz umgerüstet und verstehen es, gemeinsam Feste zu feiern. Die ErzieherInnen fördern die Zusammenarbeit, indem sie Kinderkleidungstauschbörsen veranstalten, Flohmärkte ausrichten, Beratungsangebote bereitstellen, Sprachkurse anbieten und multikulturelle Feste feiern. Dafür wiederum brauchen sie finanzielle Hilfe, die durch gute Kontakte zur Geschäftswelt des Ortes gesichert wird. Auch die Mitglieder des Gemeinderats halten Kontakt zur Einrichtung. Sie wissen, dass dort die Bürger und Steuerzahler von morgen betreut werden. Deswegen besuchen sie hin und wieder die KiTa und stehen den Kindern dort Rede und Antwort.

Das Beispiel macht deutlich, dass es bei der Vernetzung nicht nur um die Kooperation mit Jugendhilfeeinrichtungen geht. Wenn Jugendhilfe Erfolg haben soll, muss Vernetzung auf den verschiedensten Ebenen stattfinden. Alle Menschen, die – auch im weitesten Sinne – am Erziehungsgeschehen in einer KiTa beteiligt sind, bilden ein enges Beziehungsgeflecht. Sie stehen in Abhängigkeit voneinander und sind deswegen auf gegenseitige Hilfe und Weitergabe von Informationen angewiesen. Kindertageseinrichtungen tun gut daran, sich ihr Umfeld genau anzuschauen und zu prüfen, mit wem eine vertrauensvolle und für alle Seiten nutzbringende Zusammenarbeit möglich und notwendig ist.

Nutzung des Netzwerks

Die KiTa „Zum Gutshof" nutzt das Netzwerk optimal:

- Sparkasse und Baumarkt konnten als verlässliche Sponsoren gewonnen werden.
- Die örtliche Presse berichtet immer wieder über Entwicklungen und Vorhaben der Einrichtung; persönliche Kontakte zu Redakteuren wurden dafür genutzt.
- Die Familienberatungsstelle bietet regelmäßig Fortbildungen für Eltern und ErzieherInnen an, berät auch in der Einrichtung, hilft den Fachkräften bei der Bearbeitung schwieriger Probleme und unterstützt das System der kollegialen Beratung und Supervision.
- Sportverein und Schule räumen der KiTa Hallenzeiten ein, Sportlehrer unterstützen die Initiative „Bewegungskindergarten".
- Grundschullehrkräfte, Eltern und ErzieherInnen treffen sich regelmäßig im Arbeitskreis „Übergang zur Schule".
- Senioren aus der Nachbarschaft kommen zum Vorlesen, Backen etc. regelmäßig in die KiTa.
- Eine Arbeitsloseninitiative bietet, auch für die Eltern der Kinder, einen Mittagstisch an.
- Einmal im Jahr feiern drei KiTas gemeinsam ein großes Fest. Außerdem teilen sie sich das Honorar für eine Krankengymnastin und eine Theaterpädagogin.

> Wenn Jugendhilfe Erfolg haben will, muss Vernetzung auf den verschiedensten Ebenen stattfinden.

Hilfe von Experten

Es zeugt von hoher fachlicher Verantwortung, wenn Sie sich Experten zu Hilfe holen, denn viele spezielle Probleme können Sie allein gar nicht bewältigen. So sollten Sie

- Eltern Hinweise geben können, wo sie eine Familienberatungsstelle finden und welche Hilfe sie dort erhalten können,
- einer Mutter, die von ihrem Mann geschlagen wird, die Adresse des Frauenhauses geben können,
- Beratungsstellen und deren Arbeitsweise kennen, um Eltern Auskunft geben zu können (z. B. Schuldnerberatung, Schwangerschaftsberatung, Psychosoziale Beratung),
- Fachärzte oder spezielle Therapeuten kennen (z. B. Kinderärzte, Kinder- und Jugendpsychiater, Logopäden, Ergotherapeuten),
- Weiterbildungseinrichtungen für Eltern kennen (z. B. Familienbildungseinrichtungen, Mütterzentren),
- engen Kontakt zur Grundschule, Förderschule, Frühförderstelle, zum Allgemeinen Sozialen Dienst (ADS) und Jugendamt pflegen.

Zum Beispiel Christian

Christian (5 Jahre) ist ein unruhiges Kind. Er kann keine fünf Minuten still sitzen, muss immer im Mittelpunkt stehen, stört andere Kinder beim Spielen und reagiert mit körperlichen Angriffen, wenn die anderen ihn nicht mitspielen lassen. Christians Eltern nehmen das Problem des Jungen, der gerade eine kleine Schwester bekommen hat, nicht wirklich ernst. Die Situation spitzt sich allerdings zu, als sich andere Eltern beschweren, weil Christian ihre Kinder gebissen und heftig geschlagen hat. Die Erzieherinnen wissen nicht mehr weiter.

Es zeugt von hoher fachlicher Verantwortung, wenn ErzieherInnen sich Experten zu Hilfe holen.

Mögliche Schritte könnten so aussehen:

1. Beginnen Sie mit einer kollegialen Beratung im Team.
2. Lassen Sie sich von externen Fachleuten beraten.
3. Stellen Sie den Kontakt zwischen Beratungsstelle und Eltern her. Das wird vermutlich von den Eltern nur akzeptiert, wenn eine selbstverständliche Zusammenarbeit zwischen den beiden Institutionen besteht.

Eine wirkungsvolle pädagogische Arbeit ist heute nur noch zu leisten, wenn Kindertageseinrichtungen mit anderen Personen und Diensten zusammenarbeiten, wenn ein hoher Grad der Vernetzung erreicht und ein effizientes Hilfs- und Beratungssystem für Eltern und Kinder aufgebaut wird. „Es ist ein zentrales Qualitätsmerkmal jeder Einrichtung, ob sie Kindern mit besonderen Bedürfnissen eine angemessene Erziehung und Förderung zukommen lässt. Die Einrichtungen allein sind mit dieser Aufgabe überfordert; ihre Fachkräfte verfügen dafür in der Regel weder über ausreichend Zeit, noch sind sie für alle hier anzutreffenden Problemlagen fachlich gerüstet. Sie brauchen deshalb zusätzliche Hilfsangebote von außen und sind angewiesen auf die Zusammenarbeit mit therapeutischen und psychosozialen Fachdiensten bzw. Einrichtungen" (Mayr 1998, zitiert nach: www.kindergartenpaedagogik.de).

Hinweis:

Die Gründung von Eltern-Kind-Zentren, die ein neues, umfassendes Qualitätsprofil entwickeln, ist auf dem Vormarsch. Solche Zentren bieten neben der Betreuung und Förderung von Kindern auch Hilfe für Eltern an. Sie unterstützen diese in Erziehungsfragen, beraten bei Ehe- und Familienproblemen, bieten Kurse zur Gesundheitsprävention an und verstehen sich als ganzheitliches Familienbetreuungssystem. Informationen zu Familienzentren mit dem Schwerpunkt „Bildung, Beratung und Betreuung" finden Sie unter www.hell-ga.de oder bei HELL-GA e.V. Mütterzentrum, Ricarda-Huch-Straße 3a, 40595 Düsseldorf, Tel. 0211/6007336, E-Mail: info@hell-ga.de.

Qualifikation der Fachkräfte

Ihr Arbeitsalltag ist durch eine Reihe von Pflichten geprägt. Manche davon sind in Ihrem Arbeitsvertrag festgehalten, andere finden sich in den entsprechenden gesetzlichen Grundlagen (z. B. Kindertagesstättengesetze, SGB VIII). Danach reichen Ihre Aufgaben von der Erstellung und Umsetzung einer Konzeption über die Zusammenarbeit mit den Eltern bis hin zu dem Auftrag, sich bei der täglichen Arbeit mit den Kindern von einem hohen Maß an Fachlichkeit leiten zu lassen. Auch wenn das SGB VIII keine konkrete Aussage dazu macht, wie eine pädagogische Fachkraft ausgebildet sein soll und was Fachlichkeit bedeutet (vgl. § 72), besteht unter Experten Einigkeit darüber, dass die fachliche Qualifikation von ErzieherInnen folgende Aspekte beinhaltet:

- **Kindorientierung:** Die ErzieherInnen kennen die zu betreuenden Kinder genau und richten ihr pädagogisches Handeln an deren Bedürfnissen aus. Dabei gehen sie individuell auf die Kinder ein und ermitteln, welchen Förder- und Unterstützungsbedarf jedes einzelne Kind hat.
- **Familienorientierung:** ErzieherInnen sollen sich an der Situation und den Bedürfnissen der Familien orientieren. Das beginnt damit, dass familienfreundliche Öffnungszeiten angeboten, Eltern in die Planung einbezogen und Beratungsangebote bereitgestellt werden. Im SGB VIII heißt es dazu: „Das Angebot soll sich pädagogisch und organisatorisch an den Bedürfnissen der Kinder und ihrer Familien orientieren" (§ 22 a Abs. 3). Jugendhilfe soll „Eltern und andere Erziehungsberechtigte bei der Erziehung beraten und unterstützen" (§ 1 Abs. 3 Nr. 4).
- **Gemeinwesenorientierung:** Die KiTa ist Bestandteil des Gemeinwesens und sollte deshalb mit Personen und Institutionen im unmittelbaren Umfeld zusammenarbeiten sowie Vernetzungsmöglichkeiten nutzen.
- **Umsetzung der Konzeption:** Eine Konzeption sollte keine Programmschrift sein, in der sich vor allem die Wünsche und Visionen des Teams finden. In erster Linie soll sie Aspekte beinhalten, die auch praktisch umgesetzt werden. Eltern und Träger müssen über eine solche Konzeption informiert werden.
- **Professionalisierung des pädagogischen Handelns:** ErzieherInnen brauchen regelmäßig Fortbildung und Supervision. Sie müssen die Möglichkeit bekommen, das eigene pädagogische Handeln unter professioneller Anleitung zu reflektieren und weiterzuentwickeln.
- **Orientierung an den Bildungsplänen:** In allen Bundesländern wurden inzwischen Bildungspläne bzw. -empfehlungen entwickelt und verabschiedet. Wenn sie den ErzieherInnen auch ausreichend Spielraum zur konkreten Ausgestaltung lassen, haben diese doch die Pflicht, ihre pädagogische Arbeit danach auszurichten.

Die Fachlichkeit der Erzieherin beinhaltet auch, dass sie wichtige gesetzliche Regelungen kennt.

Der Grundsatz der Fachlichkeit beinhaltet nicht nur die Verpflichtung, zuvor definierte Erziehungsziele und -prinzipien zu verfolgen, sondern verlangt auch, dass ErzieherInnen die gesetzlichen Regelungen, die ihren Arbeitsbereich betreffen, kennen und sich kontinuierlich weiterbilden.

Fachlichkeit der Erzieherin

Die kompetente Erzieherin stellt ihre Fachlichkeit unter Beweis, indem sie

- sich über neue gesetzliche Regelungen informiert (z. B. TAG, KICK) und in der Lage ist, diese in ihre pädagogische Arbeit zu integrieren,
- sich mit den Bildungsplänen auseinandersetzt und deren Forderungen, in Einklang mit der pädagogischen Konzeption der KiTa, umsetzt,
- den Erziehungs-, Bildungs- und Betreuungsauftrag kennt und ernst nimmt,
- den Partizipationsauftrag als Querschnittsaufgabe begreift und umsetzt,
- sich mit der Querschnittsaufgabe „Genderbewusstsein" beschäftigt, um zu erreichen, dass die unterschiedlichen Situationen von Jungen und Mädchen gleichermaßen berücksichtigt werden.

ELTERNRECHT

- Rechte und Pflichten von Eltern
- Gesetzliche Bestimmungen
- Hilfen zur Erziehung
- Rechtsbeziehung Eltern – KiTa

Was genau beinhaltet die elterliche Sorge? Was ist zu tun, wenn sich Eltern mit der Sorge für ihr Kind überfordert fühlen? Welche Rechtsbeziehung besteht zwischen Eltern und KiTa? Sich in diesen Fragen auszukennen ist unerlässlich, um auch in schwierigen Situationen die richtigen Entscheidungen treffen zu können.

Rechte und Pflichten von Eltern

Eltern haben das Recht und die Pflicht, für ihr Kind zu sorgen. (Im Folgenden wird der Einfachheit halber von Eltern die Rede sein, obwohl Eltern, Erziehungsberechtigte und Sorgeberechtigte nicht immer identisch sein müssen und es natürlich unterschiedliche Familienkonstellationen gibt. Ein alleinerziehender Vater kann ebenso sorgeberechtigt sein wie getrennt lebende Eltern.) Dies gilt für Mütter und Väter gleichermaßen – unabhängig davon, ob sie verheiratet sind oder waren. Nur ein Gerichtsbeschluss kann einen Eingriff in das Elternrecht rechtfertigen. Auch durch Adoption eines Kindes verlieren die leiblichen Eltern ihr Elternrecht, das nun den Adoptiveltern übertragen wird. Die Eltern sind in der Ausübung der elterlichen Sorge aber nicht frei, sondern an das Wohl des Kindes gebunden. Selbstverständlich garantiert ihnen das Elternrecht zugleich die Freiheit, innerhalb bestimmter Grenzen das Kindeswohl zu definieren. Eine Grenze zieht der Staat durch sein „Wächteramt". Dieses erlaubt es staatlichen Stellen, bei einer erheblichen Gefährdung des Kindeswohls in das Elternrecht einzugreifen.

Zum Beispiel Herr A.
Der alleinerziehende Vater, Herr A., ist mit der Erziehung seiner Zwillinge völlig überfordert. Vor allen Dingen, weil die Jungen sehr lebhaft sind und der Vater es nicht schafft, ihnen Grenzen zu setzen. Herr A. rechnet damit, dass ihm die Jungen weggenommen werden, wenn er Rat beim Jugendamt sucht. Deswegen bittet er zunächst die Erzieherin in der KiTa um Hilfe. Sie kann Herrn A. beruhigen und ihm aufzeigen, welche Alternativen der Staat zur Vermeidung der Heimerziehung bereithält. Es ist denkbar, dass er Unterstützung in einer Familienberatungsstelle erhält oder ihm eine Sozialarbeiterin zur Seite gestellt wird.

Eltern sind in der Ausübung ihrer elterlichen Sorge an das Wohl des Kindes gebunden.

Zum Verhältnis von staatlichem Wächteramt und Elternrecht

1. Die Eltern treffen die Grundsatzentscheidungen über alle ihre Kinder betreffenden Belange. Der Staat darf den Eltern weder Erziehungsziele noch Erziehungsmethoden vorgeben, solange sich das Verhalten der Eltern ihren Kindern gegenüber im Rahmen des gerade noch Akzeptablen bewegt.
2. Kommt es zur Gefährdung des Kindeswohls, hat der Staat die Aufgabe, die Gefährdung abzuwehren. Dabei ist das Prinzip des mildesten Eingriffs zu beachten. Das heißt: Einschränkungen der elterlichen Sorge sind nur zulässig, wenn ein Eingreifen im Einzelfall keinen ausreichenden Schutz böte. Beides ist nicht erlaubt, wenn das Ziel mit milderen Mitteln (Familienförderung) erreichbar ist.

Gesetzliche Bestimmungen

In Deutschland sind in der Regel die Eltern für ihre Kinder und deren Erziehung zuständig. Das ist gesetzlich so geregelt und der Staat hat nur geringe Möglichkeiten, in das Recht der Eltern einzugreifen (vgl. auch Kapitel „Rechte und Pflichten von Eltern").

Zum Beispiel Familie M.
In der Familie M. geht es hoch her. Fünf Kinder halten die jungen Eltern, die selbst noch nicht ganz dem Discoalter entwachsen sind, auf Trab. Nachbarn beobachten das Familienleben argwöhnisch und stellen vielerlei Vermutungen darüber an. Sie vermuten, dass Herr M. seine Frau schlägt und sich beide nur unzureichend um die Kinder kümmern. Vor der Wohnungstür stapeln sich leere Flaschen, was auf einen hohen Alkoholkonsum der Eltern schließen lässt. Der achtjährige Kevin zieht häufig mit den jüngeren Geschwistern durch die Gegend; die Nachbarn haben den Verdacht, dass die Kinder im Supermarkt stehlen. Eine Nachbarin beschließt, sich an das Jugendamt zu wenden. Sie ist der Meinung, der Staat müsse den Eltern das Sorgerecht entziehen und die Kinder im Heim unterbringen. Doch die Nachbarin muss sich korrigieren lassen. Ein Gerücht und viele unbewiesene Vermutungen reichen nicht aus, um bei der Familie M. einzugreifen. Der Staat schützt zunächst

einmal die Familie und versorgt sie mit weitgehenden Rechten. Das Recht der Eltern, für die Pflege und Erziehung ihrer Kinder Sorge zu tragen, über das der Staat lediglich wacht, ist in Artikel 6, Absatz 2 des Grundgesetzes (GG) formuliert. Der Gesetzgeber definiert allerdings nicht eindeutig, was Pflege und Erziehung beinhalten und auch nicht, mit welchen Methoden sie am besten umzusetzen sind. Die „Überwachung" ist deshalb so schwierig, weil es keinen Bewertungsmaßstab für das gibt, was erlaubt, erwünscht und verboten ist (Ausnahme: Züchtigungsverbot).

Die drei Bereiche der elterlichen Sorge

ErzieherInnen sollten auf jeden Fall die drei Bereiche der elterlichen Sorge kennen, denn sie

- beurteilen, ob Eltern ihrer Personensorge in gebührender Weise nachkommen,
- übernehmen mit der Betreuung des Kindes einen Teil der elterlichen Sorge, indem sie es erziehen und beaufsichtigen,
- haben den Eltern gegenüber einen Beratungsauftrag,
- sollen eng mit den Eltern zusammenarbeiten und gemeinsame Erziehungsziele vereinbaren.

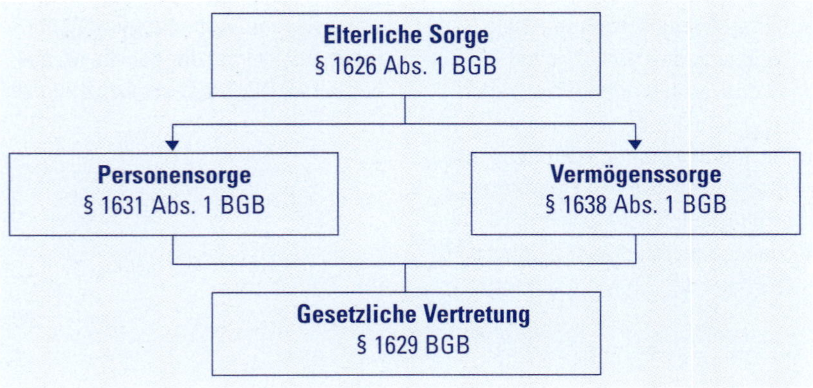

Personensorge

Die Personensorge umfasst sämtliche Angelegenheiten, die die Person des Kindes betreffen. Das Bürgerliche Gesetzbuch (BGB) nennt nur die wichtigsten Bereiche ausdrücklich:

- Pflege (§ 1631 Abs. 1),
- Erziehung (§ 1631 Abs. 1),
- Beaufsichtigung (§ 1631 Abs. 1),
- Aufenthaltsbestimmung (§ 1631 Abs. 1),
- Ausbildungs- und Berufswahl (§ 1631 a),
- Mit Freiheitsentzug verbundene Unterbringung (§ 1631 b),
- Herausgabeanspruch gegenüber Dritten (§ 1632 Abs. 1),
- Bestimmung des Umgangs mit anderen Personen (§ 1631 Abs. 2).

Vermögenssorge

Die Vermögenssorge umfasst alle tatsächlichen und rechtlichen Handlungen, die die Erhaltung, Vermehrung und Verwertung des Kindesvermögens (Grundbesitz, Wertpapiere, Geschäftsanteile, namhafte Geldbeträge) betreffen. Dieser Komplex wird daher auch als „Vermögensverwaltung" bezeichnet. Da die wenigsten minderjährigen Kinder schon Vermögenswerte besitzen, kommt diesem Teil der elterlichen Sorge in der Praxis meist keine besondere Bedeutung zu. Wenn Kinder allerdings infolge Schenkung oder Erbschaft bereits eigenes Vermögen besitzen, kann die Vermögensverwaltung durch die Eltern durchaus problematisch sein. Der Gesetzgeber hat daher zum Schutz minderjähriger Kinder hier einige Beschränkungen vorgesehen.

Gesetzliche Vertretung

Die Gesetzliche Vertretung regelt das rechtswirksame Handeln für das Kind, das jemand aufgrund einer gesetzlichen Vorschrift vornimmt. In der Regel haben diese Funktion beide Eltern inne (vgl. § 1629 BGB). Wenn die Eltern als gesetzliche Vertreter handeln, nehmen sie eine Rechtshandlung für das Kind vor. Zu solchen rechtsgeschäftlichen Handlungen zählen

- das Abschließen von Verträgen,
- die Einwilligung in eine Operation,
- Anträge bei Behörden,
- Zustimmung zu einer Adoption,
- Anträge auf Gewährung von Beihilfen,
- Schulan- und -abmeldungen und vieles mehr.

Zum Beispiel Svenja

Svenja ist 17 Jahre alt und hat eine zweijährige Tochter. Svenja ist folglich eine minderjährige Mutter, die zwar für ihre Tochter sorgt, sie pflegt, erzieht, beaufsichtigt, ihre Religion bestimmt, ihr Umgangsrecht regelt, ihr einen Vornamen gegeben hat und mit ihr zum Arzt geht; auch einer dringend notwendigen Operation hat Svenja zugestimmt. Dennoch ist sie selbst nur beschränkt geschäftsfähig und kann keine Verträge ohne Mitwirkung eines Elternteils oder Vormunds rechtswirksam abschließen. Da Svenja möglichst schnell ihre Lehre beenden möchte, soll die kleine Tochter in der Krippe angemeldet werden. Die Anmeldung, die Svenja in der Einrichtung unterschreibt, ist allerdings unwirksam. Svenjas Mutter, die Vormund von Svenjas Tochter ist, meldet diese in der Krippe an. Auch dieser Vertrag ist unwirksam. Obwohl Svenja nicht voll geschäftsfähig ist, hätte sie ihr Einverständnis geben müssen. Bei Meinungsverschiedenheiten mit dem Vormund des Kindes wäre also nicht etwa dessen Auffassung ausschlaggebend, sondern es bliebe nur der Weg zum Familiengericht. Wenn kein anderer sorgeberechtigter Elternteil, sondern ein Vormund (z. B. das Jugendamt) vorhanden ist, könnte sich die minderjährige Mutter sogar zunächst stets durchsetzen (vgl. § 1673 Abs. 2 BGB). Der Vormund müsste dann allerdings überlegen, ob er daraufhin das Familiengericht einschaltet (was jedoch nur bei zu befürchtender Gefährdung des Kindeswohls in Betracht kommen wird).

Hinweis:

Für Sie als Erzieherin ist es wichtig zu wissen, wer die elterliche Sorge ausübt. Davon hängen viele Entscheidungen ab.

Gemeinsame elterliche Sorge

§ 1627 BGB besagt, dass die Eltern die elterliche Sorge in eigener Verantwortung und im gegenseitigen Einvernehmen zum Wohle des Kindes auszuüben haben. Gemeinsame elterliche Sorge haben miteinander verheiratete Eltern sowie unverheiratete Eltern, die eine wirksame Sorgeerklärung abgegeben haben. Ein Zusammenleben der Eltern oder des Kindes mit seinen Eltern ist in beiden Fällen nicht erforderlich. Die gemeinsame elterliche Sorge bleibt also

Die elterliche Sorge im BGB

§ 1626

„(1) Die Eltern haben die Pflicht und das Recht, für das minderjährige Kind zu sorgen (elterliche Sorge). Die elterliche Sorge umfasst die Sorge für die Person des Kindes (Personensorge) und das Vermögen des Kindes (Vermögenssorge).
(2) Bei der Pflege und Erziehung des Kindes berücksichtigen die Eltern die wachsende Fähigkeit und das wachsende Bedürfnis des Kindes zu selbstständigem, verantwortungsbewusstem Handeln. Sie besprechen mit dem Kind, soweit es nach dessen Entwicklungsstand angezeigt ist, Fragen der elterlichen Sorge und streben Einvernehmen an.
(3) Zum Wohl des Kindes gehört in der Regel der Umgang mit beiden Elternteilen. Gleiches gilt für den Umgang mit anderen Personen, zu denen das Kind eine Bindung besitzt, wenn ihre Aufrechterhaltung für seine Entwicklung förderlich ist."

§ 1631

„(1) Die Personensorge umfasst insbesondere die Pflicht und das Recht, das Kind zu pflegen, zu erziehen, zu beaufsichtigen und seinen Aufenthalt zu bestimmen.
(2) Entwürdigende Erziehungsmaßnahmen, insbesondere körperliche und seelische Misshandlungen, sind unzulässig.
(3) Das Familiengericht hat die Eltern auf Antrag bei der Ausübung der Personensorge in geeigneten Fällen zu unterstützen."

auch in folgenden Fällen bestehen:

- Getrenntleben der Eltern,
- Scheidung der Eltern (diese Rechtslage besteht erst seit 1.7.1998),
- Kind lebt bei Verwandten, Bekannten, Pflegeeltern,
- Kind lebt im Heim.

In diesen Fällen üben allerdings die Personen, die mit dem Kind zusammenleben, die sogenannte Alltagssorge alleine aus.

Alltagssorge

Wenn gemeinsam sorgeberechtigte Eltern getrennt leben oder geschieden sind, bleibt ihre gemeinsame elterliche Sorge bestehen. Aus Praktikabilitätsgründen schreibt § 1687 Abs. 1 BGB gegenseitiges Einvernehmen der Eltern dann vor, wenn Regelungen für das Kind von erheblicher Bedeutung sind. Ansonsten hat der Elternteil, bei dem sich das Kind rechtmäßig (d. h. mit Einwilligung des anderen Elternteils oder aufgrund gerichtlicher Entscheidung) gewöhnlich aufhält, die alleinige „Alltagssorge".

Die Alltagssorge hat der Elternteil, bei dem sich das Kind rechtmäßig gewöhnlich aufhält.

Zum Beispiel Noah

Noah lebt bei seinem Vater. Seine Eltern sind geschieden, üben aber ein gemeinsames Sorgerecht aus. Noahs Mutter ist nun der Meinung, dass sie in allen Belangen des täglichen Lebens nicht nur Auskunft, sondern auch Mitsprache haben muss. Das ist nicht ganz richtig, denn Noahs Vater hat das Recht, in folgenden Fällen selbstständige Entscheidungen zu treffen:

- Organisation des täglichen Lebens des Kindes, insbesondere Betreuungs- und Erziehungsfragen einschließlich der alltäglichen Entscheidungen im Bereich der schulischen oder beruflichen Ausbildung (wie Nachhilfeunterricht, Teilnahme an schulischen Veranstaltungen etc.),
- Freizeitgestaltung samt Urlaubsreisen sowie Beitritt in Sport- und andere Vereine,
- Anschaffung von Spielzeug (inkl. Audio-, Video-, PC-Zubehör) und Kleidung,
- Kontakte mit Verwandten, Freunden, Nachbarn etc.,
- Einzahlungen und Abbuchungen von Sparbüchern,
- medizinische Behandlungen (mit Ausnahme von Operationen, Zahnregulierungen),
- Verwaltung des Arbeitsverdienstes des Kindes.

Allerdings ist bei der Ausübung der Alltagssorge alles zu unterlassen, was das Verhältnis des Kindes zum anderen Elternteil beeinträchtigt oder die Erziehung erschwert (§ 1687 Abs. 1 S. 4 BGB). Bei Verstößen hiergegen kann das Familiengericht diese Befugnis auf Antrag eines Elternteils oder von Amts wegen einschränken oder ausschließen, wenn dies für das Kindeswohl erforderlich ist (§ 1687 Abs. 2 BGB).

Hinweis:

Bei Gefahr im Verzug (z. B. bei Unfällen, Blinddarmdurchbruch o. Ä.) ist der betreuende Elternteil seit 1.7.1998 gemäß § 1687 Abs. 1 S. 5 BGB ausdrücklich berechtigt, alle Rechtshandlungen allein vorzunehmen, die zum Kindeswohl notwendig sind, wovon allerdings der andere Elternteil unverzüglich (d. h. gemäß § 121 Abs. 1 BGB „ohne schuldhaftes Zögern") unterrichtet werden muss.

Umsetzung der gesetzlichen Bestimmungen

Aus den gesetzlichen Grundlagen (GG und BGB) der elterlichen Sorge lassen sich folgende Erziehungsprinzipien ableiten:

- Die wachsenden Fähigkeiten des Kindes sind zu berücksichtigen. Kinder entwickeln sich schrittweise weiter. Sie wollen und können altersgemäß gefordert werden und müssen von einem gewissen Alter an nicht mehr ständig unter Aufsicht stehen.
- Kinder sollten darüber aufgeklärt werden, was sich hinter dem Begriff der elterlichen Sorge verbirgt. Fragen der elterlichen Sorge sind, orientiert am Entwicklungsstand der Kinder, mit ihnen zu besprechen. Ziel dabei ist es, Einvernehmen herzustellen.
- Selbstständigkeit,
- Verantwortungsbewusstsein,
- Gemeinschaftsfähigkeit und
- Handlungsfähigkeit

sind zu fördern.

Hilfen zur Erziehung

Eltern wird im Rahmen ihrer elterlichen Sorge allerdings nicht völlig freigestellt, wie sie mit ihren Kindern umgehen, und sie werden auch nicht mit dieser Aufgabe allein gelassen. Sind oder fühlen sich Eltern mit der Sorge für ihr Kind überfordert, bietet der Staat Hilfen zur Erziehung an.

Über diese Angebote sollten ErzieherInnen gut informiert sein, denn sie können Eltern mit ihrem Rat stärken und ihnen Mut machen, professionelle Hilfe in Anspruch zu nehmen. Das Schaubild zeigt, welche Hilfen das Jugendamt zur Verfügung stellt und welche Wege zu beschreiten sind.

Staatliche Hilfsangebote (SGB VIII)
§ 28: Erziehungsberatung, § 29: Soziale Gruppenarbeit, § 30: Erziehungsbeistand, Betreuungshelfer, § 31: Sozialpädagogische Familienhilfe, § 32: Erziehung in einer Tagesgruppe, § 33: Vollzeitpflege, § 34: Heimerziehung, sonstige betreute Wohnform, § 35: Intensive sozialpädagogische Einzelbetreuung.

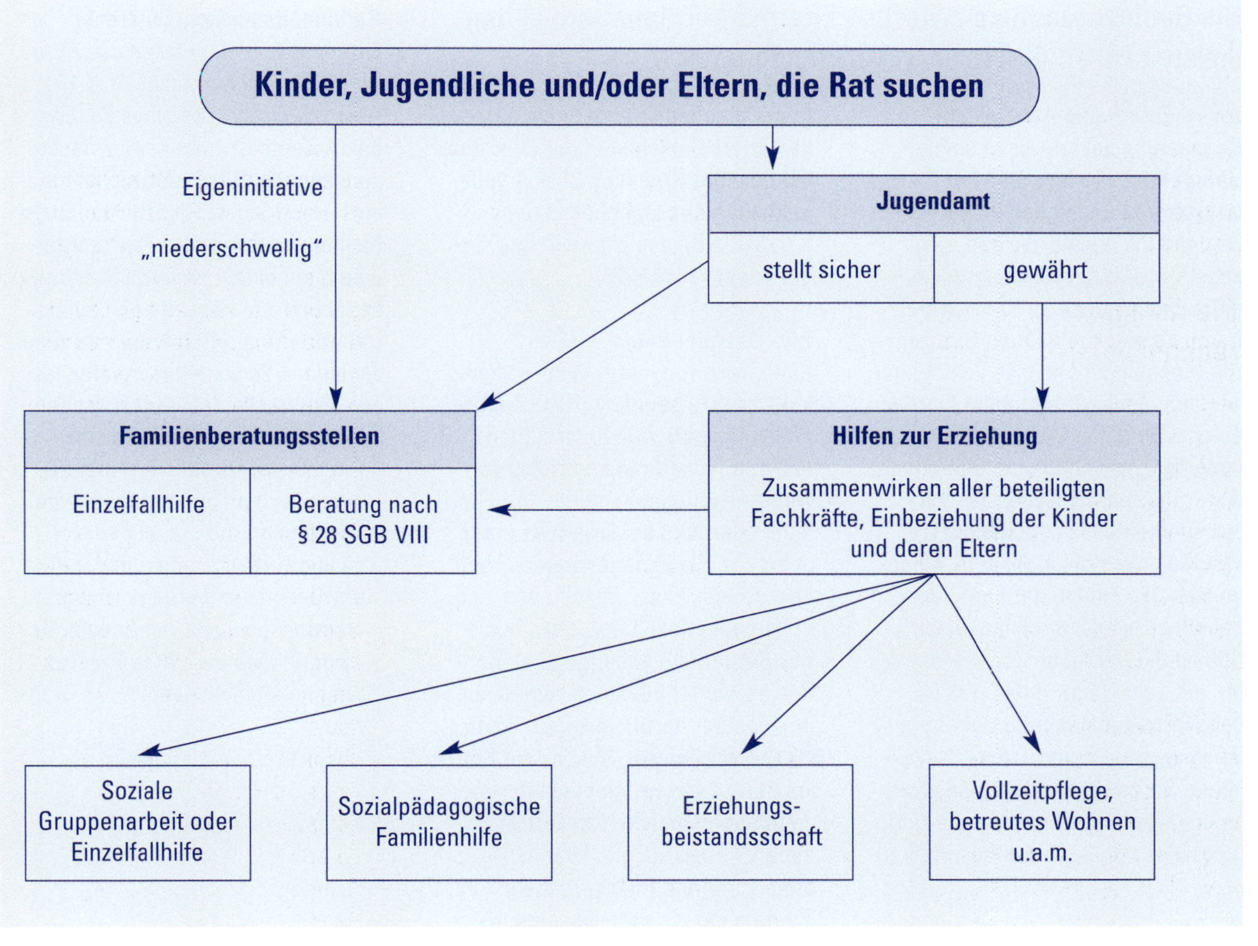

Rechtsbeziehung Eltern – KiTa

Die Rechtsbeziehung zwischen Eltern und Kindertageseinrichtung bzw. Träger wird durch eine kommunale Satzung oder durch einen Vertrag geregelt. In einem Betreuungsvertrag, an den beide Seiten gebunden sind, werden Aufnahme- und Kündigungsbedingungen, Öffnungszeiten, Bring- und Abholpflicht, Regelungen bei Krankheit sowie Gebühren festgelegt. Der Betreuungsvertrag kann auch eine Konzeption enthalten bzw. das pädagogische Konzept beschreiben. Allerdings gibt es auch im Rahmen der freien Vertragsgestaltung Grenzen. Alle Regelungen müssen vom Träger sachlich fundiert begründet werden. Selbst wenn dies nicht ausdrücklich im Vertrag erwähnt wird, übernimmt der Träger für die Dauer des Vertragsverhältnisses die Rechte und Pflichten der Personensorge, solange sich das Kind in der Einrichtung befindet. Das gilt auch umgekehrt: Sobald die Personensorgeberechtigten mit dem Träger einen Betreuungsvertrag abgeschlossen haben, delegieren sie einen Teil ihrer elterlichen Sorge für die Betreuungszeit an die MitarbeiterInnen der Einrichtung. Dies bedarf keiner besonderen Erlaubnis. Die Unterschrift unter den Vertrag besiegelt auch das Einverständnis mit dem beschriebenen pädagogischen Konzept. Normalerweise wird der Aufnahmeantrag von den Personensorgeberechtigten an den Träger gestellt. Das sind in der Regel beide Elternteile, wenn sie miteinander verheiratet sind. Sind sie das nicht, muss geklärt werden, wer sorgeberechtigt ist (§ 1626 BGB). Bei getrennt lebenden oder geschiedenen Eltern entscheidet der Elternteil, bei dem das Kind lebt, über Angelegenheiten des täglichen Lebens (§ 1687 BGB), das gilt auch für Pflegeeltern (§ 1688 BGB).

Die Rechtsbeziehung zwischen Eltern und Träger wird in den meisten Fällen durch einen Vertrag geregelt.

Zum Beispiel Ronja

Ronja wird von ihrem Vater vorzeitig aus der KiTa abgeholt. Das ist nicht ungewöhnlich, weil Ronjas Eltern beide freischaffend und viel unterwegs sind. Ronja begleitet ihre Eltern dann oder wird bei Freunden untergebracht. Die Erzieherinnen wissen, dass Ronjas Eltern geschieden sind, gehen aber davon aus, dass beide das Sorgerecht ausüben. Erst als Ronjas Mutter pünktlich kommt, um ihre Tochter abzuholen, wird ihnen ihr Fehler bewusst. Obwohl sie Ronjas Mutter vorwerfen können, sie nicht ausreichend informiert zu haben, hätten sie das Kind nicht ohne vorherige Rücksprache mit ihr mit dem Vater gehen lassen dürfen. Da Ronja bei der Mutter lebt, hat die zu entscheiden, ob Ronja die KiTa vorzeitig mit dem Vater verlassen darf.

Tipp:

Vor solchen Fehlern schützen Sie sich am besten, indem Sie mit den Eltern klare Absprachen treffen (wer darf das Kind wann abholen und was ist in Ausnahmesituationen erlaubt oder erwünscht?) und sich über Veränderungen der Familiensituation informieren lassen.

Aufenthaltsbestimmungsrecht

Eltern müssen die lückenlose Sorge für ihr Kind sicherstellen. In § 1631 Abs. 1 BGB heißt es, dass die Eltern den Aufenthalt ihres Kindes bestimmen können. Das heißt, sie können ihm erlauben, bei Freunden zu übernachten oder mit dem Fahrrad Verwandte in einem anderen Stadtteil zu besuchen, sie können auch einen Babysitter engagieren oder ihr Kind alleine ins Schwimmbad gehen lassen. Unterschieden wird zwischen folgenden Aufsichtssituationen:

- Die Eltern vertrauen ihrem Kind und lassen es ohne Aufsicht. Sie kennen ihr Kind gut und wissen, dass es entwicklungs- und verhaltensbedingt in der Lage ist, verantwortungsbewusst zu handeln. Das Kind hat dies bereits in anderen Situationen bewiesen.

- Das Kind wird einer Vertrauensperson („dritte Person") übergeben – das kann eine erwachsene Verwandte sein oder auch ein jugendlicher Babysitter –, die jetzt für das Kind die Sorge trägt.
- Das Kind hält sich in einer Institution auf, in der es für einen gewissen Zeitraum betreut wird.

Betreuung durch eine dritte Person
Wenn Eltern eine sogenannte dritte Person an der Betreuung ihres Kindes beteiligen, gilt es, einige Regeln zu beachten. Folgende Fragen müssen im Vorfeld geklärt werden:
- Wie lange dauert der Aufenthalt des Kindes bei dieser Person?
- An welchem Ort bzw. in welchen Räumen wird das Kind betreut?
- Welche Erziehungsgrundsätze sind zu berücksichtigen?
- Darf das Kind alleine nach Hause gehen bzw. von wem darf es abgeholt werden?

Ein schriftlicher Vertrag ist für die zeitweilige Betreuung eines Kindes durch eine dritte Person nicht notwendig. Die Freundin der Mutter, die die kleine Paula mit zum Spielplatz nimmt, gibt ihr Einverständnis dadurch bekannt, dass sie die Betreuung nicht ablehnt. Das sieht bei Institutionen anders aus. Die Betreuung wird durch einen Aufnahme- bzw. Betreuungsvertrag geregelt (siehe oben). ErzieherInnen verpflichten sich automatisch mit ihrem Dienstantritt in der KiTa, die von ihnen erwartete Dienstleistung zu erbringen. Das bedeutet für die Erzieherin: Sie hat für die Pflege und Betreuung der Kinder Sorge zu tragen, sie muss pünktlich sein, um die Aufsicht über die Kinder gewährleisten zu können, sie muss ihre Pausen und den Urlaub einhalten. Der Träger verpflichtet sich im Gegenzug dazu, ein Gehalt zu zahlen.

Der Träger übernimmt während der Betreuungszeit die Personensorge für das Kind.

Hinweis:

Was Sie im Rahmen institutioneller Betreuung in jedem Fall regeln müssen:
- Wie sind die Eltern zu erreichen (Telefon am Arbeitsplatz)?
- Gibt es Besonderheiten zu beachten wie z. B. Allergien, Hinweise zur Medikation, Krankheiten, Verhaltensauffälligkeiten?
- Darf das Kind alleine nach Hause gehen oder fahren?
- Wer ist sorgeberechtigt?
- Gibt es Besonderheiten in der Familienkonstellation?

AUFSICHTSPFLICHT

- Grundlagen der Aufsichtspflicht
- Der Grundsatz der Fachlichkeit
- Bestimmungsfaktoren
- Informationspflicht
- Beginn und Ende der Aufsichtspflicht
- Delegation der Aufsichtspflicht
- Besondere Aufsichtspflichtsituationen
- Aufsichtspflichtverletzung und Haftung
- Aufsichtspflicht und Pädagogik – ein Widerspruch?

ErzieherInnen haben die Aufsichtspflicht für die von ihnen zu betreuenden Kinder. Damit sind viele Fragen verbunden: Wann beginnt und endet die Aufsichtspflicht? Kann sie an Dritte delegiert werden? Wie lässt sie sich mit pädagogischen Zielen vereinbaren? Und wer haftet im Falle einer Aufsichtspflichtverletzung? Hier geben die gesetzlichen Regelungen Auskunft.

Grundlagen der Aufsichtspflicht

Paula hat Lenas neuen Anorak beim Spielen zerrissen, Ali ist vom Kletterbaum gefallen und hat sich dabei den Arm gebrochen und die Praktikantin Sabine fragt sich, ob sie bei einem Ausflug in den Wald die Verantwortung für einen Teil der Kinder übernehmen kann und was zu tun ist, wenn dort etwas passiert ... Im Alltag von ErzieherInnen tauchen unentwegt rechtliche Fragen auf, die nicht auf Anhieb zu klären sind. Wer allerdings mit Kindern zu tun hat, muss immer damit rechnen, dass sie unachtsam sind und sich oder andere dadurch gefährden oder dass sie Unsinn machen, der erhebliche Schäden verursachen kann. Damit klar ist, wer für entstandene Schäden aufzukommen hat, hat der Gesetzgeber einen rechtlichen Rahmen geschaffen, in dem Aufsichtspflicht und Haftung geregelt werden.

Aufsichtspflicht im BGB

Das BGB nennt zwei Personengruppen, die aufsichtspflichtig sind:

1. Personen, die die Aufsichtspflicht per Gesetz haben (§ 832 Abs. 1):
   - Eltern, ggf. ein Elternteil nach Trennung der Eltern und Übertragung der elterlichen Sorge,
   - Vormund und Pfleger gegenüber dem Mündel,
   - Betreuer,
   - Lehrer an öffentlichen Schulen gegenüber minderjährigen Schülern (Besonderheit: Haftungsprivileg von Beamten),
   - MitarbeiterInnen öffentlicher sozialpädagogischer Einrichtungen (z. B. städtischer Kindergarten).
2. Personen/Institutionen, die die Aufsichtspflicht per Vertrag übernehmen (§ 832 Abs. 2):
   - Kindertageseinrichtung, Erzieherin, Sozialpädagogische Assistentin (privater Träger),
   - Babysitter,
   - Verein,
   - Übungsleiter (unabhängig von der Absolvierung einer Übungsleiterausbildung),
   - privater Lehrer (z. B. Klavierlehrer, Tennislehrer),
   - Krankenhaus usw.

Der Vertrag über die Beaufsichtigung kann schriftlich, mündlich oder stillschweigend erfolgen.

Aufsichtspflicht – Teil der Personensorge

Die Aufsichtspflicht ist Teil der Personensorge (§ 1631 Abs. 1 BGB). In der Regel obliegt diese den Eltern. Wird ein Kind in den Kindergarten aufgenommen, übernimmt der Träger per Betreuungsvertrag die Aufsichtspflicht für das Kind. Der Träger delegiert diese Pflicht an die Leiterin der Einrichtung, welche sie wiederum den MitarbeiterInnen überträgt. Die Leiterin hat jedoch dafür Sorge zu tragen, dass die ErzieherInnen umfassend über ihre Aufgaben informiert sind und Kenntnis über besondere Gefahrensituationen besitzen. Zudem muss sie sich vergewissern, dass diese ihrer Aufsichtspflicht nachkommen; dabei steht sie ihnen beratend zur Seite. Die Delegation der Aufsichtspflicht an die pädagogischen Fachkräfte geschieht durch den Arbeitsvertrag, kann aber auch stillschweigend erfolgen. Zu den Pflichten des Arbeitgebers gehört es, das Personal so auszuwählen, dass eine gute und umsichtige Betreuung der Kinder gewährleistet ist. Das bedeutet, dass die Eignung der neuen Mitarbeiterin überprüft wird, dass sichergestellt wird, dass sie eine ausreichende Einarbeitungszeit erhält, ihr wichtige Informationen zugänglich gemacht werden (z. B. über Allergien, Behinderungen,

Aufsichtspflicht durch Vertrag

Eine Aufsichtspflicht durch Vertrag liegt immer dann vor, wenn die Aufsichtspflicht durch eine entsprechende Vereinbarung übertragen wurde. Der Vertrag über die Beaufsichtigung eines Kindes kann **schriftlich** (Betreuungsvertrag), **mündlich** (Frau A. übergibt ihre Tochter einer Freundin mit den Worten: „Passt du bitte auf Insa auf" und diese antwortet: „Aber klar, dass mach ich gerne") oder **stillschweigend** (der Babysitter kommt in die Wohnung der Familie B., lässt sich dort die Aufgaben erklären, verabschiedet die Eltern und kümmert sich dann um das Kind) zustande kommen. Auch eine **Delegation** geschieht meistens stillschweigend (die Leiterin der Einrichtung nimmt den Aufnahmeantrag entgegen, betreut das Kind aber nicht selbst, sondern übergibt es einer Erzieherin).
Der Gesetzgeber definiert eine vertragliche Übernahme der Aufsichtspflicht so: Sie liegt immer dann vor, wenn es sich um eine „weitreichende Obhut von längerer Dauer und weitgehender Einwirkungsmöglichkeit" handelt (vgl. Urteil des Bundesgerichtshofs [BGH], in: Neue Juristische Wochenschrift [NJW] 1968, 1974).

gesundheitliche Beeinträchtigungen der zu betreuenden Kinder) und sie nicht überfordert wird. Auf der anderen Seite wird von der Erzieherin aber auch die Fähigkeit zur Selbsteinschätzung erwartet, was bedeutet, dass sie Aufträge ablehnt, die eine Überforderung bedeuten würden. Wenn die KiTa-Leiterin die neue Kollegin beispielsweise auffordert, alleine mit 24 lebhaften Kindern die Sporthalle der Grundschule aufzusuchen, um dort mit den Kindern zu turnen, wird von ihr erwartet, dass sie den Auftrag ablehnt, wenn er aus ihrer Sicht eine Überforderung darstellt. Sollte etwas passieren, kann sie sich nicht darauf berufen, lediglich einen dienstlichen Auftrag ausgeführt zu haben.

Zum Beispiel Patrick und Jan
Patrick (5 Jahre) und Jan (4 Jahre) spielen in der Sandkiste. Es handelt sich bei den beiden um lebhafte, aber nicht aggressive Kinder, die bisher nie auffällig waren und auch kleine Auseinandersetzungen durchaus in eigener Regie regeln konnten. Während sich die Erzieherin den anderen Kindern zuwendet, zieht Jan Patrick die Schaufel über den Kopf und verursacht eine Platzwunde, die sofort genäht werden muss. Patricks Eltern sind erbost. Sie gehen von einer Aufsichtspflichtverletzung der Erzieherin aus und fordern Schmerzensgeld für ihren Sohn sowie Übernahme der Arztkosten. In einem Gespräch zwischen Eltern, Träger, Leitung und Erzieherin kann dann aber geklärt werden, dass keine Verletzung der Aufsichtspflicht vorliegt. Die Aktion von Jan war so spontan, dass die Erzieherin den Vorfall auch nicht hätte verhindern können, wenn sie direkt neben den Jungen gestanden hätte. Sie kann deutlich machen, dass sie sich ihrer Aufgabe sehr bewusst ist und selbstverständlich dafür Sorge trägt, dass die Kinder sich nicht gegenseitig Schaden zufügen; völlig verhindern kann sie es aber nicht.

Aufsichtspflicht-Handbuch
Es empfiehlt sich, gemeinsam im Team ein Handbuch der Aufsichtspflicht zu entwickeln und allen neuen MitarbeiterInnen zugänglich zu machen. In diesem Handbuch sollten Sie

- auf besondere Gefahrensituationen und -quellen hinweisen (z. B. Küche, Teich, Kletterbaum),
- Regeln für den Umgang mit solchen Gefahrenquellen aufstellen (z. B. „Die Kinder spielen nicht ohne Aufsicht im Freigelände; beim Klettern muss immer eine Erzieherin direkt neben dem Baum stehen"),
- Regeln für das Aufsichtsverhalten bei Ausflügen, Festen und in besonderen Situationen aufstellen,
- klären, ob private Pkws für Fahrgemeinschaften benutzt werden können,
- die Benutzung von Dienstfahrzeugen erläutern,
- eine Interventionskette beschreiben, die das Verhalten der ErzieherInnen regelt, wenn etwas passieren sollte (z. B. Leitung informieren, Eltern benachrichtigen, Arzt rufen, keine Auskunft an die Presse geben),
- Informationen notieren zum Verhalten bei Feueralarm, Krankheiten, Unfällen etc.

Es können hier nicht alle Situationen beschrieben werden. Sie sollten eine Arbeitsgruppe bilden, die ein solches Handbuch einrichtungsspezifisch erstellt.

Umgang mit Gefahrenquellen

Eine wichtige Aufgabe der Erzieherin besteht darin, Gefahrenquellen zu beseitigen bzw. dafür Sorge zu tragen, dass niemand durch eine Gefahrenquelle zu Schaden kommt. Der Teich im Außengelände muss also so gesichert sein, dass kein Kind hineinfallen kann, und sollte eine größere Reparatur im Haus anstehen, muss dafür gesorgt werden, dass die Baustelle gut gesichert ist. Die MitarbeiterInnen der Einrichtung sind verpflichtet, dem Arbeitgeber Sicherheitsmängel zu melden, damit dieser umgehend die Gefahrenquelle beseitigt. Für die Beseitigung des Mangels ist der Träger verantwortlich, nicht die Erzieherin.

Aufsichtspflicht versus Selbstständigkeit?

Der Bundesgerichtshof definiert die Aufsichtspflicht so: „Entscheidend ist, was verständige Eltern (oder Erzieher, oder Betreuer) nach vernünftigen Anforderungen unternehmen müssen, um die Schädigung Dritter durch ihr Kind zu verhindern" (zitiert nach Münder 1999 in: www.kindergartenpaedagogik.de). Auch aus dieser Auslegung geht hervor, wie wichtig eine enge Zusammenarbeit mit den Eltern ist. Gemeinsam mit ihnen wird der Rahmen für die Beaufsichtigung festgelegt.

Die Erzieherin muss einerseits Aufsicht ausüben, andererseits die Selbstständigkeit der Kinder fördern.

Aufsichtspflicht ist ein wichtiges, sensibles und zugleich nicht eindeutig (im Sinne von „wir kennen das richtige Rezept") zu klärendes Thema. Selbst wenn eine Erzieherin ständig alle Sicherheitsaspekte im Auge hat, ist ein Schadensfall nicht völlig auszuschließen. Der gesetzlich formulierte Erziehungsauftrag (§§ 1, 22 SGB VIII; § 1626 BGB) verpflichtet auch ErzieherInnen, Kinder zu eigenverantwortlichen und gemeinschaftsfähigen Persönlichkeiten zu erziehen. Das Problem liegt demnach in dem zu leistenden Spagat, einerseits Aufsicht auszuüben und andererseits Freiräume zu gewähren und Selbstständigkeit zu fördern.

Zum Beispiel Nassima und Anne

Nassima und Anne sind beide fünf Jahre alt. Nassima wächst äußerst behütet in einem Elternhaus auf, in dem sportliche Aktivitäten von Mädchen als anstößig betrachtet werden. Die Eltern würden Nassima nie erlauben, auf einen Baum zu klettern; deswegen hat sie darin auch keinerlei Übung. Anders Anne. Sie klettert den ganzen Tag und beweist dabei hohes Geschick. Ihre Eltern ermutigen sie dazu, ihre Fähigkeiten zu erproben, und wissen – ebenso wie die Erzieherin –, dass Anne ihre Grenzen schon sehr gut einschätzen kann. Nun wollen beide Mädchen auf den knorrigen alten Baum klettern. Was ist zu tun?
Klar ist, dass es keine Lösung gibt, die für beide Kinder in gleichem Maße gilt. Die Erzieherin hat abzuwägen zwischen Sicherheit und pädagogischem Auftrag (u. a. Erziehung zur Selbstständigkeit). Das gesetzlich formulierte Erziehungsleitbild beinhaltet, dass Kinder nur dann lernen können, Risiken und Gefahren zu bewältigen, wenn sie schrittweise gelernt haben, damit umzugehen. Letztlich kommt es also darauf an, einen pädagogischen Spielraum zu nutzen und erzieherisches Verhalten, das selbstverständlich notwendig einzuhaltende Sicherheitsaspekte berücksichtigt, zu begründen.

Sechs Regeln für die Beaufsichtigung Minderjähriger

1. So viel Erziehung wie möglich, so wenig Aufsicht wie nötig.
2. Auf mögliche Gefahren hinweisen.
3. Verhaltensregeln aufstellen.
4. Überprüfen, ob die Regeln verstanden wurden.
5. Prüfen, ob die Regeln eingehalten werden.
6. Bei Gefahr eingreifen.

Der Grundsatz der Fachlichkeit

Die Aufsichtspflicht beinhaltet den Spagat zwischen der Fachlichkeit der Erzieherin und der Verhältnismäßigkeit der Aufsichtsmaßnahmen. Das bedeutet, dass die Erzieherin in aller Regel nur Maßnahmen der Aufsicht ergreifen sollte, die pädagogisch sinnvoll sind und in einem angemessenen Verhältnis zur Gefahr stehen.

Beispiel: Gefahr im Bällebad

In der KiTa „Zum Gutshof" gibt es ein Bällebad. Die Kinder wissen, dass immer nur zwei Kinder zur gleichen Zeit darin toben dürfen. Trotzdem stürzen sich immer wieder bis zu acht Kinder in die Bälle. Die Erzieherinnen reagieren mit Verboten, weil sie fürchten, dass die Kinder sich verletzen könnten. Diese Maßnahme bleibt jedoch recht erfolglos. Eine neue Mitarbeiterin schlägt einen anderen Weg vor, der als Versuch von den Kolleginnen akzeptiert wird. Nun sitzen die Kinder mit der neuen Erzieherin im Stuhlkreis und besprechen, warum das Spiel mit möglichst vielen Kindern im Bällebad so viel Spaß macht und was passieren kann, wenn nicht alle aufmerksam sind und gemeinsame Regeln absprechen. In der Gesprächsrunde wird deutlich, dass die Kinder keine Ahnung haben, warum sie immer nur zu zweit im Bällebad spielen dürfen. Man einigt sich schließlich darauf, dass die Kinder verschiedene Möglichkeiten des Spiels im Bällebad erproben. Die Erzieherin beobachtet, wie die Kinder verschiedene Spielmöglichkeiten ausprobieren, dabei Grenzen entdecken, Regeln aufstellen und verwerfen und neue Verabredungen treffen. Es scheint ihnen Spaß zu machen, selbst herauszufinden, wie das Spiel gelingen kann, ohne dass jemandem weh getan wird. Die Erzieherinnen freuen sich mit den Kindern über den Erfolg und sagen ihnen das auch. Nachdem die Kinder ihre eigenen Regeln aufgestellt haben, entwickeln sie großen Ehrgeiz dabei, diese Regeln auch einzuhalten.

In diesem Fall wurde ein hohes Maß an Fachlichkeit ausgeübt:

- Die Kinder wurden beteiligt,
- es wurden gemeinsame Regeln aufgestellt,
- die Regeln verhindern, dass die Kinder sich selbst bzw. andere Kinder gefährden oder verletzen,
- die Kinder haben eine ihrem Alter und ihrem Entwicklungsstand angemessene Entscheidung getroffen,
- die Erzieherinnen müssen keine „Vorträge" mehr halten, die sowieso kaum Wirkung gezeigt haben,
- die Kinder konnten aus eigener Erfahrung die Gefahr einschätzen lernen und deswegen selbst Grenzen ziehen.

Zusammenarbeit mit den Eltern

Auch das im vorangegangenen Kapitel geschilderte Beispiel von Anne und Nassima (beide Kinder wollen auf einen Baum klettern; Anne ist darin geübt, Nassima überhaupt nicht) zeigt, dass grundlegende Entscheidungen, die die Erzieherin im Spannungsfeld von Fachlichkeit und Aufsichtspflicht trifft, möglichst schon im Vorfeld mit den Eltern abgesprochen werden sollten (z. B.: Sind Nassimas Eltern damit einverstanden, dass die Erzieherin das Kind zum Klettern ermutigt und dabei Hilfestellung anbietet?). Sinnvoll ist es, solche Entscheidungen auch zu dokumentieren. Sollte tatsächlich einmal etwas passieren und kommt es im Zweifelsfall gar zu einer Gerichtsverhandlung, ist es wichtig, dass die Erzieherin ihre Handlungsweise fachlich begründen kann. Denn: Was pädagogisch nachvollziehbar begründet ist, kann keine Aufsichtspflichtverletzung sein!

Wer die Kinder gut kennt, kann einschätzen, wie hoch das Maß an Beaufsichtigung für jedes Kind sein muss.

Das richtige Maß finden

Tanja, die Praktikantin, ist sehr pflichtbewusst und aufmerksam. Auch sie betrachtet das Treiben im Bällebad mit Skepsis. Weil sie befürchtet, dass die Kinder eben doch nicht achtsam genug mit den Regeln umgehen, stellt sie sich nun ständig an den Rand des Bällebades, um die Kinder zu beaufsichtigen. Denen macht das beaufsichtigte Spiel nur noch halb soviel Spaß, das spürt auch Tanja. Sie spricht darüber mit der neuen Kollegin. Die ist der Meinung, dass selbst eine Mutter ihr fünfjähriges Kind nicht ständig überwachen kann und sollte. Wie soll es sonst jemals selbstständig werden? Wichtig ist, die Kinder gut zu kennen, eine gute Beziehung und Vertrauen zu ihnen aufzubauen. Wer intensiven Kontakt mit den Kindern hat, kann einschätzen, wie hoch das Maß an Beaufsichtigung für jedes einzelne Kind sein muss. Man kennt seine „Pappenheimer", die den aufmerksamen Blick brauchen, ebenso wie die verlässlichen Kinder, bei denen man die Kontrolle auf ein Minimum beschränken kann.

Bestimmungsfaktoren

Es gibt kein Rezept für die Beaufsichtigung Minderjähriger. Es gibt aber Faktoren, die den Umfang der Beaufsichtigung beeinflussen sollten. Zu bedenken ist, dass keine Aufsichtssituation der anderen gleicht. Deswegen gibt es keine eindeutigen Regeln, sondern immer nur Ratschläge für den möglichen Umgang mit heiklen Situationen. Auch die Rechtsurteile des Bundesgerichtshofes helfen hier nicht weiter, da auch in der Rechtssprechung Situationen unterschiedlich beurteilt werden. Sollte es einmal zu einem Verfahren kommen, können Sie aber davon ausgehen, dass das Gericht sich mit den im Schaubild (S. 27) genannten Faktoren beschäftigen wird.

Allen Bestimmungsfaktoren voran sind jedoch der Erziehungsauftrag zur Selbstständigkeit und die Zumutbarkeit für die beaufsichtigende Pädagogin zu berücksichtigen. Auch hier gilt: ErzieherInnen sind unterschiedlich. Manche entwickeln sehr früh die Fähigkeit, immer alles im Blick zu haben, andere brauchen etwas länger und muten sich zunächst einmal keine Situationen zu, in denen es problematisch werden könnte.

Informationspflicht

Sonja (3 Jahre) ist neu in der KiTa. Sie spielt in der mit Teppichboden ausgelegten Theater- und Verkleidungsecke, hantiert mit Stoffen und Kleidern und bekommt plötzlich heftige Atemnot. Die Erzieherin reagiert sofort, ruft einen Notarzt, benachrichtigt die Eltern und zieht die Leiterin hinzu, die ein Notfallspray zur Hand hat. Das hat sie von Sonjas Eltern für solche Fälle erhalten. Sonja ist Hausstauballergikerin. Obwohl in diesem Fall schnell reagiert wurde, hätte die Erzieherin, die für Sonja zuständig ist, besser informiert sein müssen. Sonja hätte nicht in dieser Umgebung spielen dürfen oder es hätte gewährleistet sein müssen, dass alle Utensilien regelmäßig von Milben befreit werden. Auch die Leiterin hätte Sorge dafür tragen müssen, dass die Gruppenleiterin umfassend über Sonjas Allergie und die damit verbundenen Vorsichtsmaßnahmen Bescheid weiß.

Infos für die Erzieherin

Eine umfassende und dem jeweiligen Kind angemessene Aufsichtsführung ist nur möglich, wenn die Erzieherin die zu beaufsichtigenden Kinder genau kennt und ausreichend über sie informiert ist. Diese Informationen betreffen insbesondere folgende Aspekte:

- Gibt es besondere gesundheitliche Risiken (z. B. Allergien, Diabetes, Asthma) oder Behinderungen?
- Ist das Kind altersgemäß entwickelt und vor allem verständig genug, um den Anweisungen der Erzieherin Folge leisten zu können?
- Bringt das Kind entsprechende Vorerfahrungen von zu Hause mit und kennt sich deshalb mit der Situation bzw. Beschäftigung aus?
- Wie würden sich die Eltern in dieser Aufsichtssituation verhalten?
- Wie reagiert das Kind vermutlich in dieser neuen Situation?
- Ist es der Situation körperlich gewachsen?

Infos für die Eltern

Wie die Aufsichtspflicht zu handhaben ist, richtet sich nach dem Alter des Kindes, seinem Entwicklungsstand, seiner Erfahrung (z. B. mit dem Fahrrad) und nach den äußeren Umständen (z. B. Verkehrssituation, besondere Gefahren). Obwohl Eltern in der Regel wissen, was sie ihren Kindern zumuten können, haben ErzieherInnen manchmal einen anderen Blick und hinsichtlich der Verkehrssicherheit von Kindern unter Umständen eine kompetentere Einschätzung. Sie sollten die Eltern darüber informieren, dass Verkehrsexperten davon abraten, Kinder unter acht Jahren allein mit dem Fahrrad fahren zu lassen. Die Experten gehen davon aus, dass Kindern in diesem Alter nicht nur die nötige Umsicht und das Training fehlen, sondern auch das erforderliche Reaktionsvermögen und der erweiterte Blickwinkel, um Gefahren rechtzeitig zu erfassen.

Kinder sind in diesem Alter noch leicht ablenkbar und reagieren auf akustische Signale (z. B. ein heranfahrendes Auto) nicht rechtzeitig. Mit dem Fahrrad entwickeln Kinder eine hohe, für sie kaum einzuschätzende Geschwindigkeit. Darüber hinaus müssen sie das Fahrrad lenken, auf den Verkehr achten, den Weg im Blick haben ... So wie das Lenken eines Autos für den Erwachsenen eine komplexe Angelegenheit ist, die lange trainiert werden muss, ist es das Radfahren für das Kind auch. Es besteht für ein ungeübtes und motorisch noch nicht voll entwickeltes Kind deswegen kaum eine Chance, Signale rechtzeitig wahrzunehmen und darauf zu reagieren. Daher ist es kein Zufall, dass nicht nur die Anzahl der sehr jungen Radfahrer zugenommen hat, sondern auch die Zahl der Fahrradunfälle von Kindern. Diese Zusammenhänge sollte die Erzieherin den Eltern deutlich machen und eventuell auch einen Verkehrsexperten zum Elternabend einladen. Vor allem zu Beginn des Kindergartenjahres ist es notwendig, mit den Eltern verkehrssicherheitstechnische Aspekte und Fragen der Aufsichtspflicht zu besprechen.

Hinweis:

Des Weiteren benötigen ErzieherInnen Kenntnisse über
- Unfallverhütungsvorschriften,
- das Bundesseuchengesetz,
- die Straßenverkehrsordnung,
- andere einschlägige Gesetze (BGB, SGB VII, SGB VIII, StGB).

Beginn und Ende der Aufsichtspflicht

Normalerweise regelt der Betreuungsvertrag Beginn und Ende der Aufsichtspflicht. Ist das nicht der Fall, gelten folgende Regeln: Die Aufsichtspflicht beginnt in dem Moment, in dem das Kind in die Obhut der Erzieherin übergeben wird; sie endet, wenn das Kind aus der Obhut der Erzieherin entlassen wird. Konkret vertraglich geregelt werden, wer das Kind bringen und abholen darf (z. B. auch der nicht sorgeberechtigte Vater, die große Schwester, die Nachbarin?), ob es alleine zur KiTa und nach Hause gehen oder gar mit dem Fahrrad fahren darf. Es empfiehlt sich, auch eine Absprache darüber zu treffen, was geschehen soll, wenn ein Kind nicht pünktlich abgeholt oder zu früh gebracht wird. Es darf nicht passieren, dass ein Kind

Normalerweise regelt der Betreuungsvertrag Beginn und Ende der Aufsichtspflicht.

bedeutet das: Sobald das Kind das KiTa-Gelände betritt, beginnt die Aufsichtspflicht der Einrichtung. Innerhalb der KiTa sind die Zuständigkeiten zu regeln, insbesondere, wenn es sich um sehr große Einrichtungen mit offenem Raumkonzept handelt. Hilfreich ist bei einem offenen Konzept die einfache Regel: Wer das Sagen hat, hat auch die Verantwortung. Wer also für den Werkraum zuständig ist, trägt auch die Verantwortung für die sich dort aufhaltenden Kinder, egal, welcher Erzieherin sie sonst zugeordnet sind.
Der Weg zur Einrichtung unterliegt nicht der Aufsichtspflicht der Fachkräfte. Mit den Eltern muss jedoch benachteiligt wird, weil bei Eltern diesbezüglich falsche Erwartungen herrschen. Bei Unternehmungen außer Haus während der Betreuungszeit obliegt die Aufsichtspflicht natürlich der Einrichtung.

Zum Beispiel Noel

Die Mutter von Noel steht mit ihrer Tochter noch auf dem Gelände der KiTa, weil sie sich mit Frau B., der Leiterin, kurz über die anstehenden Wahlen zum Elternbeirat unterhalten will. Die beiden Frauen sind ins Gespräch vertieft, während Noel sich ein Fahrrad schnappt und unbe-

merkt auf die Straße fährt, wo sie unglücklich stürzt. Noels Mutter ist der Ansicht, dass Frau B. noch für ihr Kind die aufsichtspflichtige Person war, und verlangt Schadensersatz. Der wird allerdings nicht gewährt, weil in dem Moment, in dem die Personensorgeberechtigte ihr Kind in Empfang nimmt, die Aufsichtspflicht der Einrichtung endet.

Delegation der Aufsichtspflicht

Der Träger der Einrichtung delegiert die Aufsichtspflicht an die pädagogischen Fachkräfte. Es ist davon auszugehen, dass er sich vorher davon überzeugt hat, dass das eingestellte Personal in der Lage ist, dieser Pflicht zufriedenstellend nachzukommen. Beauftragt der Träger eine ungeeignete Person oder überfordert er die Aufsicht führende Mitarbeiterin durch erschwerende Umstände (z. B. zu große Kindergruppe), verletzt er seine Aufsichtspflicht.
Die Aufsichtspflicht kann aber auch von der Erzieherin an eine „dritte Person" delegiert werden (vgl. Kapitel „Rechtsbeziehung Eltern – KiTa"). Eine Praktikantin, eine Mutter oder eine andere Person kann ebenso die Aufsicht für ein Kind oder eine Kindergruppe übernehmen. Es muss allerdings gewährleistet sein, dass diese Person geeignet und mit der Aufgabe nicht überfordert ist. Ob dies tatsächlich der Fall ist, hängt von ihren persönlichen Erfahrungen, Fähigkeiten und Kenntnissen ab und davon, ob sie zuverlässig und gewissenhaft ist. „An Praktikantinnen, Kinderpflegerinnen, weitere pädagogische Kräfte sowie andere Personen (z. B. Mütter und Väter) kann die Aufsichtspflicht delegiert werden, wenn sie zur Aufsichtsführung geeignet und mit dieser nicht überfordert sind. An die Anleitung und Überwachung, vor allem von Praktikantinnen, werden dabei höhere Anforderungen zu stellen sein" (Hundmeyer 1995, S. 28).

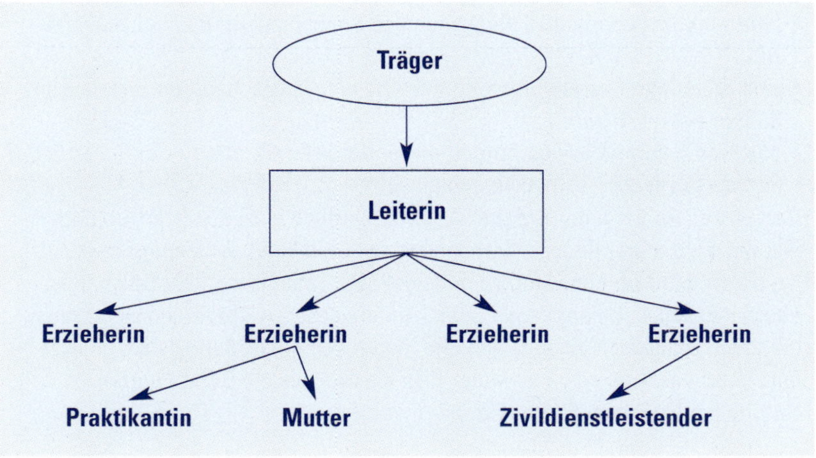

Besondere Aufsichtspflichtsituationen

Die folgenden Praxisbeispiele beschreiben typische heikle Aufsichtspflichtsituationen, mit denen ErzieherInnen im pädagogischen Alltag immer wieder konfrontiert sind.

Charlotte und das Fahrrad
Charlotte, sportlich und selbstständig, ist knapp sechs Jahre alt und fährt seit ihrem vierten Lebensjahr Fahrrad. Ihre Eltern haben sie oft auf Radtouren mitgenommen und den Weg vom Elternhaus zur KiTa mit ihr trainiert. Da sie umsichtig und intelligent ist, sind die Eltern davon überzeugt, dass sich Charlotte in einer vertrauten Umgebung sicher mit dem Rad bewegt. Das sieht die Leiterin der KiTa jedoch anders. Sie ist in Sorge, bei einem möglichen Unfall zur Verantwortung gezogen zu werden.
Wer trägt beim Bringen und Abholen des Kindes die Verantwortung? Grundsätzlich sind dies die Personensorgeberechtigten, also in der Regel die Eltern oder Pflegeeltern. Es kann aber auch eine von den Sorgeberechtigten beauftragte Person sein. Allerdings muss die Kindertagesstätte davon Kenntnis haben, am besten schriftlich. Der Träger ist nur dann verantwortlich, wenn er den Transport organisiert, die Kinder also abholt und nach Hause bringt.
Kommt das Kind alleine zu Fuß, mit dem Roller oder Fahrrad in die KiTa, so liegt die Verantwortung bei den Personensorgeberechtigten. Die Aufsichtspflicht der Einrichtung endet, wenn das Kind das Gelände der KiTa vereinbarungsgemäß verlassen hat. Das bedeutet: Die Partner der Vereinbarung – in der Regel die Eltern und die Tageseinrichtung –, die dem Wohl des Kindes gesetzlich verpflichtet sind (§§ 1627, 1631 BGB), müssen klären, wie das Kind am Ende des KiTa-Tages nach Hause gelangen soll. Es muss eine gemeinsame Absprache darüber geben, ob es alleine nach Hause gehen und

dafür vielleicht sogar Fahrrad oder Roller benutzen darf oder abgeholt wird. Auch wer zur Abholung berechtigt ist, muss im Aufnahmevertrag oder durch eine schriftliche Erklärung festgehalten werden. In unserem Beispiel müsste sich die Leiterin von den Eltern schriftlich bestätigen lassen, dass Charlotte mit deren ausdrücklicher Erlaubnis das Fahrrad benutzt.

Hinweis:

Der Träger ist befugt, eine Bring- und Abholpflicht zur Vertragsbedingung zu machen. Bei Kindern unter acht Jahren ist das durchaus sinnvoll und hilft, mögliche Konflikte zu vermeiden.

Ein Anruf genügt?

Paul wird – so ist es vereinbart – grundsätzlich von seiner Mutter gebracht und abgeholt. Aber heute ist ihr etwas dazwischen gekommen. Sie ruft in der KiTa an, um Bescheid zu geben, dass Paul ausnahmsweise alleine nach Hause gehen darf. Die Erzieherin ist verunsichert, ob sie dem Wunsch der Mutter entsprechen darf.

Pauls Mutter möchte den Vertrag für einen kurzen Zeitraum mündlich verändern. Das ist ihr gutes Recht und durchaus zulässig. Aber: Wird sich die Mutter auch an das Telefonat erinnern, wenn Paul auf dem Heimweg etwas passiert? Am besten zieht die Erzieherin eine Kollegin als Zeugin hinzu, der gegenüber die Mutter ihren Wunsch noch einmal bestätigt. Ein Eintrag ins Notizbuch reicht als Beweis nicht aus.

Fahrt mit dem privaten Pkw

Einmal in der Woche fährt eine Gruppe der KiTa in den Wald. Der Anfahrtsweg ist mit öffentlichen Verkehrsmitteln nicht zu bewältigen. Deshalb stellen Eltern und Erzieherinnen Fahrgemeinschaften zusammen. Erst als eine Erzieherin sieht, dass die Mutter von Lena nicht nur keine Kindersitze im Auto hat, sondern gleich vier Kinder auf dem Rücksitz Platz nehmen lässt, beginnen die Erzieherinnen, sich Gedanken über den Transport zu machen und Regeln aufzustellen. Hierzu einige wichtige Hinweise:

1. Es ist unvernünftig, private Pkws für den Transport von Kindern zu nutzen. Selbst wenn die ErzieherInnen oder Eltern eine Insassenversicherung haben (und die sollte auf jeden Fall bestehen), ist ein möglicher Schaden damit nicht unbedingt abgedeckt.
2. Wenn Eltern Fahrgemeinschaften bilden, tun sie das auf eigene Gefahr. ErzieherInnen sollten sich bei solchen Regelungen nicht einmischen, damit nicht der Eindruck entsteht, sie hätten die Verantwortung für mögliche Folgen zu tragen. Dennoch können sie Hinweise zum Umgang mit solchen Fahrten geben oder einen Experten einladen. Sinnvoll ist es, mit den Eltern Verträge abzuschließen, aus denen hervorgeht, dass der Waldtag am Waldrand X beginnt und dort auch zu einer bestimmten Uhrzeit endet.
3. Manche Einrichtungen haben einen Dienstwagen. Der darf nur von MitarbeiterInnen gefahren werden, die dafür ausgewählt und ausgebildet worden sind. Ein Dienstwagen und dessen Fahrer/in sind durch den Träger versichert.
4. ErzieherInnen sollten sich in jedem Fall beim Gemeindeunfallversicherungsverband (GUV) über Konsequenzen aus Fahrten mit dem privaten Pkw informieren.

Wenn Eltern Fahrgemeinschaften zum Transport der Kinder bilden, tun sie das auf eigene Gefahr.

Garantiepflicht

Es kann vorkommen, dass
- Eltern und Erzieherin die Fähigkeiten des Kindes unterschiedlich einschätzen,
- sich Situationen verändern, z. B. eine ehemals überschaubare Straße zum Sicherheitsrisiko wird,
- das Kind während seines Aufenthalts in der KiTa erkrankt,
- Schneesturm oder starker Regen einsetzt.

Dann ist es Aufgabe der Erzieherin, verantwortlich einzuschätzen, ob und wie das Kind ungefährdet den Heimweg antreten kann. An dieser Stelle setzt die durch den Aufnahmevertrag bedingte „Garantiepflicht" ein. Das heißt, Eltern müssen sich darauf verlassen können, dass ErzieherInnen Gefahrensituationen realistisch einschätzen und Kinder vor Gefährdung schützen. Notfalls muss das Kind so lange in der KiTa bleiben, bis die Gefahr vorbei ist. Natürlich müssen die Eltern informiert werden.

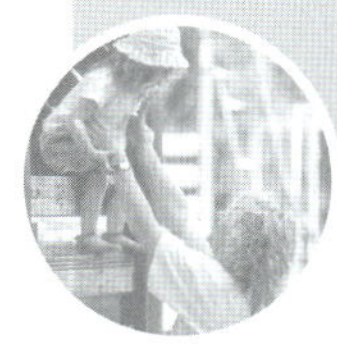

Ausflug in den Wald
Die Anfahrt zum Wald ist durch Eigeninitiative der Eltern geregelt. Die Erzieherinnen haben die Kinder bei der Vorbereitung des Ausflugs auf mögliche Gefahren hingewiesen und sind selbst mehrfach den Weg durch den Wald abgegangen. Sie haben mit dem Förster geredet und sich über giftige Pflanzen, Brutzeiten der Tiere und zu vermeidende Plätze und Wege informiert. Auch einen Schlechtwetterunterschlupf haben sie gefunden. Am Ausflugstag selbst haben sie einen „Hackenporsche" dabei, d. h. ein Handy (mit gespeicherten Notrufnummern), ein Erste-Hilfe-Set, Verbandszeug, Wasser, Mülltüten, Toilettenpapier, Zeckenzange, Sonnenschutzmittel und Ersatzkleidung. Eigentlich kann nichts mehr schiefgehen. Und dennoch ist Kevin plötzlich verschwunden. Die Erzieherinnen haben mit den Kindern ein kleines Erkundungsspiel gemacht, bei dem Kevin sich so gut versteckt hat, dass ihn nun keiner mehr findet. Erst nach 30 Minuten hat die gemeinsame Suche Erfolg. Allen fällt ein Stein vom Herzen und gemeinsam denken die Erzieherinnen darüber nach, was sie bei ihrer Vorbereitung des Ausflugs zusätzlich hätten berücksichtigen sollen. Folgende Punkte gilt es in jedem Fall zu beachten:

1. Entscheidend ist es, die Fähigkeiten der Kinder richtig einzuschätzen. Sie müssen sich die Frage beantworten, wie viel Freiheit die Kinder brauchen und wie viel Sie ihnen zumuten können.
2. Wenn Sie ein Erkundungs- oder Versteckspiel machen, sollten Sie unbedingt ein Gelände dafür abstecken (z. B. mit farbigen Bändern) und es mit den Kindern abgehen. Die Kinder müssen genau wissen, wie weit sie sich allein ins Gelände wagen dürfen. Am besten fügen Sie den Erklärungen Erinnerungspunkte hinzu: „Ihr dürft bis zur Buche laufen, der Bach ist die Grenze ..."
3. Die Kinder sollten nach Möglichkeit nicht alleine, sondern grundsätzlich mindestens zu zweit sein, wenn sie sich außerhalb der Sichtweite Erwachsener befinden.
4. Sie sollten immer genügend Begleitpersonen dabei haben.
5. Sie müssen sich mit Naturschutzgesetzen, dem Tierschutzgesetz und der Forstordnung auskennen sowie über Grundkenntnisse in Erster Hilfe verfügen.

Wie würden Sie entscheiden?
Im Folgenden werden weitere Beispiele für schwierige Aufsichtspflichtsituationen geschildert. Vielleicht besprechen Sie die Beispiele im Team, indem Sie jeweils die beschriebene Situation (ohne die Lösung!) vorlesen und dann gemeinsam nach der richtigen Antwort suchen.

Wer ist zuständig?
Situation: In einer großen KiTa benutzen die Kinder beim Kommen und Gehen den Hausflur des Gebäudes. Die Erzieherin der Gruppe A geht über den Flur und sieht, wie vier Kinder der Gruppe B ein fünftes Kind der Gruppe C am Boden festhalten und es verprügeln. Die Erzieherin fühlt sich nicht für ein Eingreifen verantwortlich. Liegt sie richtig?
Antwort: Die Erzieherin liegt nicht richtig. Sie ist grundsätzlich für alle Kinder zuständig, die sich in ihrem Blickfeld befinden.

Freunde in der KiTa
Situation: Den Kindern der Hortgruppe ist es erlaubt, Freunde mit in die Einrichtung zu bringen. Sie sollen das der Erzieherin nach Möglichkeit vorher ankündigen und müssen bei ihrem Eintreffen sofort Bescheid sagen, dass sie jemanden mitgebracht haben. Ist das erlaubt? Und wenn ja, wer ist in dieser Situation aufsichtspflichtig?
Antwort: Wenn die Erzieherin den Besuch von Freunden erlaubt, ist sie auch für deren Beaufsichtigung zuständig.

Eine alkoholisierte Mutter
Situation: Leas Mutter kommt angetrunken in die KiTa, um ihre Tochter abzuholen. Die Erzieherin ist der Meinung, dass Lea durch die angetrunkene Mutter gefährdet wird, und ist nicht bereit, Lea mitgehen zu lassen. Sie möchte den Vater bzw. die Großeltern des Kindes verständigen. Eine Kollegin argumentiert, dass laut § 1632 Abs. 1 BGB die Erzieherin verpflichtet sei, das Kind an die Sorgeberechtigte herauszugeben.
Antwort: Einer angetrunkenen Sorgeberechtigten muss das Kind nicht übergeben werden. Ist Gefahr im Verzug und niemand anders erreichbar, kann auch das Jugendamt informiert werden.

Einer angetrunkenen Mutter muss das Kind nicht ausgehändigt werden.

Gefahr durch Verkehrsumleitung?
Situation: Anna geht – in Absprache mit Eltern und Einrichtung – jeden Tag alleine nach Hause, und das schon seit geraumer Zeit. Nun ergibt sich die Situation, dass eine Straße in der Nachbarschaft gesperrt wurde

und der gesamte Verkehr durch die Straße geleitet wird, an der die KiTa liegt. Die Leiterin bittet deswegen Annas Eltern, ihre Tochter während der Zeit der Verkehrsumleitung abzuholen. Annas Eltern sind erstaunt, sie halten die Bitte für nicht berechtigt.
Antwort: Wenn eine Gefährdung vorliegt, wie sie ein erhöhtes Verkehrsaufkommen darstellt, kann die Einrichtung erwarten, dass das Kind von den Eltern abgeholt wird.

Wer darf das Kind abholen?
Situation: Die Eltern von Tessa sind geschieden. Sie haben beide das Sorgerecht für ihre Tochter. Im Laufe der Zeit verschlechtert sich das Verhältnis der Eltern zueinander und Tessas Mutter verlangt von den Erzieherinnen, dass sie Tessa nicht mehr dem Vater mitgeben, wenn er kommt, um sie abzuholen. Die Erzieherinnen sind unsicher, ob sie dem Wunsch der Mutter nachkommen sollen.
Antwort: So lange beide Eltern das Sorgerecht haben, kann die Mutter nicht eigenmächtig Einschränkungen verlangen.

Aufsichtspflichtverletzung und Haftung

Die Frage, inwieweit ErzieherInnen für Schäden, die durch vernachlässigte Aufsichtspflicht entstehen, zu haften haben, ist je nach Sachlage unterschiedlich zu beantworten. Zum einen kommt es darauf an, bei wem der Schaden entstanden ist. Handelt es sich um ein Kind der KiTa oder ist ein fremdes Kind zu Schaden gekommen? Zu fragen ist weiter, ob ein Sachschaden entstanden ist und wie dieser ggf. zu ersetzen wäre.

Ein Kind der KiTa verletzt sich
Der Erzieher Werner T. und die Erzieherin Birgit K. unternehmen einen Ausflug in das nahe gelegene Hallenbad. Sie nehmen eine Gruppe von Kindern zwischen vier und sechs Jahren mit, die alle mit entsprechenden Schwimmhilfen ausgestattet sind. Herr T. hat es übernommen, den Kindern zu erklären, wie sie sich im Schwimmbad verhalten müssen. Hierbei hat er jedoch vergessen, ihnen klarzumachen, dass sie am Beckenrand nicht rennen dürfen. Weil Herr T. noch mit den übrigen Kindern im Duschraum beschäftigt ist, fällt ihm nicht auf, dass Niklas sich von der Gruppe entfernt hat. Niklas läuft am Beckenrand entlang, entdeckt einen Nachbarjungen und will diesen begrüßen. Er rennt, stürzt und bricht sich einen Arm.
Es ist offensichtlich, dass der Erzieher seiner Aufsichtspflicht – d. h. in diesem Fall: die Kinder zusammenzuhalten und hinsichtlich der erforderlichen Verhaltensweisen ordnungsgemäß aufzuklären – nicht nachgekommen ist. Dadurch ist Niklas ein Schaden entstanden. Es muss nun geklärt werden, ob und inwieweit Herr T. für diesen Schaden zur Rechenschaft gezogen werden kann.

Der gesetzliche Unfallschutz
Niklas ist, wie alle anderen Kinder der KiTa auch, aufgrund § 2 Abs. 1 Nr. 8 SGB VII gesetzlich unfallversichert. Das bedeutet, dass ein Versicherungsschutz für etwaige Schäden für die Zeit gilt, in der sich Niklas in der KiTa aufhält, aber auch für den Weg zur KiTa und zurück bzw. für die Teilnahme an Veranstaltungen der Einrichtung, für Ausflüge und Spaziergänge.

Haftungsfreistellung durch die Unfallversicherung
Der Träger der Unfallversicherung, die Berufsgenossenschaft, übernimmt die Kosten der Heilbehandlung und für sonstige Aufwendungen, die im Zusammenhang mit dem Unfall stehen. Die Unfallversicherung übernimmt jedoch keine Schmerzensgeldzahlungen. Niklas muss wegen des kompliziert gebrochenen

Arms lange im Krankenhaus bleiben. Dies bedeutet für ihn eine erhebliche Belastung, weswegen er nach zivilrechtlichen Vorschriften grundsätzlich Schmerzensgeld beanspruchen könnte. Da die Unfallversicherung dieses nicht trägt, stellt sich selbstverständlich die Frage, ob Herr T. für das Schmerzensgeld aufzukommen hat. Diese Frage ist klar zu verneinen.

§ 106 SGB VII sieht vor, dass Kinder, die sich beim Besuch von Kindertageseinrichtungen bzw. von dort organisierten Ausflügen etc. verletzen, von den Betriebsangehörigen der Einrichtung – also von den ErzieherInnen – nicht verlangen können, dass sie Personenschäden ersetzen, soweit sie diese nicht vorsätzlich herbeigeführt haben. Zu den Personenschäden gehören auch zivilrechtliche Schmerzensgeldansprüche. Mit dieser Privilegierung soll vermieden werden, dass ErzieherInnen befürchten müssen, einem Kind Schmerzensgeld zahlen zu müssen, da dies die Arbeit erheblich belasten und erschweren würde. Der spezielle sozialrechtliche gesetzliche Unfallschutz der Versicherten, zu denen auch Niklas gehört, schließt die privatrechtliche Haftung für Personenschäden, wie sie sonst im BGB geregelt ist, aus. Die Haftungsfreistellung, die auch für die Träger der Kindertageseinrichtungen gilt, hat für den Freigestellten in Bezug auf Personenschäden die Auswirkung einer Haftpflichtversicherung. Zusammenfassend ist festzuhalten, dass Herr T. kein Schmerzensgeld zu zahlen hat und die sonstigen Personenschäden bei Niklas von der Berufsgenossenschaft übernommen werden.

Regress der Unfallversicherung

Gegebenenfalls könnte jedoch die Berufsgenossenschaft auf Herrn T. zukommen und von ihm verlangen, dass er die von ihr übernommenen Zahlungen ersetzt. Hier sieht § 110 SGB VII eine entsprechende Haftung gegenüber den Sozialversicherungsträgern vor. Dieser Paragraf kommt jedoch nur dann zum Tragen, wenn der Versicherungsfall – hier also der Sturz von Niklas – vorsätzlich oder grob fahrlässig von Herrn T. herbeigeführt worden ist.

Grobe Fahrlässigkeit liegt vor, wenn die erforderliche Sorgfalt in ungewöhnlich hohem Maß verletzt wurde.

Vorsatz wird von der Rechtssprechung definiert als das Wissen und Wollen der Tatbestandsverwirklichung, während grobe Fahrlässigkeit vorliegen würde, wenn der Erzieher die jeweils erforderliche Sorgfalt in ungewöhnlich hohem Maße verletzt hätte, d. h. schon einfachste, nahe liegende Überlegungen nicht angestellt und nicht einmal das bedacht hätte, was im gegebenen Fall jedem hätte einleuchten müssen. Vorsatz ist bei Herrn T. sicherlich nicht gegeben. Ob grobe Fahrlässigkeit vorliegt, kann nicht schematisch, sondern nur unter Berücksichtigung aller Umstände des Einzelfalls beantwortet werden. So ist in diesem Fall zu prüfen, wie viele Kinder von Herrn T. beaufsichtigt werden mussten, ob er sich zu der Zeit, als Niklas entwischt ist, um ein anderes Kind kümmern musste etc. Aufgrund der obigen Sachverhaltsdarstellung kann eine abschließende Wertung nicht vorgenommen werden. Grundsätzlich wird in vergleichbaren Fällen jedoch ein großzügiger Bewertungsrahmen angesetzt, da ansonsten derartige Ausflüge in der Praxis nicht durchführbar wären. Hinsichtlich des Rückgriffs durch die Unfallversicherung ist es wichtig und erforderlich, dass der Erzieher eine Berufshaftpflichtversicherung abgeschlossen hat. Hat er vorsätzlich oder grob fahrlässig gehandelt, kann es ihm sonst passieren, dass die Unfallversicherung die gezahlten Kosten zurückverlangt.

Arbeitsrechtliche Folgen

Die Beaufsichtigung der Kinder ist arbeitsvertragliche Hauptpflicht von ErzieherInnen. Die Verletzung bzw. Vernachlässigung dieser Verpflichtung kann arbeitsrechtliche Folgen nach sich ziehen. Dies hängt sehr davon ab, welcher Schaden entstanden und wie die Pflichtverletzung zu bewerten ist. In jedem Fall ist es in das Ermessen des Arbeitgebers gestellt, ob er das Verhalten der pädagogischen Fachkraft zum Anlass nimmt, arbeitsrechtliche Konsequenzen folgen zu lassen. Diese könnten sich in einer einfachen Ermahnung niederschlagen; auch eine Abmahnung, die eine Kündigung vorbereiten kann, ist – schriftlich oder mündlich – möglich. Wiegt die Pflichtverletzung schwer und sind ähnliche Pflichtverletzungen in der Vergangenheit bereits abgemahnt worden, kann auch eine Kündigung, welche schriftlich zu erfolgen hat, die Konsequenz sein. Eine Abmahnung kann eine Kündigung nur dann vorbereiten, wenn in ihr das vorgeworfene Fehlverhalten zeitlich (wann?) und tatsächlich (was?) beschrieben wird. Ebenfalls muss darin deutlich gemacht werden, dass bei erneuter Pflichtverletzung eine Kündigung als Folge droht. Derartige arbeitsrechtliche Konsequenzen sind jederzeit möglich, ob nun ein Schaden eingetreten ist oder nicht. Die Aufsichtspflichtverletzung als solche ist die Vertragspflichtverletzung, nicht der tatsächlich eingetretene Schaden.

Eine Berufshaftpflichtversicherung deckt Schäden ab, die bei „dritten Personen" entstehen.

Strafrechtliche Konsequenzen

Die Tatsache, dass eine pädagogische Fachkraft ihrer Aufsichtspflicht nicht nachgekommen ist, ist per se nicht strafbar. Nur soweit die Aufsichtspflicht vorsätzlich oder fahrlässig verletzt wurde und hierdurch ein Schaden entstanden ist, kann dies strafrechtliche Konsequenzen nach sich ziehen. Im Fall von Herrn T. könnte es zu solchen Konsequenzen kommen, wenn Niklas' Eltern einen entsprechenden Strafantrag stellen. Dieser ist in Fällen einer möglichen fahrlässigen Körperverletzung (§ 229 Strafgesetzbuch [StGB]) zwingend erforderlich. Ob und inwieweit das Verhalten des Erziehers tatsächlich strafrechtlich zu ahnden ist, hängt davon ab, wie sich der Einzelfall gestaltet hat. In jedem Fall wird auch hier eine Prüfung unter strafrechtlichen Gesichtspunkten nicht den Maßstab anlegen, dass eine lückenlose Überwachung durchzuführen ist. Dass diese nicht gegeben war, reicht nicht aus, um eine Bestrafung vorzunehmen. Bei einer entsprechenden Antragstellung durch die Eltern des verletzten Kindes ist Herrn T. jedoch zu raten, anwaltliche Hilfe in Anspruch zu nehmen. Dies sollte möglichst vor einer Äußerung zum Unfallhergang erfolgen, da dabei womöglich Aussagen gemacht werden, die sich für den Erzieher später nachteilig auswirken können.

Es entsteht ein Sachschaden

Die Erzieherin Daniela B. führt die Aufsicht über die spielenden Kinder der KiTa, die sich im Garten aufhalten. Der Postbote hat sein Fahrrad in unmittelbarer Nähe der spielenden Kinder abgestellt, um eine Sendung persönlich in der Kita abzugeben. Eines der älteren Kinder greift sich das Fahrrad, versucht auf diesem zu fahren und fällt hin. Das Kind zieht sich keine Verletzungen zu, aber das Fahrrad ist erheblich beschädigt. Es ist ein Sachschaden von 150 Euro entstanden.

Sicherlich hat Frau B. ihre Aufsichtspflicht verletzt. Sie hat für den hierdurch entstandenen Schaden am Fahrrad aufzukommen. Die gesetzliche Unfallversicherung übernimmt den Sachschaden nicht. Auch in diesem Fall kommt die private Berufshaftpflichtversicherung zum Einsatz. Der Schaden ist mit Sicherheit nicht durch Vorsatz entstanden, sondern durch Fahrlässigkeit der Erzieherin. Sie hätte die Kinder besser beaufsichtigen und insbesondere daran hindern müssen, das Fahrrad zu besteigen. Auch hier kommen die oben dargestellten arbeitsrechtlichen Konsequenzen durchaus in Betracht. Ob und inwieweit zu diesen Mitteln gegriffen wird, steht selbstverständlich im Ermessen der Vorgesetzten. Eine strafrechtliche Verfolgung dieser Angelegenheit lässt sich ausschließen, da sie vermutlich durch den Postboten nicht zur Anzeige gebracht würde und auch kein öffentliches Interesse an der Verfolgung dieser Verfehlung besteht. Der Träger der Einrichtung haftet neben der Erzieherin.

Ein fremdes Kind wird verletzt

Die Erzieherin Anna S. ist zusammen mit einer Gruppe von Hortkindern mit dem Zug unterwegs. Im Zugabteil kommt es zum Streit zwischen einem Kind aus der Gruppe und einem zufällig im selben Abteil mitreisenden anderen Kind. Der Streit eskaliert,

Berufshaftpflichtversicherung

Eine Berufshaftpflichtversicherung deckt Haftpflichtschäden ab, die bei Fremden entstehen. Abgedeckt sind sowohl Personenschäden als auch Sachschäden. Entsteht also ein Schaden in Ausübung der Tätigkeit als Erzieherin bzw. Erzieher und ist dieser Schaden nicht durch Vorsatz herbeigeführt worden, tritt die private Haftpflichtversicherung für die entstandenen Schäden ein. Die Berufshaftpflichtversicherung deckt jedoch nur den Schaden ab, den der Verursacher zu tragen hat. Entsprechend gilt auch hier, dass eine Schmerzensgeldzahlung nicht übernommen wird, weil diese auch vom Verursacher nicht geleistet werden muss.

Anton aus der KiTa schubst den anderen Jungen, der mit dem Kopf gegen einen spitzen Gegenstand fällt und dadurch eine große Platzwunde sowie eine Gehirnerschütterung davonträgt.
Frau S. ist nicht frühzeitig schlichtend eingeschritten und hat dadurch ihre Aufsichtspflicht verletzt. Da das geschädigte Kind nicht in der KiTa angemeldet ist, greift die gesetzliche Unfallversicherung für dieses Kind nicht ein. Entsprechend gibt es auch nicht den oben dargestellten Haftungsausschluss für Personenschäden und damit auch für Schmerzensgeld. Wegen der Verletzung der Aufsichtspflicht gegenüber einem aufsichtsbedürftigen Kind hat die Erzieherin für den Schaden aufzukommen. Auch hier greift wieder die private Berufshaftpflichtversicherung ein, da der Schaden offenkundig nicht vorsätzlich verursacht wurde. Der Arbeitgeber wird in einem solchen Fall wahrscheinlich eine Abmahnung aussprechen. Strafrechtliche Konsequenzen sind wohl eher unwahrscheinlich. Grundsätzlich gilt: Wird eine außenstehende dritte Person durch die Verletzung der Aufsichtspflicht geschädigt, so haftet auch hier der Träger neben der Erzieherin gemäß § 832 BGB.

Tipp:

1. Schließen Sie, soweit noch nicht geschehen, in jedem Fall eine private Berufshaftpflichtversicherung ab.
2. Suchen Sie frühzeitig anwaltlichen Rat, um im Rahmen einer Auseinandersetzung hinsichtlich der Unfallfolgen nicht bereits gemachte Aussagen klarstellen oder gar revidieren zu müssen.

Aufsichtspflicht und Pädagogik – ein Widerspruch?

Eine Erzieherin kann nicht jedes Risiko vermeiden. Kinder müssen Schritt für Schritt den Umgang mit brenzligen oder auch gefährlichen Situationen lernen. Nur so kann auf Dauer das Risiko vermindert und Schaden vermieden werden. Hierfür ist es erforderlich, dass Kinder bestimmte Kompetenzen erwerben. Insofern ist die Auseinandersetzung mit Aufsichtsfragen immer auch eine Auseinandersetzung um pädagogische Ziele – und die müssen immer wieder neu diskutiert und bei Bedarf korrigiert werden. „Vor diesem Hintergrund scheint der nachvollziehbare Wunsch vieler ErzieherInnen nach klaren Verhaltensvorgaben und festen Regelungen wenig hilfreich, da pädagogisches Handeln auf die individuellen Bedingungen des Kindes und die jeweilige Situation auszurichten ist. Vorgaben bergen die Gefahr, dass die Verantwortlichen sich mehr an geltenden Vorschriften orientieren, als Kreativität und Lebendigkeit im Handeln zu praktizieren" (Müller 2001, S. 112). Erziehung bedeutet immer auch eine gewisse Risikobereitschaft und setzt ein hohes Maß an Vertrauen voraus. In einer Atmosphäre, in der Angst vorherrscht, kann sich kein Vertrauen entwickeln. Zudem können nicht für alle Kinder die gleichen Regeln gelten. So kann es sein, dass die Erzieherin Paul erlaubt, bis ganz nach oben auf das Klettergerüst zu steigen, während Tim nur bis zur Hälfte klettern darf. Das ist eine individuelle Entscheidung, die sich am Entwicklungsstand der Kinder und ihren Vorerfahrungen orientiert. Die Erzieherin hat zudem immer abzuwägen, ob die Mittel für die Erreichung der Ziele angemessen sind. So muss sie z. B. entscheiden, ob es sinnvoller ist, für die Zubereitung des Obstsalates scharfe Küchenmesser oder Plastikmesser zu verwenden. Entscheidet sie sich für die scharfen Messer, muss sie gewährleisten können, dass sie ständig alle Kinder, die damit hantieren, im Blick hat und sofort helfend eingreifen kann. In jedem Fall muss die Erzieherin ihr Handeln stets pädagogisch begründen können, um in der Lage zu sein, auf mögliche Vorwürfe von Dritten zu reagieren. Dafür ist es notwendig, sich mit der Thematik der Aufsichtspflicht intensiv auseinanderzusetzen.
„Das Recht kann und soll nicht pädagogische Inhalte bestimmen, sondern nur die Grenzen erzieherischer Gestaltungsräume aufzeigen, deren Überschreitung nicht mehr mit den berechtigten Schutzinteressen des Kindes oder der Allgemeinheit zu vereinbaren sind" (Sahliger 1992, S. 8).

Zu ihrer Absicherung muss die Erzieherin ihr Handeln stets pädagogisch begründen können.

MITWIRKUNG VON ELTERN

- Eltern – Experten für ihre Kinder
- Ohne Eltern geht es nicht
- Elternarbeit und Bildungspläne
- Elternversammlung und Elternbeirat

Eltern sind laut Gesetz an wichtigen Fragen, die die institutionelle Erziehung, Bildung und Betreuung ihres Kindes betreffen, zu beteiligen. Doch wie umfangreich kann und sollte die Beteiligung der Eltern sein und in welchen offiziellen Gremien findet sie statt? Hierbei setzen die Länder durchaus unterschiedliche Akzente.

Eltern – Experten für ihre Kinder

Eltern sind, so schreibt es das Gesetz vor, an der institutionellen Erziehung, Bildung und Betreuung ihres Kindes zu beteiligen. Sie sind in der Regel Experten für ihr Kind und damit auch die besten Erziehungspartner für die Einrichtung. Dazu, wie Eltern einbezogen werden können und welchen Stellenwert ihre Beteiligung hat, gibt es unterschiedliche Vorstellungen und Modelle. Zwei Modelle sollen im Folgenden dargestellt werden (siehe unten). Die erste Grafik zeigt das Kind im Mittelpunkt, während in der zweiten Grafik die gesamte Familie im Zentrum steht.

Konsequenzen

Weil „Eltern Experten in ihren familiären Belangen (sind)", fordert das Landesjugendamt Stuttgart, dass

- Eltern aktiv an allen sie betreffenden Belangen beteiligt werden,
- Erziehungspartnerschaften zwischen Eltern und anderen an der Erziehung von Kindern beteiligten oder interessierten Personen gesichert werden,
- dass die Jugendhilfe eine aktive Rolle bei der Gestaltung positiver Lebensbedingungen für Familien spielt (aus: Unsere Jugend 5/2001, S. 194 f.).

Dieser Forderung schließt sich der 11. Jugendbericht (2002) an, indem er darauf hinweist, dass Kinder in öffentlicher Verantwortung aufwachsen und deswegen die soziale Infrastruktur zu sichern ist. Und auch der 12. Jugendbericht (2005) stellt fest: „Die Leistungen für Familien müssen den Auf- und Ausbau einer Infrastruktur für Familien umfassen. Das betrifft zum Beispiel Angebote zur Stärkung der elterlichen Erziehungskompetenz oder gemeinsame Angebote für Kinder und Eltern, um die soziale Isolation von Familien zu überwinden."

Modell 1

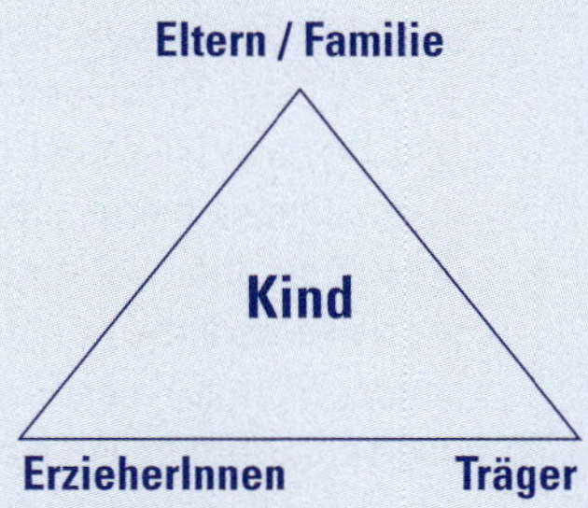

Modell 2

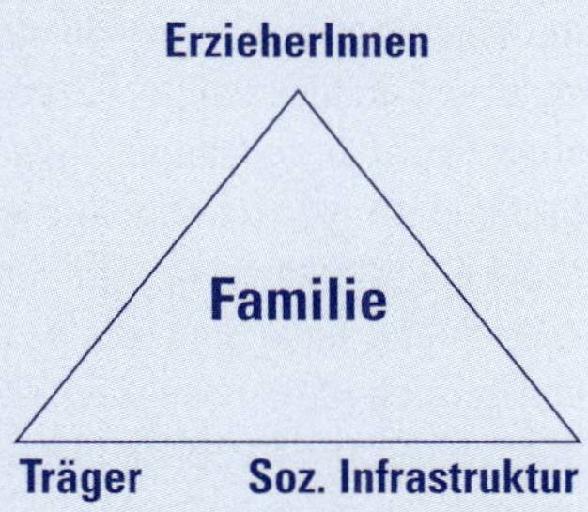

	Modell 1	Modell 2
Vorteile	• Alle Bemühungen konzentrieren sich auf das Kind. • ErzieherInnen benötigen keine zusätzliche Ausbildung. • Eltern konzentrieren sich auf die Mitarbeit in den entsprechenden Gremien.	• Dieser systemische Ansatz berücksichtigt das Beziehungsgeflecht, in dem sich das Kind befindet. • Die Erziehungskompetenz der Eltern wird gestärkt. • Das soziale Netzwerk der Umgebung (Unterstützungssysteme) wird genutzt. • Familiäre Belange werden stärker in den Blick genommen. • Die Jugendhilfe spielt eine aktive Rolle.
Nachteile	• Das Kind wird nicht in seinem gesamten Lebenszusammenhang gesehen. • Die soziale Infrastruktur wird nicht genutzt. • Die Familienkonstellation spielt nur eine untergeordnete Rolle.	• Das Modell erfordert eine hohe Fachkompetenz der ErzieherInnen (Erfahrung in Familienarbeit und Erwachsenenbildung). • Das Modell ist arbeitsintensiv.

Ohne Eltern geht es nicht

Ohne enge Zusammenarbeit mit den Eltern lassen sich die pädagogischen Ziele der KiTa nicht nachhaltig verwirklichen. Deshalb sollten ErzieherInnen die „Elternarbeit" nicht auf Elternabende und die Unterstützung bei Festen und Bastelnachmittagen reduzieren, sondern Mütter und Väter auch in die Gestaltung der pädagogischen Arbeit einbeziehen. ErzieherInnen und Eltern bringen unterschiedliche Kompetenzen ein. Eltern erleben ihr Kind in familiären Bezügen, in der Interaktion mit den Geschwistern und anderen Familienmitgliedern, beim Ins-Bett-Bringen, bei Krankheit, in Stress-Situationen usw.

Die ErzieherInnen erleben andere Situationen mit dem Kind, vielleicht auch Verhaltensweisen, die den Eltern nicht vertraut sind. Sie können ihr fachliches Wissen einbringen und das Kind – gerade auch im Vergleich mit den anderen Kindern der Gruppe – mit seinem individuellen Entwicklungsstand, seinen spezifischen Bedürfnissen und Interessen wahrnehmen. Zusammen sind Eltern und ErzieherInnen ein unschlagbares Team. Auf keine ihrer Kompetenzen kann verzichtet werden und beide Seiten können voneinander lernen. Die professionelle Erzieherin erkennt das an und sucht nach gangbaren Wegen, die pädagogischen Ziele gemeinsam mit den Eltern zu erreichen. Damit kommt sie dem Auftrag des Gesetzgebers nach, der lautet, dass Kindertageseinrichtungen „die Erziehung und Bildung in der Familie unterstützen und ergänzen (sollen)" (§ 22 Abs. 2 SGB VIII).

Wer den Partizipationsauftrag und die Bildungsempfehlungen ernst nimmt sowie die Lebenssituationen der Kinder tatsächlich zum Anknüpfungspunkt der pädagogischen Arbeit macht, kommt an den Eltern nicht nur nicht vorbei, sondern muss sie aktiv beteiligen (vgl. hierzu auch basiswissen kita „Familien stärken – Elternbildung in der Kita"). Eltern sind aber nicht nur Experten im Hinblick auf ihre Kinder, sie können auch zu Verbündeten der ErzieherInnen werden. Beispielsweise können sie bei Netzwerk-Kontakten, bei Verhandlungen mit Vorgesetzten und Behörden eine wichtige Rolle spielen und bei möglichen Auseinandersetzungen die Fachkräfte unterstützen.

Der Gesetzgeber verpflichtet die Einrichtungen zur Zusammenarbeit mit den Eltern.

Beispiel: Eltern als Verbündete

In einer kirchlichen Einrichtung des Landes Schleswig-Holstein kam es vor einigen Jahren zu massiven Auseinandersetzungen zwischen dem KiTa-Team und dem Pastor der Kirchengemeinde. Dieser wollte auf die pädagogische Arbeit der Einrichtung Einfluss nehmen und befand sich damit im Widerspruch zu den Vorstellungen des Teams. Eine Einigung schien nicht möglich. Erst als eine Elternvertreterin von dem Konflikt erfuhr und zu einer außerordentlichen Elternversammlung einlud, bei der die Eltern ganz eindeutig Partei für die Erzieherinnen ergriffen, musste der Pastor einlenken. Bis es dazu kam, verging jedoch viel Zeit. Die Elternvertreterin hatte die Einladungsfristen nicht bedacht. So konnte der Pastor die erste Versammlung aufgrund des Formfehlers verhindern. Doch die Eltern lernten schnell und konnten den Pastor mit Bezugnahme auf das Kindertagesstättengesetz (KiTaG) davon überzeugen, dass sie ein Recht auf inhaltliche Mitgestaltung haben.

Elternarbeit und Bildungspläne

In Schleswig-Holstein sind die „Leitlinien zum Bildungsauftrag von Kindertagesstätten" in das Kindertagesstättengesetz aufgenommen worden. Auch in den anderen Bundesländern haben die Bildungspläne mehr als Empfehlungscharakter, weil sie nicht nur vorwiegend einvernehmlich mit den Verbänden abgestimmt worden sind, sondern teilweise – wie in Schleswig-Holstein – Eingang in die KiTa-Gesetze gefunden haben. Dort, wo dies noch nicht der Fall ist, wird es voraussichtlich bei der nächsten Gesetzes-Novellierung geschehen. In den Bildungsplänen aller Länder wird die Notwendigkeit der Zusammenarbeit mit Eltern besonders hervorgehoben.

So heißt es beispielsweise in den „Leitlinien" des Landes Schleswig-Holstein: „Die Kindertageseinrichtung ist für das Kind der erste öffentliche pädagogisch gestaltete Bildungsort. Die Erfahrungen, die Kinder hier machen können, sind zum Teil andere als in der Familie und später in der Schule. Auch wenn gerade diese Verschiedenheit der Bildungsorte für Kinder eine Bildungschance bietet, empfiehlt sich die Kooperation der für die Bildungsprozesse verantwortlichen Erwachsenen. Mütter, Väter, Erzieherinnen und Lehrkräfte sollen sich als Partner in der Gestaltung von Bildungsmöglichkeiten verstehen und das gemeinsame Gespräch suchen. Grundvoraussetzung ist, dass es ein gemeinsames Verständnis über die Bedeutung von Bildung, die Art des Lernens und die Inhalte der Bildungsprozesse gibt. Es geht nicht darum, die Bildungsorte anzugleichen, sondern darum, die Leistungen des jeweils anderen Bildungspartners anzuerkennen, zu verstehen, zu akzeptieren und sich gegebenenfalls auseinanderzusetzen. Durch eine solche Kooperation entsteht für die Kinder eine größere Kontinuität ihrer Lernmöglichkeiten." Das bedeutet: Institutionelle Bildung und Erziehung können nur in enger Zusammenarbeit mit den Eltern positive Wirkung entfalten.

Elternversammlung und Elternbeirat

Der Gesetzgeber verpflichtet die Kindertageseinrichtungen zur Zusammenarbeit mit den Eltern. In § 22 a Abs. 2 SGB VIII heißt es: „Die Erziehungsberechtigten sind an den Entscheidungen in wesentlichen Angelegenheiten der Erziehung, Bildung und Betreuung zu beteiligen." Das bedeutet auch:

- Eltern sind rechtzeitig über wichtige Entscheidungen und Veränderungen zu informieren und es ist ihnen Gelegenheit zu geben, sich dazu zu äußern und die Einrichtung ggf. zu beraten (ein Entscheidungsrecht räumt der Gesetzgeber allerdings nicht ein),
- Eltern sind durch die Wahl eines Elternbeirats am Erziehungs- und Bildungsgeschehen zu beteiligen (was allerdings durch die Kindertagesstättengesetze der Länder geregelt wird).

Den institutionellen Rahmen für die Beteiligung der Eltern bieten Gremien wie Elternversammlung und Elternbeirat. Es empfiehlt sich, schriftliche Vereinbarungen über die Zusammenarbeit zwischen KiTa und Elternbeirat zu treffen. Denn was „wesentliche Angelegenheiten" sind, entscheiden letztlich die Betroffenen.

Elternversammlung

Die Elternversammlung setzt sich aus den Erziehungsberechtigten all derjenigen Kinder zusammen, die aktuell die Kindertageseinrichtung besuchen. Erziehungsberechtigt sind in der Regel die Eltern oder Personen, denen anstelle der Eltern die Erziehung des Kindes obliegt. Die Erziehungsberechtigten müssen geschäftsfähig sein und dürfen nicht zum Personal des Arbeitgebers gehören. Ein Elternpaar hat bei Abstimmungen und/oder Entscheidungen gewöhnlich zusammen nur eine Stimme. Die Abstimmungen finden offen statt, sofern nicht ein Fünftel der Anwesenden eine geheime Abstimmung wünscht. Die Beschlüsse der Elternversammlung werden mit den Stimmen der Mehrheit der anwesenden stimmberechtigten Erziehungsberechtigten gefasst.

Beispiel: Umgestaltung der KiTa
In der KiTa „Zum Schlosspark" gibt es Meinungsverschiedenheiten. Ein Teil der Elternschaft möchte dem Anliegen der pädagogischen Fachkräfte, die KiTa in eine offene Einrichtung umzuwandeln, nicht folgen. Auf einer Elternversammlung soll nun ein Beschluss herbeigeführt werden. Von den 24 stimmberechtigten Eltern sind jedoch nur 11 anwesend, da am selben Abend ein spannendes Fußballspiel im Fernsehen übertragen wird. Die Abstimmung geht zugunsten der Erzieherinnen aus: Die KiTa soll umgestaltet werden. Frau Müller, eine nicht anwesende Mutter, wendet sich an den Elternbeirat, um das Ergebnis anzufechten. Sie wirft den Fachkräften vor, absichtlich einen unattraktiven Termin gewählt zu haben, um das Ergebnis in ihrem Sinne zu beeinflussen. Außerdem – so argumentiert sie – ist das Ergebnis sowieso nicht verbindlich, weil nicht einmal die Hälfte aller Erziehungsberechtigten anwesend war. Was diesen zweiten Teil ihrer Vermutung angeht, hat Frau Müller tatsächlich Recht. Die Elternversammlung ist nur dann beschlussfähig, wenn mindestens die Hälfte der wahl- und stimmberechtigten Erziehungsberechtigten anwesend ist. Wird die Versammlung zu einem unpassenden Termin einberufen, mag das zwar unklug sein, anfechtbar ist es aber nicht.

Einberufung der Elternversammlung
Der Träger der Einrichtung beruft einmal im Jahr die Elternversammlung ein, auf der der Elternbeirat zu wählen ist. Das muss spätestens bis zum 1. Oktober jeden Jahres geschehen. Darüber hinaus ist eine Eltern-

versammlung immer dann anzuberaumen, wenn dies von mindestens der Hälfte der wahl- und stimmberechtigten Erziehungsberechtigten schriftlich gegenüber dem Träger der Kindertageseinrichtung gewünscht wird. Die Einberufung muss mindestens 14 Tage vor dem Tag der Elternversammlung schriftlich erfolgen.

Den institutionellen Rahmen für die Elternbeteiligung bieten Elternversammlung und -beirat.

Wahl des Elternbeirats

Die Elternversammlung wählt aus ihrer Mitte für die Dauer eines Jahres und in geheimer Wahl einen Elternbeirat. Dieser besteht aus einem/einer wählbaren Erziehungsberechtigten und einem/einer Stellvertreter/in für jede Gruppe der Einrichtung. Die Elternversammlung muss keine Vollversammlung sein, sie kann auch in den Gruppen stattfinden. Die Wahl wird durch einen Wahlausschuss geleitet. Jede/r Wahlberechtigte kann Vorschläge unterbreiten (auch auf Zuruf, wenn es so beschlossen wurde). In alphabetischer Reihenfolge werden die vorgeschlagenen Personen gefragt, ob sie die Kandidatur annehmen. Den KandidatInnen ist Gelegenheit zu geben, sich vorzustellen, den Wahlberechtigten, sie zu befragen. Erhalten KandidatInnen die gleiche Stimmenzahl, entscheidet eine Stichwahl. Führt auch die nicht zu einem eindeutigen Ergebnis, entscheidet das Los. Es dürfen nur einheitliche Stimmzettel verwendet werden. Die Stimmabgabe kann auch durch Handzeichen erfolgen, wenn alle damit einverstanden sind. Vom Ergebnis der Wahl ist ein Protokoll anzufertigen. Über weitere Wahlmodalitäten gibt der Träger Auskunft.

Elternbeirat

Der Elternbeirat arbeitet ehrenamtlich. Der Träger stellt dem Elternbeirat hierfür kostenlos Räume zur Verfügung und übernimmt die Sachkosten. Über die Arbeit des Elternbeirats ist Stillschweigen zu wahren. Das gilt auch für die Zeit nach Beendigung der Wahlperiode. Alle Angelegenheiten sind absolut vertraulich zu behandeln. Verstößt ein Mitglied des Elternbeirats gegen dieses Prinzip – ob nun vorsätzlich oder fahrlässig –, kann es auf Antrag der anderen Beiratsmitglieder ausgeschlossen werden.

Beispiel: Änderung der Öffnungszeiten

Der Elternbeirat möchte die Öffnungszeiten der Kindertagesstätte ändern und fällt einstimmig einen entsprechenden Beschluss. Als er diesen dem Träger und der KiTa-Leitung mitteilt, sind beide empört. Nach eingehender Prüfung der Aufgaben des Elternbeirats stellt sich heraus, dass dieser keinerlei Weisungsbefugnis gegenüber dem Träger und der Leitung besitzt. Er vertritt lediglich die Interessen der Erziehungsberechtigten. Dennoch tun beide gut daran, die Elterninteressen ernst zu nehmen.

Aufgaben des Elternbeirats

Der Elternbeirat vertritt die Interessen der Erziehungsberechtigten. Er soll zu folgenden Belangen gehört werden:

- Grundsatzentscheidungen über den Haushaltsplan der KiTa,
- Änderung, Ausweitung oder Einschränkung der Zweckbestimmung der KiTa,
- Beratung in Personalfragen,
- Planung baulicher Maßnahmen,
- Festlegung der Kriterien für die Aufnahme von Kindern,
- Festlegung der Öffnungszeiten,
- Festlegung der Ferientermine,
- Festlegung der KiTa-Gebühren,
- Planung von Veranstaltungen aller Art,
- Aufsicht bei Ausflügen,
- Mitarbeit bei Projekten.

Der Elternbeirat ist nur dann in der Lage, seine Aufgaben angemessen wahrzunehmen und die Interessen der Erziehungsberechtigten sinnvoll zu vertreten, wenn er durch die KiTa-Leitung und den Träger regelmäßig und umfassend informiert wird. Das ist auch im Interesse der Einrichtung, da durch frühzeitige Absprachen und die Einbindung der Eltern in Entscheidungsprozesse unnötige Konflikte vermieden werden.

Hinweis:

Die bisher getroffenen Aussagen beruhen in erster Linie auf dem für alle Kindertageseinrichtungen geltenden SGB VIII. Auf dieser allgemeinen Grundlage bauen die Ländergesetze auf. Dennoch hat jedes Bundesland sein eigenes Kindertagesstättengesetz, das Regelungen enthält, die durchaus vom SGB abweichen können. Hinzu kommen die länderspezifischen Bildungspläne, die das jeweilige KiTa-Gesetz ergänzen. Es führt also kein Weg daran vorbei, das KiTa-Gesetz des Bundeslandes, in dem Sie arbeiten, zu Rate zu ziehen, wenn tatsächlich Probleme mit den Eltern auftauchen.

Beispiel: Erstellung der Konzeption
In der KiTa „Zum Gutshof" kommt es zum Konflikt zwischen Elternbeirat und ErzieherInnen-Team. Das KiTa-Gesetz des Landes sieht die Beteiligung des Elternbeirats an der Erstellung der pädagogischen Konzeption vor. Die ErzieherInnen haben jedoch in Eigenregie eine Konzeption entwickelt und diese lediglich den Eltern vorgestellt. Begründung: Wer mit dieser Konzeption nicht einverstanden ist, kann für sein Kind eine andere Tagesstätte wählen. Kommen die Erzieherlinnen mit dieser Begründung durch?
Der Elternbeirat kann sich an die Aufsichtsbehörde wenden, um dort Beschwerde einzulegen. Das im KiTa-Gesetz beschriebene Recht muss dann, nach Hinweis der Aufsichtsbehörde an den Träger, in der Einrichtung umgesetzt werden. Folgen hat das Verhalten der ErzieherInnen allerdings nicht; sie werden lediglich dazu aufgefordert, das Versäumnis nachzuholen. Dennoch hätte der Konflikt mit den Eltern vermieden werden können, wenn die Fachkräfte im Vorfeld der Konzeptionserstellung das KiTa-Gesetz zu Rate gezogen hätten.

Elternmitwirkung in den KiTa-Gesetzen der Länder

Die folgenden Beispiele machen deutlich, dass die Bundesländer durchaus unterschiedliche Akzente im Rahmen der Mitwirkungsmöglichkeiten von Eltern setzen.

Beispiel Hamburg

§ 24: Mitwirkung von Eltern in Kindertageseinrichtungen
„(3) Die Sorgeberechtigten der Kinder einer Gruppe in der Tageseinrichtung bilden eine Elternversammlung. Jede Elternversammlung wählt für die Dauer eines Jahres eine Elternvertretung und eine Stellvertretung. In Kindertageseinrichtungen mit mehr als drei Gruppen wird ein Elternausschuss gebildet. Er setzt sich aus den gewählten Elternvertretern der Gruppen zusammen. (...)
(6) Weitere Einzelheiten der Mitwirkung der Sorgeberechtigten können im Rahmen der Qualitätsentwicklungsvereinbarungen festgelegt werden. (...)"

§ 25: Bezirks- und Landeselternausschuss
„(1) In jedem Bezirk wird ein Bezirkselternausschuss gebildet, der sich aus den gewählten Eltern derjenigen Tageseinrichtungen zusammensetzt, die mindestens drei Gruppen umfassen. (...) Der Bezirkselternausschuss wählt aus seiner Mitte eine Vertretung für den Landeselternausschuss."

Beispiel Schleswig-Holstein

§ 17: Elternversammlung und Elternvertretung
„(1) Die Erziehungsberechtigten der Kinder, die die Kindertageseinrichtung besuchen, sind an den Entscheidungen in wesentlichen Angelegenheiten der Kindertageseinrichtung zu beteiligen. Die Erziehungsberechtigten bilden die Elternversammlung. (...)
(3) Die Elternversammlung wählt (...) eine Elternvertretung mit mindestens einer Sprecherin oder einem Sprecher.
(4) Die Elternvertretung nimmt folgende Aufgaben wahr:
1. Sie beruft mindestens einmal jährlich im Benehmen mit dem Träger der Kindertageseinrichtung die Elternversammlung ein. (...)
3. Sie vertritt in Kindertageseinrichtungen mit zwei oder mehr Vormittagsgruppen die Interessen der Erziehungsberechtigten und ihrer Kinder im Beirat."

§ 18: Beirat
„(1) In einer Kindertageseinrichtung mit zwei oder mehr Vormittagsgruppen ist ein Beirat einzurichten. Er ist zu gleichen Teilen aus Mitgliedern der Elternvertretung, Vertreterinnen und Vertretern der pädagogischen Kräfte und des Trägers zu besetzen. Bei Kindertageseinrichtungen, die nicht von einem öffentlichen Träger betrieben werden, sind Vertreterinnen und Vertreter der Standortgemeinde hinzuzuziehen."

Beispiel Bayern

Artikel 14
„(4) Der Elternbeirat wird von der Leitung der Kindertageseinrichtung und dem Träger informiert und angehört, bevor wichtige Entscheidungen getroffen werden. Der Elternbeirat berät insbesondere über die Jahresplanung, den Umfang der Personalausstattung, die Planung und Gestaltung von regelmäßigen Informations- und Bildungsveranstaltungen für die Eltern, die Öffnungs- und Schließzeiten und die Festlegung der Elternbeiträge.
(5) Die pädagogische Konzeption wird vom Träger in enger Abstimmung mit dem pädagogischen Personal und dem Elternbeirat fortgeschrieben."

KINDERRECHTE UND PARTIZIPATION

- Die Rechte der Kinder
- Kinderrechte versus Elternrechte?
- Partizipation ist mehr als Beteiligung
- Partizipation in der Praxis
- So kann Partizipation gelingen

Die Anerkennung des Kindes als Träger eigener Rechte ist Ausdruck für ein neues Verhältnis der Generationen. Doch wie sehen diese Kinderrechte aus und welchen Verbindlichkeitsgrad haben sie? Das Wissen darüber stellt zugleich eine wichtige Voraussetzung für die Umsetzung des gesetzlich verankerten Partizipationsauftrags dar.

Die Rechte der Kinder

Bei der Beschäftigung mit den Rechten von Kindern stellt sich immer wieder die Frage, welches Maß an Verbindlichkeit sie haben. Dabei muss unterschieden werden zwischen Grundrechten, die für alle Menschen gelten, in der Verfassung festgeschrieben sind und durch den Staat garantiert werden, und internationalen Verträgen wie der UN-Kinderrechtskonvention, an die sich leider (noch) nicht alle Unterzeichnerstaaten wirklich gebunden fühlen.

Grundrechte

Grundrechte sind ganz besondere und grundlegende Rechte des Menschen, die in der Verfassung stehen und durch sie garantiert werden. Der Staat ist an diese Grundrechte gebunden; sie können nur durch andere Grundrechte außer Kraft gesetzt werden. Selbstverständlich gelten diese Grundrechte auch für Kinder. Im Hinblick auf das Grundrecht auf Menschenwürde stellt die Friedrich-Ebert-Stiftung fest: „Die Garantie der Menschenwürde enthält auch gewisse Elemente von Ansprüchen auf tatsächliche Leistungen. In engem Sinne besteht aus Art. 1 Abs. 1 S. 2 GG ein Handlungsgebot des Staates, z. B. bei der Heranbildung der Jugend durch schulische Erziehung" (Friedrich-Ebert-Stiftung 2006, S. 7).

Tipp:

Haben Sie im Team schon einmal darüber diskutiert, wie Sie die Grundrechte in Ihrer pädagogischen Praxis umsetzen? Gehört zum Leitbild Ihrer Einrichtung z. B. die freie Entfaltung der Persönlichkeit und die Gleichberechtigung der Kinder? Woran lässt sich erkennen, dass Sie diese Ziele verwirklicht haben?

Wichtige Grundrechte (Grundgesetz)

„Artikel 1

(1) Die Würde des Menschen ist unantastbar. Sie zu achten und zu schützen ist Verpflichtung aller staatlichen Gewalt. (...)

Artikel 2

(1) Jeder hat das Recht auf die freie Entfaltung seiner Persönlichkeit, soweit er nicht die Rechte anderer verletzt und nicht gegen die verfassungsgemäße Ordnung oder das Sittengesetz verstößt. (...)

Artikel 3

(1) Alle Menschen sind vor dem Gesetz gleich.

(2) Männer und Frauen sind gleichberechtigt. (...)

(3) Niemand darf wegen seines Geschlechts, seiner Abstammung, seiner Rasse, seiner Sprache, seiner Heimat und Herkunft, seines Glaubens, seiner religiösen oder politischen Anschauungen benachteiligt oder bevorzugt werden. Niemand darf wegen seiner Behinderung benachteiligt werden."

UN-Kinderrechtskonvention

1989 verabschiedeten die Vereinten Nationen die „Konvention über die Rechte des Kindes". Auf internationaler Ebene ist die Konvention das zentrale Referenzwerk, wenn es um die Verbesserung der Lebenssituation von Kindern geht. Die Unterzeichnerstaaten haben sich verpflichtet, die in dem Vertrag genannten Rechte auf nationaler Ebene umzusetzen. Mit Ausnahme der USA und Somalias haben alle Staaten der Erde die Kinderrechtskonvention unterzeichnet. Die Bundesrepublik Deutschland hat die Konvention 1992 ratifiziert, zugleich jedoch mit einer Vorbehaltserklärung eingeschränkt, von der insbesondere unbegleitete Flüchtlingskinder betroffen sind.
Die UN-Kinderrechtskonvention ist Gesetz, aber auch politisches Programm, dessen Verwirklichung erkämpft werden muss. Problematisch ist, dass

- die Konvention oft „weiche", interpretationsfähige Bestimmungen enthält, die eher den Charakter von Empfehlungen als von Rechten haben.
- es keine Möglichkeit gibt, die Rechte auf internationaler Ebene einzuklagen.

Zudem bedeutet die Tatsache der Ratifizierung der Konvention nicht, dass es in den 192 Vertragsstaaten nicht noch immer massive Verletzungen der Kinderrechte gäbe (Quelle: terre des hommes, www.tdh.de).

Die wichtigsten Prinzipien

Auch wenn die Konvention noch nicht für alle Unterzeichnerstaaten Verbindlichkeitscharakter hat, so hat sie dennoch politisches Gewicht. „Die in der UN-Kinderrechtskonvention niedergelegten Mindeststandards haben zum Ziel, die Würde, das Überleben und die Entwicklung aller Kinder auf der Welt sicherzustellen. Der Kinderrechte-Ansatz basiert auf folgenden Prinzipien:

1. Das Prinzip der Kinder als Träger eigener Rechte.
2. Das Prinzip der Unteilbarkeit der Rechte: Alle Rechte sind gleich wichtig.
3. Das Prinzip der Universalität der Rechte: Alle Kinder haben gleiche Rechte.

4. Die vier allgemeinen Prinzipien der Kinderrechtskonvention
   - Das Recht auf Nicht-Diskriminierung (Artikel 2)
   - Der Vorrang des Kindeswohls (Artikel 3)
   - Das Recht auf Leben und bestmögliche Entwicklung (Artikel 6)
   - Berücksichtigung des Kindeswillens (Artikel 12)
5. Das Prinzip der Verantwortungsträger: Familie, Gesellschaft und Politik tragen Verantwortung für die Verwirklichung der Kinderrechte.

In den 54 Artikeln der Kinderrechtskonvention werden Kindern umfassende Schutz-, Förder- und Beteiligungsrechte zuerkannt. Die in dem „Gebäude der Kinderrechte" wichtigsten Rechte finden sich in den Artikeln 2, 3, 6 und 12.

Schutzrechte

Der Artikel 2 enthält ein umfassendes Diskriminierungsverbot. Alle Rechte gelten für jedes Kind, unabhängig von Rasse, Hautfarbe, Geschlecht, Sprache, Religion, politischer oder sonstiger Anschauung, nationaler, ethnischer oder sozialer Herkunft, Vermögen, Behinderung, Geburt oder sonstigem Status des Kindes, seiner Eltern oder seines Vormunds.

Weitere Schutzrechte finden sich in Artikel 8: Schutz der Identität; Artikel 9: Schutz vor Trennung von den Eltern; Artikel 16: Schutz der Privatsphäre; Artikel 17: Schutz vor Schädigung durch Medien; Artikel 19: Schutz vor jeder Form körperlicher oder geistiger Gewaltanwendung, Misshandlung oder Vernachlässigung einschließlich des sexuellen Missbrauchs; Artikel 22: Schutz von Kinderflüchtlingen; Artikel 30: Schutz von Minderheiten; Artikel 32: Schutz vor wirtschaftlicher Ausbeutung; Artikel 33: Schutz vor Suchtstoffen; Artikel 34: Schutz vor sexuellem Missbrauch; Artikel 35: Schutz vor Entführung; Artikel 36: Schutz vor Ausbeutung jeder Art; Artikel 37: Schutz in Strafverfahren und Verbot von Todesstrafe und lebenslanger Freiheitsstrafe; Artikel 38: Schutz bei bewaffneten Konflikten.

Förderrechte

In Artikel 3 ist der Vorrang des Kindeswohls festgeschrieben, demzufolge das Wohl des Kindes bei allen Gesetzgebungs-, Verwaltungs- und sonstigen Maßnahmen öffentlicher oder privater Einrichtungen vorrangig zu berücksichtigen ist. Alle, die für die Entwicklung eines Kindes Verantwortung tragen, sind verpflichtet, das Kind entsprechend seinem Entwicklungsstand bei der Wahrnehmung seiner Rechte zu unterstützen.

Artikel 6 enthält das Recht auf Leben und Entwicklung. Die Vertragsstaaten verpflichten sich, das Überleben und die Entwicklung des Kindes in größtmöglichem Umfang zu gewährleisten.

Ergänzende Förderrechte sind festgelegt in Artikel 10: Recht auf Familienzusammenführung; Artikel 15: Recht auf Versammlungsfreiheit; Artikel 17: Recht auf Zugang zu den Medien; Artikel 18: Recht auf beide Eltern; Artikel 23: Recht auf Förderung bei Behinderung; Artikel 24: Recht auf Gesundheitsvorsorge; Artikel 27: Recht auf angemessenen Lebensstandard; Artikel 28: Recht auf Bildung; Artikel 30: Recht auf kulturelle Entfaltung; Artikel 31: Recht auf Ruhe, Freizeit, Spiel und Erholung; Artikel 39: Recht auf Integration geschädigter Kinder.

In der Konvention werden Kindern umfassende Schutz-, Förder- und Beteiligungsrechte zuerkannt.

Beteiligungsrechte

Nach Artikel 12 hat jedes Kind das Recht, in allen Angelegenheiten, die es betreffen, unmittelbar oder durch

Kinderkommission

Seit 1988 ist in der Bundesrepublik Deutschland eine Kinderkommission tätig, die es sich zur Aufgabe gemacht hat, die Belange von Kindern zu vertreten. Seitdem hat sich die Situation von Kindern in Deutschland zwar maßgeblich verbessert, dennoch ist die Arbeit der Kommission auch heute keineswegs überflüssig, „denn Kinder werden immer noch nicht selbstverständlich als eigenständige Persönlichkeiten mit Rechten und Bedürfnissen angesehen und respektiert" (Kinderkommission anlässlich ihrer konstituierenden Sitzung am 19.2.2003). Die Kinderkommission ist ein Unterausschuss des Ausschusses für Familie, Senioren, Frauen und Jugend des Deutschen Bundestags, dem VertreterInnen aus allen Fraktionen angehören. Ziel der Kinderkommission ist es, Deutschland noch kinderfreundlicher zu machen, Kinderarmut zu bekämpfen, angemessene Lebensbedingungen für Kinder zu schaffen und Kinderpolitik als Querschnittaufgabe in allen Politikbereichen zu etablieren. Die Kinderkommission gibt die Broschüre „Kinder haben Rechte" heraus (www.bundestag.de/aktuell/presse/2003pz_0301294.html, Stichwort: Kiko_brosch.pdf).

einen Vertreter gehört zu werden. Die Meinung des Kindes muss angemessen und entsprechend seinem Alter und seiner Reife berücksichtigt werden.
Weitere Beteiligungsrechte der Kinder sind niedergelegt in Artikel 13: Recht auf freie Meinungsäußerung sowie auf Informationsbeschaffung und -weitergabe und in Artikel 17: Recht auf Nutzung kindgerechter Medien“ (Maywald 2002).

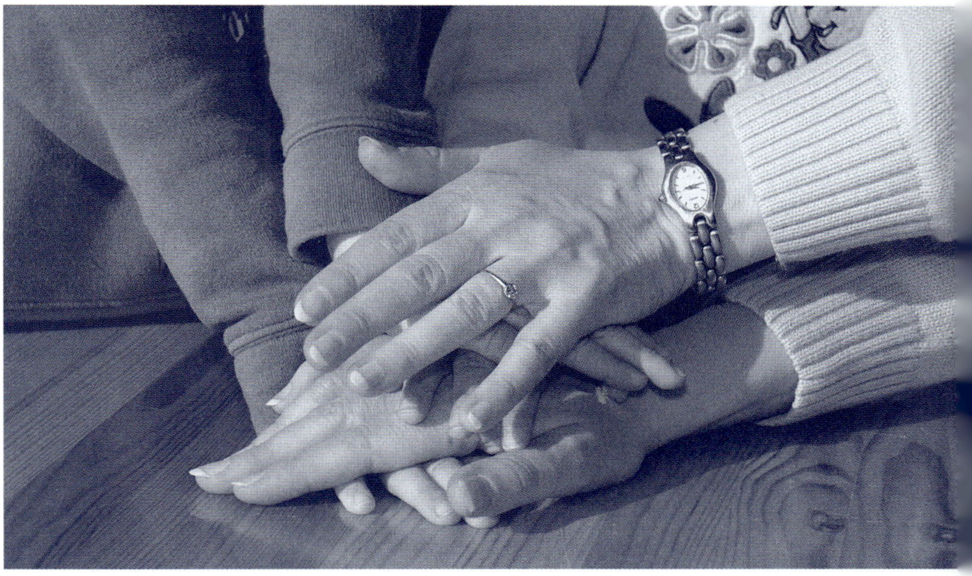

Kinderrechte versus Elternrechte?

Das Spannungsfeld zwischen Elternrechten und Kinderrechten wird u. a. daran deutlich, dass die Bundesrepublik Deutschland die UN-Kinderrechtskonvention auch deshalb nicht vorbehaltlos anerkannt hat, weil Artikel 6 des Grundgesetzes staatliche Eingriffe – und eine vollständige Ratifizierung der Konvention wäre ein solcher Eingriff – in die elterliche Erziehung weitestgehend verbietet. Nichtsdestotrotz wird die Aufnahme von Kinderrechten in die Verfassung von PolitikerInnen und Organisationen, die sich für die Rechte der Kinder einsetzen, immer wieder gefordert, weil der Staat, so die Argumentation, gegenüber den Kindern eine besondere Schutz- und Förderfunktion habe. Diese Forderung wurde 2006 – im Zusammenhang mit dem gewaltsamen Tod des zweijährigen Kevin aus Bremen – durch die Bundesfamilienministerin erneuert. Der spektakuläre Fall, bei dem die zuständigen Behörden aufgrund ihres Nichteingreifens völlig versagten, macht erneut deutlich, dass Elternrecht niemals auf Kosten des Kindeswohls gehen darf. Dazu ein Zeitungsbericht:
„(...) Redner aller Parteien äußerten sich gestern entsetzt darüber, dass der unter Amtsvormundschaft gestellte Kevin bei seinen drogensüchtigen und vorbestraften Eltern bleiben durfte, obwohl es zahlreiche Hinweise auf Misshandlungen und Vernachlässigungen gegeben habe. Nach dem Tod der Mutter durfte sich deren Lebensgefährte Bernd K. um Kevin kümmern. Als das Kind dann doch in eine Pflegefamilie gebracht werden sollte, lag es bereits seit Wochen tot in K.s Kühlschrank. Übereinstimmend forderten die Redner, dass das Kindeswohl im Zweifel Vorrang vor Elternrechten haben müsse. (...)“ (Badische Zeitung vom 3.11.2006).

Die Anerkennung des Kindes als Träger eigener Rechte ist Ausdruck für ein neues Generationenverhältnis.

Gleichheit und Differenz

„Die Anerkennung des Kindes als Träger eigener Rechte ist Ausdruck für einen tief greifenden Wandel im Verhältnis der Erwachsenen zu den Kindern. Hier zeigt sich der Übergang zu einem neuen Generationenverhältnis. An die Stelle der Unterordnung des Kindes unter den Willen und die Macht der Eltern tritt eine Beziehung auf der Basis gleicher Grundrechte, in der die Würde und die Rechte des Kindes neben denen der Erwachsenen einen selbstverständlichen Platz einnehmen.
Dieser Perspektivenwechsel darf aber nicht zur Folge haben, tatsächlich bestehende Unterschiede zwischen Erwachsenen und Kindern einfach einzuebnen: Kinder sind keine kleinen Erwachsenen. Auf Grund ihres Alters, auf Grund ihrer sich noch entwickelnden körperlichen und geistigen Fähigkeiten und Möglichkeiten bedürfen Kinder des

besonderen Schutzes und der besonderen Fürsorge. Kinder brauchen eigene Kinderrechte. Sie brauchen ein Recht auf Kindheit, und zwar auf einen Schon- und Spielraum, in dem Verantwortlichkeit wachsen und eingeübt werden kann. In dieser Spannung zwischen Gleichheit einerseits – Kinder sind Menschen – und Differenz andererseits – Kinder haben altersbedingte spezifische Bedürfnisse – liegt das besondere Verhältnis zwischen Erwachsenen und Kindern. Immer mehr setzt sich deshalb durch, das Elternrecht ausschließlich als pflichtgebundenes, treuhänderisches Recht zu verstehen, das seine Grenze am Wohl des Kindes findet. Elternrecht heißt heutzutage vor allem Elternverantwortung. Diese Verantwortung beinhaltet das Recht und die Pflicht der Eltern, ‚das Kind bei der Ausübung (seiner) anerkannten Rechte in einer seiner Entwicklung entsprechenden Weise angemessen zu leiten und zu führen' (Artikel 5 der UN-Kinderrechtskonvention)" (Maywald 2002).

Hinweis:

Organisationen, die über Kinderrechte informieren und Hilfe beim Einklagen dieser Rechte leisten:

- Kinderschutzbund (www.kinderschutzbund.de)
- Kinderschutzzentren (www.kinderschutz-zentren.org)
- UNICEF (www.unicef.de)
- terre des hommes (www.tdh.de)

Partizipation ist mehr als Beteiligung

Partizipation ist nichts Neues. Schon Maria Montessori betonte die Eigenaktivität des Kindes („Hilf mir, es selbst zu tun"), in der Zeit der Kinderladenbewegung wurden Selbstbestimmungsrechte von Kindern erprobt und auch der Situationsansatz der 70er-Jahre beruht auf einer partizipatorischen Grundlage. Doch obwohl Partizipation bereits eine Geschichte hat, scheint es immer noch so zu sein, dass Kinder nur begrenzte Möglichkeiten haben, ihre Belange zu artikulieren und durchzusetzen. Schon Janusz Korczak sagte: „Kinder und Fische haben keine Stimme" (Korczak 1976, S. 45). In der Regel sind Kinder darauf angewiesen, dass Erwachsene ihre Interessen und Bedürfnisse richtig wahrnehmen, interpretieren und vertreten. Das gelingt ihnen natürlich nicht immer; sie haben nicht immer Interesse daran und sie tun es häufig nicht mit den richtigen Mitteln.

Rechtliche Grundlage

Ein Meilenstein zur Verwirklichung der Rechte Minderjähriger wurde 1991 durch die Einführung des Partizipationsrechts (§ 8 SGB VIII) gesetzt. Dort heißt es: „Kinder und Jugendliche sind entsprechend ihrem Entwicklungsstand an allen sie betreffenden Entscheidungen der öffentlichen Jugendhilfe zu beteiligen" (§ 8 Abs. 1). Zudem haben sie u. a. einen Anspruch darauf, auch ohne Kenntnis der Personensorgeberechtigten in Konfliktsituationen beraten zu werden (§ 8 Abs. 3). „Die wesentliche, das SGB VIII durchziehende Bedeutung des § 8 SGB VIII liegt in der programmatischen Aufforderung an die Akteure der Jugendhilfe, in der Praxis für eine aktive Beteiligung und Interessenvertretung der jungen Menschen zu sorgen" (Münder u. a. 2005, S. 72).

Was bedeutet Partizipation?

„Partizipation heißt Macht abgeben, ist aber keine Umkehrung der Machtverhältnisse! Natürlich sind Erwachsene heute wie gestern erfahrener, sie sind stärker und haben mehr Überblick. Sie tragen die Verantwortung für die nachwachsende Generation und können diese Verantwortung auch nicht unter dem Vorwand der Beteiligung abgeben. Erwachsene haben die Verantwortung für die gesundheitliche, soziale und psychische Entwicklung von Kindern und müssen im Rahmen dieser Verantwortung auch Entscheidungen ohne Beteiligung von Kindern treffen. Ich werde mit einem Vierjährigen nicht diskutieren, ob man auch bei Rot über die Ampel gehen darf, auch die Notwendigkeit des Zähneputzens ist kein Partizipationsthema. Die Partizipation an der Auswahl des Fernsehprogramms ist nur innerhalb der von mir als Mutter bestimmten Grenzen möglich (Länge des Films, Altersangaben etc.). Partizipation darf nicht bedeuten, dass Kinder alle Entscheidungen selbst treffen dürfen – und damit treffen müssen – und in Orientierungslosigkeit münden" (Raingard Knauer vom Institut für Partizipation und Bildung, Kiel, in einem Vortrag 2004).

Hinweis:

Auch für den Bereich der Beteiligungsrechte gilt: Die Ländergesetze sind sehr unterschiedlich und müssen im Zweifelsfall genau geprüft werden.

Partizipation in der Praxis

Formal wird Kindern ein Beteiligungsrecht zugestanden, in der Praxis liegt die Entscheidungsmacht jedoch zum großen Teil immer noch in den Händen der Erwachsenen. Deshalb empfiehlt Rüdiger Hansen, Mitarbeiter des Instituts für Partizipation und Bildung in Kiel, diesen Missstand durch ein strukturell verankertes Mitspracherecht der Kinder zu beseitigen. Er hält es für ein wichtiges Ziel, dass Beteiligungsformen einen festen Platz im Alltag der Kinder bekommen und in den Tageseinrichtungen präzise gefasste Beteiligungsrechte festgeschrieben werden. Eine solche Verfassung könnte wie folgt aussehen (aus: KiTa spezial: Partizipation, Sonderausgabe 4/2005, S. 16):

Beispiel: KiTa-Verfassung

„Abschnitt 2: Zuständigkeitsbereiche
§ 6 Spielbereiche ohne Aufsicht
(1) Die pädagogischen Mitarbeiterinnen und Mitarbeiter räumen Kindern, die sich diesbezüglich als zuverlässig erwiesen haben, grundsätzlich das Recht ein, bestimmte Spielräume wie den Bewegungsraum oder den Spielplatz ohne erwachsene Aufsichtspersonen zu nutzen.
(2) Über die praktische Anwendung dieses Rechts entscheidet die Dienstversammlung der pädagogischen Mitarbeiterinnen und Mitarbeiter rechtzeitig vor den Wahlen für die nächste Legislaturperiode des Hohen Rates.
(aus der Verfassung der Kita Zwergenland)

§ 9 Mahlzeiten
(1) Die Kinder sollen unter Einbeziehung der Mitarbeiterinnen und Mitarbeiter aus dem Küchenbereich mitentscheiden über die Auswahl und die Gestaltung des Frühstücks und des Mittagessens. Das Mitspracherecht umfasst die Entscheidungen darüber, ob, was und wie viel sie essen.
(2) Die pädagogischen Mitarbeiterinnen und Mitarbeiter behalten sich jedoch das Recht vor, die Tischkultur zu bestimmen.
(aus der Verfassung der Kita Bollerwagen)"

Die Kinderstube der Demokratie

Die Eltern der Kinder dieser Einrichtungen waren anfangs durchaus nicht alle glücklich über das Maß der Beteiligung ihrer Kinder. Dennoch waren alle Erwachsenen von der großen Kompetenz der Kinder, sich für ihre Belange einzusetzen, überrascht. Das Modellprojekt „Die Kinderstube der Demokratie" des Landes Schleswig-Holstein, durchgeführt vom Institut für Partizipation und Bildung in Kiel, zeigt, welche Beteiligungsmöglichkeiten real sind und ermutigt ErzieherInnen, den Weg der Partizipation zu gehen (Nähere Informationen zum Modellprojekt: www.Partizipation-und-Bildung.de). Wichtig ist allerdings, dass Kinder nicht durch erwachsene Formen der Beteiligung überfordert werden. In Kinderparlamenten und -versammlungen müssen andere Regeln gelten als in Elternversammlungen. Kinder benötigen keine Geschäftsordnung und müssen sich auch nicht schriftlich ausdrücken. Um sich äußern zu können, brauchen sie eine kindgerechte Form. So gibt es in der KiTa „Zum Gutshof" beispielsweise eine Glocke, die geläutet wird, wenn ein Kind etwas Wichtiges zu sagen hat. Dann kommen alle zusammen und es wird diskutiert. Anfangs ging es ein wenig turbulent zu und die Glocke wurde unmäßig oft eingesetzt. Inzwischen hat sich das System eingespielt und als brauchbares Instrument für diese Einrichtung erwiesen.

So kann Partizipation gelingen

Nicht überall dort, wo von Partizipation geredet wird, wird sie tatsächlich auch praktiziert. Wollen ErzieherInnen in ihrer KiTa eine echte Partizipationskultur verwirklichen, sollten sie sich – gemeinsam im Team – an den folgenden Prüfsteinen orientieren.

Prüfstein 1: Welches Bild vom Kind haben wir?
Jeder pädagogischen Beziehung liegt ein spezifisches Bild vom Kind zugrunde. Beteiligung setzt voraus, dass das Kind als gleichberechtigter, wenn auch andersartiger Partner akzeptiert wird.

Prüfstein 2: Wie kommunizieren wir mit den Kindern?
Hören wir den Kindern aufmerksam zu? Stellen wir Fragen, statt immer Antworten parat zu haben? Ermutigen wir die Kinder, selbst Lösungen zu entwickeln? Erfahren die Kinder auch im Alltag: Die Erwachsenen interessieren sich für mich, nehmen sich Zeit für mich, hören mir zu, auch wenn ich Zeit für das Finden der richtigen Worte brauche. Partizipation braucht den Dialog, die respektvolle Begegnung.

Prüfstein 3: Wird die Praxis dem formulierten Ziel gerecht?
Kinder erfahren in alltäglichen Lebenssituationen, ob sie ernst genommen werden oder nicht. Ich habe Kindertagesstätten erlebt, in denen Partizipation den Schwerpunkt der Konzeption darstellte, und beobachtete zugleich, dass Erzieherinnen keine Zeit hatten, um den Kindern beim Binden der Schnürsenkel geduldig zuzuschauen, ihnen das Wort abschnitten, sich keine Zeit für ausführliche Gespräche nahmen oder die Kinder mit an Erwachsenen orientierten Beteiligungsformen überforderten.

Prüfstein 4: Woran werden die Kinder schon beteiligt?
Keine KiTa fängt heute in Sachen Partizipation bei Null an. In jeder Einrichtung gibt es Entscheidungen, die mit den Kindern zusammen getroffen werden. Eine Auflistung dieser bereits gelebten Beteiligung kann motivierend wirken und neue Ideen entstehen lassen.

Prüfstein 5: Woran können die Kinder zusätzlich beteiligt werden?
Es gibt kaum Entscheidungen, an denen Kinder nicht beteiligt werden können. Dabei sollte aber auf jeden Fall darauf geachtet werden, dass sie genau wissen, worüber sie entscheiden, und dass die Entscheidung keine Überforderung bedeutet. Es sollte sich jedoch immer um ernsthafte Dinge handeln, die keine Alibifunktion haben. Partizipation darf nicht zur Spielwiese verkommen.

Prüfstein 6: Sind die Beteiligungsformen kindgerecht?
Auch partizipatorische Aktivitäten müssen zielgruppenorientiert, d. h. auf das einzelne Kind abgestimmt sein. Das Kind sollte von der Fragestellung tatsächlich betroffen sein und das Beteiligungsverfahren muss altersentsprechend gestaltet werden. So können die beliebten Kinderkonferenzen und -parlamente kleine Kinder durchaus überfordern. In diesem Zusammenhang spielen Beobachtung und Dokumentation eine wichtige Rolle. Bei den Jüngsten in der KiTa kann u. a. auf diesem Weg erforscht werden, was gewünscht wird, während ältere Kinder direkt befragt werden können.

Prüfstein 7: Stehen wir als „ProzessbegleiterInnen" zur Verfügung?
Kinder brauchen Erwachsene, die ihnen die nötigen Rahmenbedingungen (z. B. Kopiergerät, Telefon, entsprechende Räume, die genutzt werden können) und bei Bedarf ihre Ressourcen zur Verfügung stellen. Sie können den Kontakt zu anderen Erwachsenen herstellen, wenn die Kinder das wünschen und dazu alleine nicht in der Lage sind, Kommunalpolitiker einbinden und bei Aushandlungsprozessen helfen. Sie stellen „Übungsräume" zur Verfügung und lassen Situationen zu, in denen Kinder Demokratie üben. Sie begleiten den Prozess, indem sie mit den Kindern über deren Erfahrungen sprechen und sie ermutigen, sich in den ihnen eigenen Formen auszudrücken.

Prüfstein 8: Ist für die Kinder der Erfolg ihres Bemühens sichtbar?
Kinder wollen schnell Erfolge sehen. Wer mit darüber entscheidet, dass das Außengelände der KiTa umgestaltet werden soll, an der Planung teilhat und dann schon die Schule besucht, wenn der erste Spatenstich erfolgt, wird sich so schnell nicht wieder an einem aufwändigen Projekt beteiligen. Je jünger die Kinder sind, umso zeitnaher muss die Realisierung erfolgen. Bei großen Projekten ist es notwendig, immer wieder Zwischenergebnisse zu präsentieren.

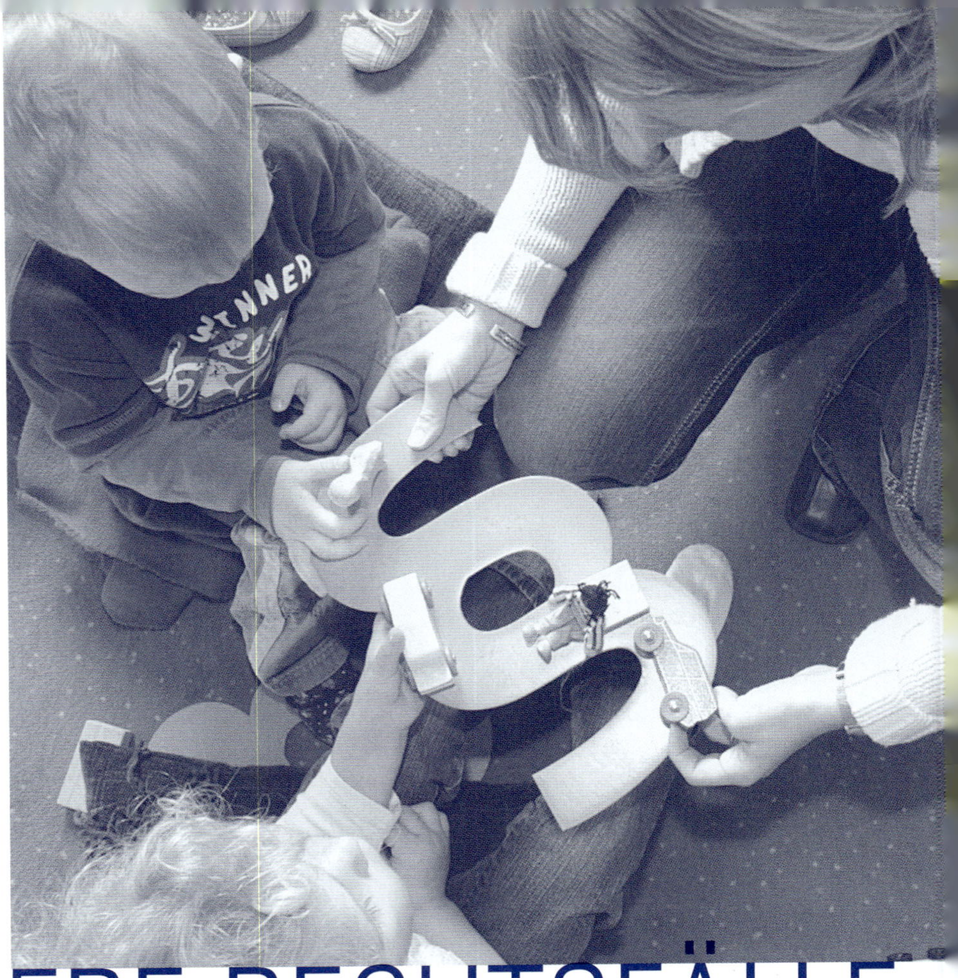

BESONDERE RECHTSFÄLLE IM KITA-ALLTAG

- Medikation durch die Erzieherin
- Der KiTa-Schlüssel ist weg
- Rauchen am Arbeitsplatz KiTa
- Aufsichtspflicht im Praktikum
- Delegation pflegerischer Tätigkeiten

Darf die Erzieherin einem Kind Medikamente verabreichen? Haftet sie, wenn sie den KiTa-Schlüssel verliert, und ist es ihr erlaubt, in der Einrichtung zu rauchen? ErzieherInnen sind ständig mit rechtlichen Fragen konfrontiert, die sich nicht auf Anhieb beantworten lassen. Dieses Kapitel gibt wichtige Informationen zu einigen besonderen Rechtsfällen.

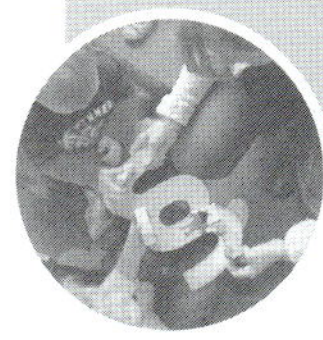

Medikation durch die Erzieherin

In Kindertageseinrichtungen haben ErzieherInnen immer wieder mit Kindern zu tun, die plötzlich erkranken, deren Krankheitssymptome während des Tages aufbrechen oder die ein chronisches Leiden wie Neurodermitis, Asthma oder eine andere Beeinträchtigung haben, die sie zwar nicht am Besuch der KiTa hindert, aber dennoch eine Einnahme von Medikamenten erforderlich macht. Auch manch ein behindertes Kind benötigt während seines Aufenthalts in der KiTa ein bestimmtes Medikament. Und auch nach einer überstandenen Krankheit ist in einzelnen Fällen noch eine zeitweilige Medikation notwendig. Diese zu verweigern würde den Ausschluss der betroffenen Kinder bedeuten.

Zum Beispiel Paul

Paul, ein Kind aus der KiTa „Am Schlosspark" ist HIV-infiziert. Paul ist neu in der Einrichtung und die ErzieherInnen sind mit dem Problem seiner Medikation nicht vertraut. Seine Eltern scheinen das alles ganz gelassen zu sehen und eigentlich macht Paul auch nicht den Eindruck, krank zu sein. Doch dürfen die ErzieherInnen sich tatsächlich auf den Wunsch der Eltern einlassen und ihm Medikamente verabreichen? Eine heftige Diskussion entbrennt, zu der schließlich ein Arzt hinzugezogen wird.

Verabreichung von Medikamenten

Medikamente gehören in die Hand von Ärzten, Krankenschwestern und anderem, für den Umgang damit ausgebildetem Personal. Allerdings zählen Eltern in der Regel auch nicht zu den medizinisch ausgebildeten Fachkräften. Sie erhalten quasi vom Arzt, der sie in den Umgang mit dem Medikament einweist, mündlich die Erlaubnis zur Medikamentvergabe. Diese kann durchaus von den Sorgeberechtigten auf eine Erzieherin übertragen werden. Eine Weigerung der Erzieherin, die den Ausschluss des Kindes bedeuten würde, widerspräche dem Integrations- und Fördergebot des SGB VIII. Jedoch ist hier eine schriftliche Erlaubniserklärung der Sorgeberechtigten zwingend notwendig. Die KiTa-Satzung sollte für solche Fälle bereits eine Passage enthalten, die die Verabreichung von Medikamenten regelt. Das könnte beispielsweise folgendermaßen aussehen:

„§ 9 Krankheit, Medikation
(1) Medikamente dürfen nur im äußersten Notfall gemäß ärztlicher Verordnung verabreicht werden, wenn eine schriftliche Berechtigungserklärung der Sorgeberechtigten vorliegt. Eine eigenmächtige Medikation ist ausgeschlossen."

Die Erzieherin Marita K. fühlt sich trotz dieser Bestimmung unsicher und überfordert. Sie weigert sich, Paul die Medikamente zu verabreichen, weil sie befürchtet, dass es sich um ausgesprochen starke Arzneimittel handelt, bei deren Dosierung ihr Fehler unterlaufen könnten.

> Eine schriftliche Erlaubniserklärung der Sorgeberechtigten ist zwingend notwendig.

Diese Bedenken sind durchaus verständlich und nachvollziehbar. Vielleicht könnten sie aufgelöst werden, indem Pauls Arzt der Erzieherin die Wirkung der Medikamente und die erforderliche Dosierung genau erläutert. Natürlich kann auch eine Kollegin die Medikation übernehmen. Grundsätzlich kann eine Erzieherin trotz des Integrations- und Fördergebots nicht gezwungen werden, einem Kind Medikamente zu verabreichen.

Was noch zu bedenken ist

ErzieherInnen dürfen eigenmächtig keine Medikamente verabreichen. Das gilt für Nasentropfen ebenso wie für Fieberzäpfchen. Selbst die Verabreichung eines alkoholfreien Hustensaftes könnte theoretisch als Körperverletzung betrachtet werden. In einer akuten Situation muss deswegen unbedingt ein Arzt gerufen werden.
Marita K. hat erlebt, dass Eltern sehr sorglos mit Medikamenten umgehen. So bekam Sina nicht nur Ritalin gegen ihr Aufmerksamkeitsdefizit-Syndrom (ADS), sondern auch bei jeder sich anbahnenden Erkältung Fieberzäpfchen. Marita K. sah sich gezwungen, die Eltern auf das Problem hinzuweisen, um sich nicht mitschuldig zu machen. Das war genau die richtige Vorgehensweise, hat aber auch zu großem Ärger und zu Sinas Abmeldung aus der Einrichtung geführt. Die Skepsis von Marita K. im aktuellen Fall von Paul ist also berechtigt.

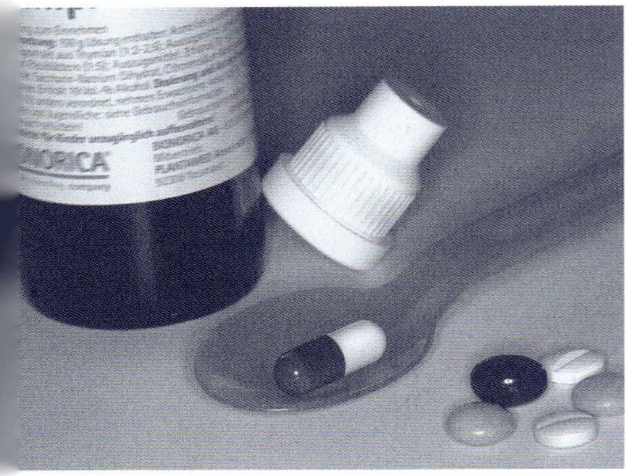

Hinweis:

Sollte sich die KiTa für die Vergabe von Medikamenten entscheiden, muss auf jeden Fall sichergestellt werden, dass

- die Medikamente kindersicher aufbewahrt werden können,
- es nicht zur Verwechslung unterschiedlicher Medikamente kommen kann,
- die ErzieherInnen über ausreichende Kenntnisse und Informationen verfügen, die eine ordnungsgemäße Verabreichung garantieren,
- es einen Ort in der Einrichtung gibt, an dem das Medikament verabreicht werden kann, ohne dass alle anderen Kinder zuschauen müssen.

Fehler wie z. B. eine falsche Dosierung werden immer der betreffenden Erzieherin zur Last gelegt. Da bietet auch kein Formblatt rechtlichen Schutz. Für den Fall, dass es zu einem Schaden kommt, wird immer auch die Frage der Fahrlässigkeit geprüft.

Der KiTa-Schlüssel ist weg

Die Leiterin der KiTa, Frau B., befindet sich auf einer Fortbildung, der Hausmeister in einem Streik. Nun muss die stellvertretende Leiterin, Frau A., die Schlüsselgewalt für die Einrichtung übernehmen. Sie tut das nur ungern, denn sie weiß, dass ein etwaiger Schlüsselverlust unangenehme Folgen haben kann. Eine spezielle Schlüsselversicherung will Frau A. für die paar Tage aber nicht abschließen; sie ist sich auch gar nicht sicher, ob das notwendig ist. Einen Tag später bereut Frau A. ihre Entscheidung bereits. Der Schlüssel ist weg, stattdessen findet sie ein großes Loch in ihrer Hosentasche. Sämtliche Schlösser in der Einrichtung müssen nun ausgetauscht werden – das wird sehr teuer. Frau A. fürchtet die Kosten und glaubt, dass sie für den entstandenen Schaden haften muss.

Haftung nach Schlüsselverlust

Frau A. hat einen Arbeitsvertrag nach BAT (Bundesangestelltentarif). Das bedeutet, dass sie nur dann für einen Schaden haften muss, wenn sie grob fahrlässig oder vorsätzlich gehandelt hat. Das ist ihr aber nicht nachzuweisen. Für ein Loch in der Hosentasche kann sie schließlich nichts. Der Arbeitgeber wird den Schaden regeln. Anders sähe es aus, wenn Frau A. den Schlüssel im Schloss stecken gelassen, ihn in ihrem offenen Wagen auf dem Nebensitz vergessen oder ihn einem Kind, das als nicht besonders zuverlässig gilt, anvertraut hätte. Diese Verhaltensweisen gelten als grob fahrlässig, denn die erforderliche Sorgfalt wird dabei außer Acht gelassen. Die Erzieherin müsste also für den Schaden haften.

Haftungsverteilung zwischen Arbeitgeber und Arbeitnehmer

„Bei leichter Fahrlässigkeit trägt der Arbeitgeber den vollen Schaden. Liegt mittlere Fahrlässigkeit vor, wird der Schaden zwischen Arbeitgeber und Arbeitnehmer geteilt. Bei grober Fahrlässigkeit oder Vorsatz haftet der Arbeitnehmer in voller Höhe. Zu beachten ist, dass der neue Tarifvertrag für den öffentlichen Dienst (TvöD) vom 13. September 2005 die Haftungsbeschränkungen (...) (Haftung nur bei Vorsatz oder grober Fahrlässigkeit) aufgehoben hat. Die Beschäftigten im Geltungsbereich des TvöD haften demzufolge nach den vom Bundesarbeitsgericht entwickelten Grundsätzen" (Schmidt 2005).

Umfang des Schadensersatzes

Bevor der Schadensersatz geltend gemacht und die Höhe bestimmt wird, werden Fürsorgeaspekte gegenüber der Arbeitnehmerin berücksichtigt. Die Schadensersatzhöhe kann begrenzt werden, wenn die Arbeitnehmerin

- einen geringen Verdienst hat, mit dem sie die Schadenshöhe kaum begleichen kann,
- den Verlust sofort gemeldet und die Umstände freiwillig und in vollem Umfang dem Arbeitgeber geschildert hat,
- schon sehr lange in der Einrichtung arbeitet und sich bisher nichts hat zuschulden kommen lassen,
- sich selbst um Schadensbegrenzung bemüht.

Tipp:

In jedem Fall sollten Sie überprüfen, ob Ihre Berufshaftpflichtversicherung Schadensersatz bei Schlüsselverlust einbezieht. Grundsätzlich sollten Sie sich mit Ihrem Arbeitgeber über solche Haftungsfragen auseinandersetzen.

Beispiel: Ablehnung des Schlüssels
Die Erzieherin Karin S. bekommt von ihrem Arbeitgeber bei Dienstantritt einen Generalschlüssel ausgehändigt. Sie ist darüber sehr erstaunt und lehnt es ab, den Schlüssel an sich zu nehmen. Die Verantwortung ist ihr zu groß und einen triftigen Grund für die Annahme des Schlüssels kann sie nicht erkennen. Für die Erledigung ihres Arbeitsauftrags benötigt sie den Schlüssel jedenfalls nicht. Frau S. ist im Recht, sie muss den Schlüssel nicht annehmen. Tut sie es dennoch und verliert ihn, ohne fahrlässig gehandelt zu haben, liegt ein Organisationsverschulden vor, weil Frau S. keinen Schlüssel zur Erfüllung ihrer Arbeitsleistung benötigt (LAG Frankfurt am Main, Urteil vom Januar 1998 – 14 Sa 156/97 – LAGE § 249 BGB Nr. 12).

Rauchen am Arbeitsplatz KiTa

Vor der KiTa „Am Schlosspark" steht frühmorgens ein Auto. Weißer Qualm steigt aus dem offenen Schiebedach. Eltern und Kinder, die auf dem Weg in die KiTa sind, schauen interessiert zum Wagen. Darin sitzen zwei Erzieherinnen und eine Praktikantin, die rauchen. In der Einrichtung herrscht Rauchverbot. 15 Minuten später: Petra M., eine der Erzieherinnen, begrüßt Leo freundlich. Leo erwidert die Begrüßung, hält aber deutlich Abstand und sagt schließlich: „Du stinkst!" Petra M. kommt ins Grübeln.
In manchen Einrichtungen gibt es ein Raucherzimmer, in das sich die MitarbeiterInnen zurückziehen können. Der Rauch aus diesem Raum kann allerdings durchs ganze Haus ziehen und macht auch vor den von den Kindern genutzten Räumen keinen Halt. Aus diesem Grund besteht in vielen Einrichtungen ein generelles Rauchverbot. Die Folge sind kleine Gruppen rauchender MitarbeiterInnen vor der KiTa oder im Außengelände der Einrichtung. Ein akzeptables Bild?

Ein Rauchverbot durch den Träger stellt auf jeden Fall eine zu akzeptierende Maßnahme dar.

Die Kindersicht
Kinder leben nicht auf einer Insel. Sie wissen, dass es Jugendliche und Erwachsene gibt, die rauchen. Das sehen sie im Elternhaus, auf der Straße, in den Medien, insbesondere in der Werbung. Vermutlich wissen Kinder trotzdem, dass die rauchenden Erwachsenen etwas tun, was nicht gesund ist. Schwer nachzuvollziehen ist für sie, dass Erwachsene ganz offensichtlich und bewusst gesundheitsschädigendes Verhalten zeigen, von den Kindern aber verlangen, genau das nicht zu tun: Kinder sollen sich sportlich betätigen und gesund ernähren, keine Süßigkeiten essen und die Zähne gründlich putzen. Ein Widerspruch?

Die Elternsicht
Gesundheitsbewusste Eltern werden Wert darauf legen, dass ihr Kind nicht von Qualm und Geruch beeinträchtigt wird. Für die Pause, die sich die rauchende Erzieherin nimmt, hat sie die Erfüllung der Aufsichtspflicht sicherzustellen und auch sonst möglichst diskret mit ihrem Rauchbedürfnis in der KiTa umzugehen. Es kann nicht im Interesse der Erzieherin sein, dass eine unausgesprochene Front gegen die „Raucherliga" entsteht, denn das schadet ihrem Ansehen.

Die KollegInnensicht
In der KiTa arbeiten zwei Raucherinnen und vier Nichtraucherinnen. Zwei- bis dreimal am Tag heißt es: „Tina, ich geh' mal eine rauchen, wirfst du einen Blick auf meine Gruppe?" Lange Zeit wurde dieses Verhalten von allen toleriert, allmählich macht sich jedoch Unmut breit. Die Nichtraucherinnen argumentieren: „Wir bestrafen uns selbst, indem wir den Raucherinnen nicht nur eine zusätzliche Pause ermöglichen, sondern in dieser Zeit auch noch doppelt belastet werden". Die ersten Kolleginnen beginnen zu rechnen: Eine Zigarettenlänge macht fünf Minuten plus Händewaschen. Sechs Zigaretten am Tag, das ist bereits eine gute halbe Stunde. Welches Recht begünstigt die rauchenden Kolleginnen? Und was ist in dieser Zeit mit der Aufsichtspflicht? Kaum eine dieser Fragen wird jedoch offen diskutiert. Denn RaucherInnen fühlen sich schnell diskriminiert und NichtraucherInnen trauen sich nicht, ihren Unmut zu äußern, weil sonst handfeste Konflikte aufbrechen könnten.

Die Trägersicht
Der Träger geht von einer einheitlichen Pausenregelung für alle aus. Das heißt, wenn es ein Raucherzimmer gibt, kann dort während der offi-

ziellen Pause geraucht werden. Dem Träger ist aber sicher auch klar, welche Folgen das Passivrauchen für Kinder haben kann. Aufgabe der KiTa ist es, für das Wohl der Kinder Sorge zu tragen. Dieses könnte durch rauchende ErzieherInnen beeinträchtigt werden. Auch den anderen MitarbeiterInnen gegenüber hat der Träger eine Fürsorgepflicht und ist daher gehalten, für rauchfreie Zonen zu sorgen. Ein Rauchverbot durch den Träger stellt insofern auf jeden Fall eine zu akzeptierende Maßnahme dar.

Die rechtliche Seite

Die gesetzlichen Regelungen lassen ein Rauchverbot während der Arbeitszeit grundsätzlich zu. In manchen Bundesländern gibt es dazu bereits entsprechende Vorschriften. Beispiel Berlin: „In Anwesenheit von Kindern und in Räumen, die von Kindern genutzt werden, darf nicht geraucht werden" (§ 6 Abs. 4 KitaG Berlin). Und im SGB VIII heißt es: „Jugendhilfe soll (...) insbesondere dazu beitragen, positive Lebensbedingungen für junge Menschen und ihre Familien sowie eine kinder- und familienfreundliche Umwelt zu erhalten oder zu schaffen" (§ 1 Abs. 3 Nr. 4). Die persönliche Freiheit der Nichtraucherin wird von der Raucherin übrigens dadurch beeinträchtigt, dass die Raucherin Schadstoffe ausstößt.
Der Arbeitgeber ist nicht verpflichtet, ein Raucherzimmer oder einen Regenunterstand im Freien bereitzustellen. Das Rauchen kann jedoch für die Zeit der den MitarbeiterInnen rechtlich zustehenden Pausen nicht verboten werden. Laut Arbeitszeitgesetz besteht bei einem neunstündigen Arbeitstag ein Anspruch auf 30 Minuten Pause, bei mehr als neun Stunden sind es 45 Minuten. Die Pausen können auch in Abschnitten von mindestens 15 Minuten wahrgenommen werden. Zusätzliche Raucherpausen sieht das Gesetz nicht vor.

Aufsichtspflicht im Praktikum

Merle K. ist 19 Jahre alt und Studierende an einer Fachschule für Sozialpädagogik. Sie ist im fünften Semester und absolviert zurzeit ein zehnwöchiges Praktikum in der KiTa. Als sie gerade fünf Wochen in der Einrichtung ist, reduziert eine Grippewelle die Einsatzfähigkeit der Kolleginnen drastisch. Natürlich weiß die KiTa-Leiterin, Frau Meier, dass Merle nicht die Aufgaben einer Gruppenleiterin übernehmen sollte. Da sie sich aber in den ersten Wochen als ausgesprochen kompetent und umsichtig gezeigt hat, bittet Frau Meier sie, die Leitung der Gruppe kurzfristig zu übernehmen. Merle empfindet diese Bitte als Anerkennung und ist gerne bereit, sich der verantwortungsvollen Aufgabe zu stellen. Aber darf sie das überhaupt?

Nicht die Ausbildung der Aufsichtspflichtigen ist entscheidend, sondern ob sie für diese Aufgabe geeignet ist.

Eine Frage der Eignung

Der Träger der Einrichtung überträgt die Aufsichtspflicht seinen MitarbeiterInnen. Die Delegation der Aufsichtspflicht ist zunächst nicht an die Ausbildung der damit betrauten Person gebunden. Das bedeutet: Ob die Aufsichtspflichtige Kinderpflegerin, Sozialpädagogin, Erzieherin oder Praktikantin ist, spielt keine entscheidende Rolle. Entscheidend ist vielmehr, ob sie für diese verantwortungsvolle Aufgabe geeignet ist. Die Eignung hängt in erster Linie von folgenden Eigenschaften ab:

- Zuverlässigkeit,
- Gewissenhaftigkeit,
- Verantwortungsbewusstsein,
- Fähigkeit, die Übersicht zu behalten und bei Gefahr entschlossen einzugreifen,
- Erfahrung.

Wenn eine Praktikantin neu in der Gruppe ist oder noch kein anderes Praktikum absolviert hat, ist es fraglich, ob die Leiterin eine Aussage über deren Verantwortungsbewusstsein machen kann. Vertrauen muss sich erst entwickeln, was auch Erfahrungen mit der Kindergruppe voraussetzt. Im Fall von Merle sieht es anders aus. Sie hat nicht nur schon die Hälfte ihrer Ausbildung hinter sich und dadurch auch rechtliche Kenntnisse zum Thema Aufsichtspflicht erworben. Sie hat sich auch gut eingelebt und Umsicht sowie Verantwortungsbewusstsein bewiesen. Die Leiterin konnte sich davon überzeugen, dass Merle eine vollwertige Kraft ist. Sollte sie auch nur geringste Zweifel an Merles Fähigkeiten haben oder gar vermuten, dass Merle mit der Aufgabe überfordert sein könnte, darf sie ihr selbstverständlich nicht die Aufsichtspflicht übertragen. Allerdings kann der Träger von einer 19-jährigen Fachschülerin auch erwarten, dass sie sich und ihre Fähigkeiten richtig einschätzen kann. Sollte sich Merle also überfordert fühlen, wird erwartet, dass sie das auch äußert, die Aufgabe nicht annimmt und dass gemeinsam nach einem Kompromiss gesucht wird.

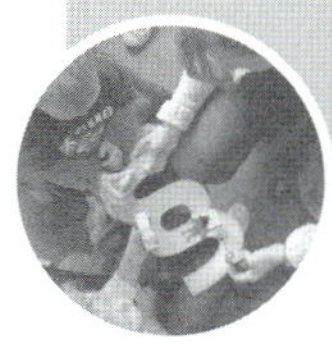

Bei Verletzung der Aufsichtspflicht

Sind alle Beteiligten inklusive Merle von der Richtigkeit der Entscheidung überzeugt und trauen ihr alle zu, sich genauso umsichtig wie eine ausgebildete Erzieherin zu verhalten, haben sie auch gemeinsam die Konsequenzen der Entscheidung zu tragen, falls es aufgrund einer Aufsichtspflichtverletzung zu einer gerichtlichen Auseinandersetzung kommt. In diesem Fall wird das Gericht prüfen, ob sich der Träger ausreichend über die Qualifikation der Praktikantin informiert hat und sie wirklich befähigt war, die Aufsichtsführung zu übernehmen. Stellt das Gericht fest, dass die Praktikantin überfordert und dies vorher auch einzuschätzen war, muss der Träger (ggf. auch die Leiterin) für die Aufsichtspflichtverletzung einstehen. Bei einer Delegation der Aufsichtspflicht wird von der Leiterin erwartet, dass sie oder eine andere geeignete Person das Geschehen im Auge hat und beratend zur Seite stehen kann (vgl. auch Kapitel „Delegation der Aufsichtspflicht").

Delegation pflegerischer Tätigkeiten

In der KiTa „Zum Gutshof" werden seit einigen Monaten vier Krippenkinder betreut. Das hat die Arbeit massiv verändert. So sind z. B. viele pflegerische Tätigkeiten hinzugekommen. Die Erzieherin Frau Y. ist froh, gerade eine Praktikantin (Ausbildung zur Sozialpädagogischen Assistentin im dritten Semester) in ihrer Gruppe zu haben. Diese kann ihr einen Teil der Arbeit abnehmen, insbesondere das Wickeln der Kleinkinder. Erstaunt ist Frau Y. allerdings, als sie von einer Kollegin hört, dass die Praktikantin Nina diese Arbeit angeblich gar nicht übernehmen darf. Nun wird heftig diskutiert: Darf Nina die Kinder wickeln? Und wenn ja, unter welchen Bedingungen?
Es gibt keine allgemein verbindliche Aussage des Gesetzgebers über die Delegation einer pflegerischen Tätigkeit – wie das Wickeln eines Kindes – an PraktikantInnen. Die Frage, ob eine Praktikantin diese Tätigkeit übernehmen darf, lässt sich nur unter folgenden Aspekten klären:

- Aufsichtspflicht
- Grundsätze der Delegation

Aspekt Aufsichtspflicht

Es ist zu klären, ob die beauftragte Person in der Lage ist, die Tätigkeit gewissenhaft und selbstständig durchzuführen. Dabei wird erwartet, dass sie die Aufgabe unter Anleitung und Aufsicht bereits mehrfach bewältigt und den Beweis für ihre Befähigung erbracht hat. Auch muss sichergestellt sein, dass eine Gefährdung der Kinder ausgeschlossen ist. Die Anleiterin der Praktikantin trägt die Verantwortung für die Tätigkeit und hat sich davon zu überzeugen, dass die Praktikantin diese beherrscht.

Aspekt Delegation

Hier geht es um verschiedene Verantwortungsbereiche:

- **Anordnungsverantwortung:** Die delegierende Person trägt die Verantwortung für die richtige Anordnung der Maßnahme und für die Auswahl der richtigen Person. Im Zweifelsfall sollten die Fähigkeiten der Mitarbeiterin überprüft werden. Ergeben sich keine Bedenken, kann die Aufgabe delegiert werden.
- **Durchführungsverantwortung:** Die Person, die eine Aufgabe ausführt, trägt die Verantwortung für die korrekte Durchführung und haftet bei fehlerhafter Durchführung. Es ist zu klären, ob diese Verantwortung einer Praktikantin zugemutet werden kann (im Hinblick auf Jugendarbeitsschutzbestimmungen, Alter, soziales Verhalten, Verantwortungsbewusstsein etc.).
- **Übernahmeverschulden:** Wer eine Aufgabe übernimmt, ohne die dafür notwendigen Fachkenntnisse zu besitzen, begeht ein Übernahmeverschulden, falls etwas misslingt. Die Tätigkeit muss also abgelehnt werden, wenn zu erwarten ist, dass die Aufgabe nicht angemessen bewältigt werden kann.
- **Organisationsverantwortung:** Eine Einrichtung wird zur Verantwortung gezogen, wenn nicht oder unzureichend qualifiziertes Personal zum Einsatz kommt und dadurch ein Schaden entsteht.

Im Zweifelsfall sollte eine verantwortungsvolle Aufgabe nicht an eine Praktikantin delegiert werden. Selbst wenn diese, falls etwas passiert, eine Mitverantwortung trägt (Übernahmeverschulden), entlastet das Anleiterin und KiTa-Leitung nicht.

Im Zweifelsfall sollte eine verantwortungsvolle Aufgabe nicht an eine Praktikantin delegiert werden.

LITERATUR

Arbeitsgemeinschaft Jugendhilfe (Hg.): Forum Jugendhilfe Heft 1/2006, www.agj.de.

Becker-Textor, Ingeborg / Textor, Martin R. (Hg.): SGB VIII-Online Handbuch (1990-2005), www.sgbVIII.de.

Colberg-Schrader, Hedi / Krug, Marianne / Pelzer, Susanne: Soziales Lernen im Kindergarten, München 1991.

Fieseler, Gerhard / Schleicher, Hans / Busch, Manfred (Hg.): Kinder- und Jugendhilferecht. Gemeinschaftskommentar zum SGB VIII, 2 Bde. (Loseblattsammlung), Neuwied 2006.

Forum Erziehungshilfen: Themenschwerpunkt Kinderrechte – Profitmacht: Kompetenzen für mehr Beteiligung, Heft 1/2001, hrsg. v. Internationale Gesellschaft für erzieherische Hilfen, Frankfurt a.M. 2001.

Friedrich-Ebert-Stiftung (Hg.): Prüfung der Verbindlichkeit frühkindlicher staatlicher Förderung, Berlin 2006.

Hundmeyer, Simon: Aufsichtspflicht in Kindertageseinrichtungen, Kronach 1995.

Kazemi-Veisari, Erika: Partizipation – Hier entscheiden Kinder mit, Freiburg 1998.

KiTa spezial: Recht, Sonderausgabe 2/2005, hrsg. v. Ingrid Miklitz, Kronach 2005.

KiTa spezial: Partizipation, Sonderausgabe 4/2005, hrsg. v. Rüdiger Hansen, Kronach 2005.

Knauer, Raingard / Brandt, Petra: Kinder können mitentscheiden, Neuwied, Berlin 1998.

Korczak, Janusz: Wie man ein Kind lieben soll, Göttingen 1976.

Laewen, Hans-Joachim / Andres, Beate: Bildung und Erziehung in der frühen Kindheit, Weinheim 2002.

Maywald, Jörg: Kindeswohl und Kindesrechte. In: frühe Kindheit, Heft 4/2002 (auch unter: www.liga-kind.de/fruehe/402_maywald.php).

Müller, Gabriele: Aufsichtspflicht und Pädagogik – ein Widerspruch? In: KiTa aktuell BY Heft 5/2001.

Münder, Johannes u.a.: Frankfurter Kommentar 2003, § 8 Rz. 2. In: Forum Jugendhilfe Heft 1/2005.

Prott, Roger: Rechtshandbuch für Erzieherinnen, 7. Aufl., Neuwied, Berlin 2001.

Sahliger, Udo: Aufsichtspflicht und Haftung in der Kinderarbeit und Jugendarbeit, hrsg. v. Bundeswerk der Arbeiterwohlfahrt, Münster 1992.

Salgo, Ludwig / Zenz, Gisela / Fegert, Jörg u.a. (Hg.): Verfahrenspflegschaft für Kinder und Jugendliche. Ein Handbuch für die Praxis, Köln 2002.

Schäfer, Gerd E.: Bildungsprozesse im Kindesalter, Weinheim, München 1995.

Schleicher, Hans: Familie und Recht, 2. Aufl., Köln 2003.

Schleicher, Hans: Jugend- und Familienrecht, 10. Aufl., Köln 1999.

Schmidt, Christian (Hg.): Handbuch des Rechts für Kindertageseinrichtungen (Loseblattsammlung), Kronach 2005.

Welzien, Simone: basiswissen kita: Familien stärken – Elternbildung in der Kita, Freiburg 2006.

HINWEIS

Die im Heft dargestellten rechtlichen Grundlagen der pädagogischen Arbeit in KiTa und Kindergarten erheben keinen Anspruch auf Vollständigkeit und können im Einzelfall auch nicht die Beratung durch einen Anwalt bzw. eine Anwältin ersetzen. Obwohl die Inhalte dieses Heftes juristisch geprüft wurden, kann der Verlag dafür keine Gewähr übernehmen.

Vorwort

Liebe Leserinnen, liebe Leser!

Die Qualität von Kindertagesbetreuung und von Bildungsangeboten im Elementarbereich ist in den letzten Jahren zunehmend ins Blickfeld gerückt. Pädagogische Prozesse und Einrichtungsstrukturen werden einer kritischen Betrachtung unterzogen und weiterentwickelt, an pädagogischen Konzepten und Profilen wird – gerade vor dem Hintergrund der Aufnahme unter Dreijähriger – gefeilt. Die Erkenntnis, dass eine gute Qualität pädagogischer Arbeit nicht nur von den Rahmenbedingungen, sondern vor allem auch von den pädagogischen Fachkräften abhängt, führt zu dem Schluss, dass auch bei deren Auswahl, Begleitung, Führung und Förderung auf höchste Qualität geachtet werden muss. Führungskräfte – Träger und Kita-Leitung in Kooperation – tragen hierfür die Verantwortung, indem sie bei der Personalauswahl, -führung und -entwicklung die Einrichtungsziele sowie die Interessen der Nutzer im Blick haben und hier mit höchsten Ansprüchen ans Werk gehen.

> Wer Menschen führen will,
> muss hinter ihnen gehen.
>
> Lao-Tse

Die Mitarbeiterinnen stellen die wesentliche Ressource der Kita dar, die es zu entdecken, zu nutzen und zu pflegen gilt. Leitungskräfte haben das Aufgabenfeld Personalführung meist nicht in der Ausbildung erlernt und auch seitens des Trägers keinen organisierten Lernprozess durchlaufen. Verständlicherweise „wurschteln" sie sich deshalb erst einmal irgendwie durch. Oftmals aus dem eigenen Team zur Leiterin aufgestiegen, merken sie erst nach einiger Zeit, welch hohen Stellenwert eine gute Personalarbeit hat – leider meist erst dann, wenn erste Widerstände, unterschiedliche Vorstellungen und Konflikte auftreten. Personalfragen und -probleme verschlingen dann plötzlich so viel Zeit, dass der Eindruck entsteht, die Kita sei zum Zweck der Befriedigung von Mitarbeiterinteressen da, anstatt zur Dienstleistung für Familien. Personalführung stellt jedoch die Voraussetzung, die Grundlage für gute pädagogische Arbeit dar und verdient deshalb Aufmerksamkeit und Beschäftigung mit ihren Aufgaben und Herausforderungen – auch vonseiten des Trägers.

Dieses Heft möchte Sie als Kita-Leiterin in allen Fragen der Mitarbeiterführung unterstützen, indem es Ihnen effektives Handwerkszeug vermittelt, das Sie in diesem Aufgabenbereich sicherer macht. Das Spektrum ist groß: Es reicht von der Auseinandersetzung mit verschiedenen Führungsmodellen, um zu dem Führungsstil zu gelangen, der Ihnen entspricht, über die Frage, wie Sie das richtige Personal für Ihre Einrichtung finden, die Einarbeitungsphase sinnvoll gestalten und Ihre Mitarbeiterinnen individuell fördern können, bis hin zum Thema der Trennung von Mitarbeiterinnen. Aber auch grundsätzliche personalstrategische Fragen werden behandelt: Welche Teamstruktur, welches Kompetenzprofil der Mitarbeiterinnen braucht Ihre Einrichtungskonzeption? Wie halten Sie es mit der Beschäftigung von männlichen und weiblichen, deutschen und ausländischen, jungen und älteren, wie mit der Integration behinderter MitarbeiterInnen? usw.

Der Mehrwert dieses Heftes liegt nicht nur in einer Verbesserung der pädagogischen Qualität Ihrer Einrichtung, sondern auch in der Chance für Sie, sich als Leiterin zu profilieren. Man wird gerne bei Ihnen arbeiten, das spricht sich herum und zieht wiederum gute

Leute an. Auch sind Ihre Mitarbeiterinnen motivierter und werden sich gerne (für Sie) anstrengen, wenn sie sich von Ihnen gut geführt fühlen. So profitieren Sie ganz persönlich von einer optimierten Mitarbeiterführung.
Oft ist die Rede von „charismatischen Führungskräften", von Führungspersönlichkeiten mit Naturtalent. Sicher gibt es die. Dennoch kann jede von uns auch ohne eine spezifische Begabung, die ihr in die Wiege gelegt wurde, ein Handwerk, eine Fremdsprache, eine Sportart, ein Musikinstrument erlernen. Zu glauben, Führung könne man oder eben nicht, ist ein Irrglaube – sie lässt sich genauso erlernen und üben.
In diesem Sinne wünsche ich Ihnen bei der Lektüre viel Spaß, wichtige Erkenntnisse, jede Menge Entlastung und Mutmacher!

Viva Fia!ka

Die Autorin
Viva Fialka ist Dipl.-Sozialpädagogin mit Ausbildungen in personenzentrierter Beratung, Psychodrama, Organisationsberatung und systemischem Coaching. 12 Jahre Führungserfahrungen erwarb sie als Kita-Leiterin, Fachberaterin und Abteilungsleiterin im Jugendamtsbereich, bevor sie 2001 mit sechs weiteren BeraterInnen und FortbildnerInnen die „abari personal- und organisationsentwicklung" gründete. Sie begleitet Veränderungs-, Konzeptions-, Team- und Qualitätsentwicklungsprozesse im Bildungsbereich, qualifiziert Führungskräfte und unterstützt bei der Einführung von Führungsinstrumenten (z.B. Zielvereinbarungsgespräche, Führungsfeedback) der Diözese Augsburg.

Inhalt

I. Was Sie vorab für sich klären sollten

1. Was bedeutet (für Sie) „gute Führung"?

Bücher über Personalführung füllen meterweise Regale in Buchhandlungen, ob allgemein oder bezogen auf den sozialen Bereich. Sich in diesem Dschungel zurechtzufinden, das herauszufiltern, was Ihnen bei der Klärung Ihres eigenen Führungsverständnisses weiterhilft, kommt der Suche nach der Nadel im Heuhaufen gleich.

Was Laien zum Thema „Führung" als erstes einfällt, ist meist die Unterscheidung in kooperativen (das ist dann der gute) und autoritären (das ist der schlechte) Führungsstil. Das ist genauso plakativ, als würde man sagen, man kann Kinder nur antiautoritär oder autoritär erziehen. Der Praxis hält diese grobe Unterscheidung nicht stand; sie ist subtiler, individueller und komplexer.

Die Erfahrung zeigt interessanterweise auch, dass „autoritäre" Führungskräfte, die allein Entscheidungen treffen, Ziele setzen, Anweisungen geben und eher dominant auftreten, durchaus einen sehr guten Stand bei ihren Mitarbeiterinnen haben können. Sie können sogar Fehlentscheidungen treffen, sich Nachlässigkeiten leisten, Dinge vergessen oder missachten und werden trotzdem geschätzt. Dann wiederum gibt es andere, die konsequent „kooperativ" führen, ihre Mitarbeiterinnen einbinden, Entscheidungsprozesse moderieren, zuverlässig und verbindlich, einfühlsam und zugewandt sind und doch abgelehnt werden. Wie kränkend! Und so unverständlich! Oder?

Was den Unterschied ausmacht, sind Vertrauen und Wertschätzung.

Einer autoritären Führungskraft, der man vertraut und die ihre Mitarbeiterinnen wertschätzt, schließt man sich gerne an – gerade in schwierigen Zeiten. Eine kooperative Führungskraft, der man misstraut und die zu wenig Wertschätzung ausstrahlt, verweigert man sich eher, denn sie gibt keine Sicherheit. Das „Vertrauenskonzept“ und die Frage danach, wie sich Vertrauen aufbauen lässt (z.B. durch unbedingte Wertschätzung und einen guten Umgang mit Fehlern), erscheint mir deshalb zur Klärung des eigenen Führungsverständnisses sehr viel sinnvoller und realitätsnaher als die Frage nach dem Führungsstil („autoritär“ oder „kooperativ“).

Reflektieren Sie für sich:

- Erinnern Sie sich an eine „Führungspersönlichkeit“ in Ihrem Leben (ein Elternteil, ein/e Lehrer/in, ein/e Freund/in ...). Welche zentrale Botschaft/Haltung ging von ihr aus?
- Bringen Sie diese in einen Satz, ein Motto.
- Was hat diese Aussage mit Ihrem Führungsverständnis zu tun?

Führungsmodelle beschreiben seit jeher, wie Führungskräfte idealerweise handeln sollten. Sie sind verkürzte Darstellungen einer komplexen Realität, die uns helfen, den Alltag besser zu verstehen. Wegen der fortschreitenden gesellschaftlichen Komplexität und der gerade in sozialpädagogischen Arbeitsfeldern erforderlichen differenzierten Betrachtung von Führungsfragen würde ein einziges Modell kaum ausreichen. Hinzu kommt, dass Führungsmodelle immer auch den „Geist ihrer Zeit“ widerspiegeln und meist nicht einfach durch neue abgelöst werden, sondern diese integrieren.

Im 20. Jahrhundert sind verschiedenste Führungsmodelle entstanden, deren Betrachtung sich im Interesse der eigenen „Standortbestimmung“ lohnt. Dabei wird deutlich: Alle haben nach wie vor ihre Berechtigung und werden im Management von Kindertageseinrichtungen bzw. beim Führen von Kita-Teams gebraucht – auch wenn sie auf den ersten Blick unvereinbar erscheinen.

Die Leiterin als Steuerfrau und Energielieferantin (1900 bis 1925)

In diesem Zeitraum entstanden erste Führungsmodelle. Allen voran der von Frederic W. Taylor geprägte „Taylorismus“, der sich gegen Laissez-faire und für eine gezielte Personalführung im Hinblick auf die Lieferung von Ergebnissen und Produkten aussprach. Dieses Modell wurde nicht nur in der freien Wirtschaft umgesetzt, sondern prägte auch das Verständnis der Führung von Betreuungseinrichtungen. Der Leitung kommt dabei die Rolle der Steuerfrau zu, die Initiative übernimmt, Ziele setzt und effektiv delegiert. Indem sie hohes Engagement und Einsatz für die Aufgabenerledigung aufbringt und äußerst produktiv ist, wird sie zugleich als Energielieferantin wahrgenommen. Sie schafft dies, weil sie sich selbst und andere motivieren kann und ein gutes Stress- und Zeitmanagement praktiziert. Das entscheidende Kriterium ist die Effektivität der Organisation. Ziele, Analysen und Maßnahmenplanung stehen im Vordergrund dieses Führungsverständnisses. Entscheidungen werden von oben getroffen und sind rational und ökonomisch.

... als Planerin und Informationsmanagerin (1900 bis 1925)

Zur gleichen Zeit entwickelten der französische Managementtheoretiker Henry Fayol und der deutsche Soziologe Max Weber ein Modell von Führung, das Arbeitsteilung, gemeinsame Orientierung an Plänen, geklärte Verantwortlichkeiten oder Kontrolle der Arbeitsschritte betont. Vereinheitlichte Regeln und Routinen sollen Orientierung und Sicherheit geben; der alles bestimmende Wert in diesem Führungsverständnis ist der effiziente Arbeitsfluss. Die Aufgabe der Führungskraft wird in erster Linie als strukturgebend gesehen. Sie soll Planerin sein, die Arbeitsschritte koordiniert, sich um effiziente Strukturen und Abläufe kümmert und deren Einhaltung kontrolliert. Die Aufmerksamkeit liegt dabei auf logistischen Fragestellungen. Zugleich soll sie aber auch die Rolle der Informationsmanagerin wahrnehmen, die Informationen beschafft und die tägliche Informationsflut reduziert, sinnvoll bearbeitet und weiterleitet. Eine Aufgabe, die sich in den letzten 20 Jahren durch die virtuellen Informationswege noch enorm potenziert hat.

... als Moderatorin und „Kümmerin" (1925 bis 1950)

Der Börsenkrach 1929 und der Zweite Weltkrieg führten zu einem Umdenken bezüglich dessen, was gute Führung ausmacht. In den Führungsratgebern tauchten Themen wie das der Freude am Arbeiten auf, die sogenannte Hawthorne-Studie beschäftigte sich mit der „Bedeutung der zwischenmenschlichen Beziehungen im Arbeitsleben" und stellte einen Paradigmenwechsel zum beschriebenen Taylorismus dar. Sozialpsychologische Aspekte der Demokratisierung und Humanisierung der Arbeitswelt gewannen an Bedeutung. So entstand Mitte des letzten Jahrhunderts das „Human-Relations-Modell", das die zwischenmenschlichen Beziehungen in der Organisation in den Fokus der Aufmerksamkeit rückte. Beteiligung, Konfliktlösung und Konsensbildung wurden zu zentralen Führungsaufgaben, das Betriebsklima wurde teamorientiert, mit stärkerem Einfluss der Mitarbeiterinnen an anstehenden Entscheidungen.

Die Führungskraft übernimmt die Rolle der Moderatorin und handelt prozess- statt produktorientiert. Zu ihren Aufgaben zählen Teambildung, partizipative Entscheidungsfindung sowie Konfliktprävention und -bearbeitung. Gegenüber ihren Mitarbeiterinnen soll sie die „Kümmerin" sein – mit hoher Empathie, emotionaler und kommunikativer Intelligenz sowie der Fähigkeit, Mitarbeiterinnen in ihrer Entwicklung zu unterstützen.

... als Innovatorin und Verhandlerin (1950 bis 1975)

Persönliche Selbstverwirklichung gewann allmählich gegenüber dem Erlangen materiellen Wohlstands an Bedeutung und partizipative Führungsinstrumente wie Zielvereinbarungsgespräche hielten auch in Kita-Trägerbereiche Einzug. Schlüsselkriterien für gute Führung wurden die Anpassungsfähigkeit an Bewegungen im System sowie die Suche nach externer Unterstützung. Nicht Bürokratie und Festhalten an Altbewährtem waren mehr gefordert, sondern Innovation und Beweglichkeit, unter anderem durch die Vernetzung mit anderen Institutionen. Gemeinsame Visionen und Werte als das Gefüge zusammenhaltende Elemente erlangten größte Bedeutung.
Die Führungskraft kommt durch großen Einsatz hinsichtlich konzeptioneller Weiterentwicklung und experimenteller Gestaltung eher wenig zum Planen und Kontrollieren. Sie übernimmt die Rolle der Innovatorin, die die

Welches Führungsverständnis haben Sie?

Wandlungsfähigkeit ihres Teams im Blick hat, Trends erfassen und Zukunftsbilder entwickeln kann. Sie muss das Zukunftsbild fest im Blick haben und gleichzeitig offen sein für Impulse von außen. Als Verhandlerin muss sie externe Unterstützung und Ressourcen durch Träger, Sponsoren oder institutionelle Netzwerke mobilisieren. Sie muss taktisch klug auftreten, gute Kontakte aufbauen und eine repräsentative und akzeptierte „Schnittstelle" zwischen Binnen- und Außenstruktur sein.

Flexibilität ist alles – die 90er-Jahre und heute

In den 1990er-Jahren entstand die „Kontingenztheorie", die besagt, dass das Führungshandeln von zu vielen Variablen abhängt, um einheitlich behandelt werden zu können. So wachsen z.B. die Anforderungen an die Planerrolle proportional mit der Größe der Einrichtung und des Teams, die eingesetzte Technologie beeinflusst das Ausmaß des Informationsmanagements und Veränderungsbedarfe und -möglichkeiten prägen

die Innovatorenrolle – und nicht zuletzt sind die Bedürfnisse von Mitarbeiterinnen verschieden und benötigen ein unterschiedliches Maß an Sich-kümmern.
Was seither zählt, ist Flexibilität. So wird heute nicht mehr ein bestimmtes Führungsverständnis als das richtige angesehen, sondern die Führungskraft soll sich in allen beschriebenen Rollen und Aufgabenbereichen – je nach Erfordernis – sicher bewegen können. Die Forderung nach hoher Flexibilität ist der Schnelllebigkeit von heute geschuldet, aber auch dem Denken in Netzwerken und Systemen sowie dem gestiegenen Wert von Selbststeuerung, Partizipation und Integration.

Und wie führen Sie?

Um zu einer Einschätzung des für Sie persönlich geeigneten Führungshandelns zu kommen, ist nicht nur die Frage nach den für Sie wichtigsten Führungsrollen relevant. Welche Erwartungen seitens Ihrer Vorgesetzten, Ihrer Mitarbeiterinnen, des Klientels Ihrer Einrichtung und Ihrer Kooperationspartner an Sie gerichtet sind und vor allem, inwieweit dies alles kompatibel ist, bestimmt im Wesentlichen, ob Sie sich in Ihrer Führungsposition wohlfühlen.
Auch das Thema Werte ist nicht erst angesichts unserer multikulturellen Gesellschaft, der Finanzkrise oder der Missbrauchsfälle im

Die verschiedenen Rollen der Kita-Leitung

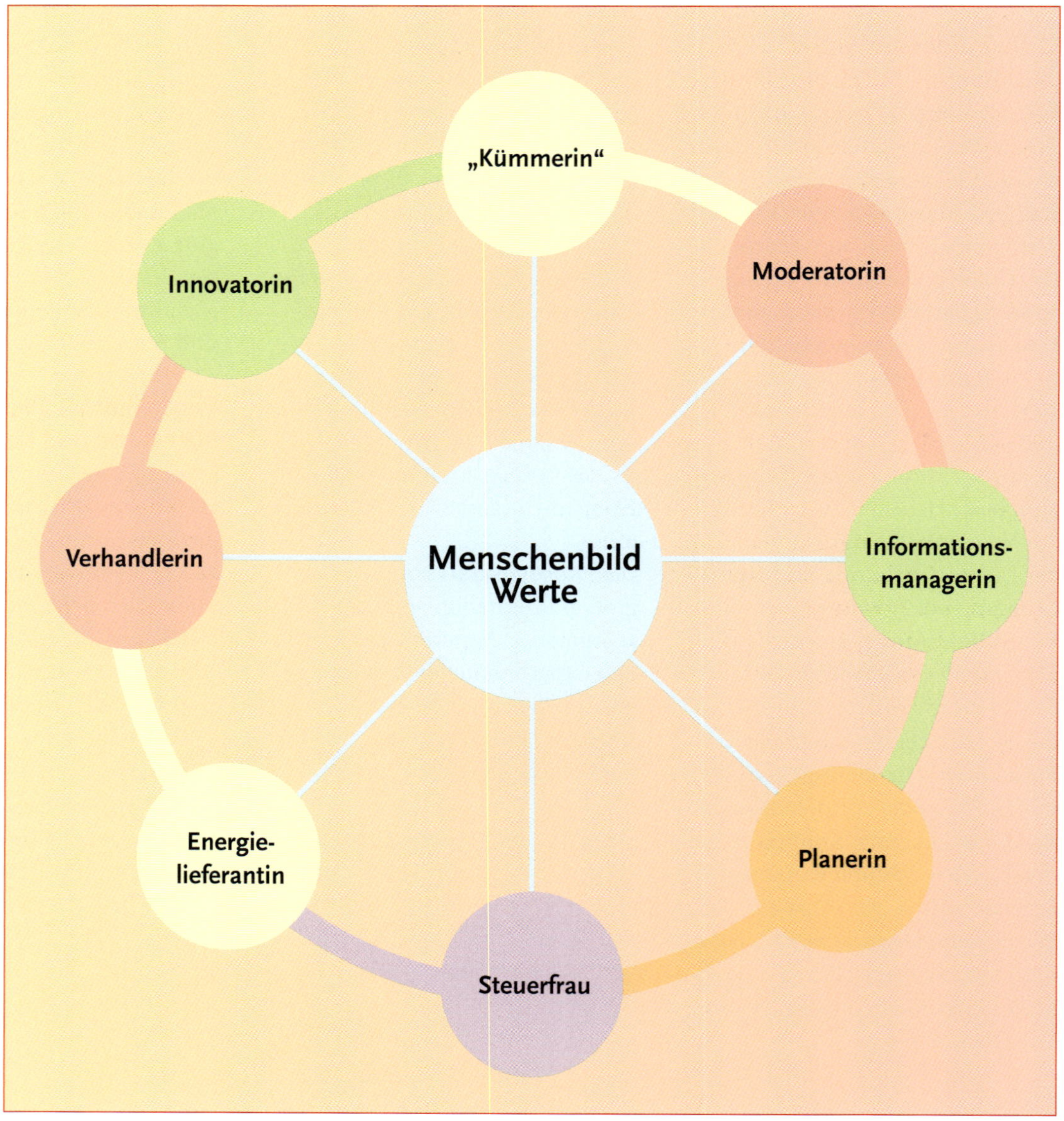

pädagogischen Bereich bei allen Führungsaufgaben mitzureflektieren, führen unterschiedliche Welt- und Menschenbilder doch zu erheblichen Unterschieden in deren konkreter Ausgestaltung.

2. Welche Erwartungen haben Ihre Mitarbeiterinnen an Sie?

Natürlich können Sie das ohne gezieltes Nachfragen nicht wissen, sondern bestenfalls ahnen. Aber warum eigentlich nicht fragen? Bevor Sie sich in Spekulationen ergehen, nutzen Sie eine gute Gelegenheit, um im Vier-Augen-Gespräch herauszufinden, wie Ihre Mitarbeiterinnen von Ihnen geführt werden möchten. Stellen Sie hierzu offene Fragen, statt geschlossene, auf die nur mit Ja oder Nein geantwortet werden kann (z.B. „Kannst du dir vorstellen ...?", „Hättest du gerne mehr ...?"). Offene oder „W-Fragen" können dem Gegenüber dagegen genauere Informationen entlocken. Das zeigen die folgenden Beispiele, in denen die Leiterin ihre Mitarbeiterinnen aus verschiedenen Rollen heraus befragt:

- „Welches Maß an Nähe und Distanz zwischen uns ist oder wäre für dich gut?" Oder: „Wie könnte ich dich noch besser unterstützen?" („Kümmerin")
- „Wie wünschst du dir meine Unterstützung der Teamarbeit?" (Moderatorin)
- „Wie klar sind dir meine Vorstellungen und Ziele?" (Steuerfrau)
- „Wie gut fühlst du dich von mir motiviert und angeregt?" (Energielieferantin)
- „Wie gut fühlst du dich durch mich informiert?" (Informationsmanagerin)
- ...

Vertrauensbildung bedeutet, den Mitarbeiterinnen solche offenen Fragen zu stellen und die Antworten ernst zu nehmen. Gleichzeitig muss klar sein, dass Sie nicht alle Erwartungen erfüllen können, auch wenn Ihnen Ihre Mitarbeiterinnen noch so sehr am Herzen liegen. Daher werden Sie miteinander verhandeln und einen Konsens finden müssen, wie es für beide Seiten gehen kann.
Die Möglichkeit, sich in einer von den Mitarbeiterinnen besonders geforderten Führungsrolle, die Sie im letzten Reflexionskasten als Schwachstelle bei sich identifiziert haben, fortzubilden oder zu üben, sollten Sie dabei immer in Erwägung ziehen.

Kommunikation und Arbeitsorganisation

Über Führungsrollen und -aufgaben zu sprechen, fällt manchen Mitarbeiterinnen und vielleicht auch Ihnen nicht leicht. Aber es gibt zwei Bereiche, in denen sich unmittelbar und unverfälscht zeigt, ob Ihr Führungsverständnis zu dem Ihrer Mitarbeiterinnen passt: Es sind die Bereiche Kommunikation und Arbeitsorganisation. Hier wird es zuallererst klemmen, wenn Ihr Führungsstil von den Bedürfnissen und Vorstellungen Ihrer Mitarbeiterinnen abweicht. Sie wissen dann noch nicht genau, welche der Führungsrollen nach dem oben beschriebenen Modell gefordert ist, erhalten aber bei aufmerksamer Beobachtung ohne Bewertung wichtige Hinweise. Betrachten Sie dazu jeden Kontakt mit Ihren Mitarbeiterinnen als eine Feedback-Situation: Beobachten Sie sowohl deren Kommunikationsverhalten als auch deren Arbeitsorganisation und fragen Sie sich, wo derzeit die Herausforderung an Sie in Ihrer Mitarbeiterführung liegt.

Reflektieren Sie für sich:

- Was bedeutet für mich „gute Führung"?
- Welche Werte leiten mich und welche der beschriebenen Führungsrollen entsprechen diesen am meisten?
- Wo liegen bei jeder Führungsrolle meine Stärken, wo meine Schwächen?
- In welcher Führungsrolle sehen mich meine Mitarbeiterinnen wohl am meisten? Wie passt das zu meinem Selbstverständnis?

Andere inspirieren können und selbst inspiriert sein

Erleben Sie die Kommunikation Ihres Teams in der Dienstbesprechung z.B. als wenig Verantwortung übernehmend, ist dies vielleicht eine Reaktion auf ein Verhalten Ihrerseits, das Sie eher als Steuerfrau denn als Moderatorin definiert. So lange Sie und Ihr Team diese Art der Zusammenarbeit schätzen und darüber hinaus so zu guten Ergebnissen kommen, gibt es keinen Grund, daran etwas zu ändern. Nur wenn Sie sich ein anderes Verhalten Ihrer Mitarbeiterinnen wünschen, nehmen Sie dies zum Anlass, Ihre eigene Rolle zu ändern.
Womöglich gibt es aber auch Proteste, weil sich Mitarbeiterinnen nicht ausreichend informiert fühlen. Dies zeigt Ihnen, dass Ihr Team Sie mehr in der Rolle der Informationsmanagerin sehen möchte. Werden Sie dem gerecht oder verhandeln Sie die Rollenerwartung wertschätzend.
Klemmt es in der Ausführung von an die Mitarbeiterinnen delegierten Aufgaben, kann auch das ein Anlass sein, Ihre Führungsrollen zu überprüfen: Muss ich mehr Orientierung geben (= Steuerfrau sein)? Oder muss ich mich mehr mit auftretenden Schwierigkeiten befassen (= „Kümmerin“ sein)? Oder muss ich meine Mitarbeiterinnen stärker motivieren, damit sie durchhalten (= Energielieferantin sein)? Oder muss ich externe Unterstützung anfordern (= Verhandlerin sein)? Vielleicht muss ich aber auch die internen Abläufe weniger störanfällig gestalten (= Planerin sein)?
Kommunikation und Arbeitsorganisation sind zugleich die Bereiche, in denen Ihre Mitarbeiterinnen Sie beobachten: Wie spricht sie mit uns? Wie sieht ihr Arbeitsalltag aus? Man könnte auch sagen: Das Team möchte sehen, dass auch Sie Wasser trinken (und nicht Wein), wenn Sie dieses predigen. Das Team orientiert sich an Sichtbarem, nicht an irgendwann einmal formulierten Führungswerten („Mir ist eure Meinung wichtig“), Absichten und Versprechungen. Erst auf der Verhaltensebene manifestiert sich Ihre Führungshaltung und -absicht, an ihr werden Sie gemessen. Überprüfen Sie daher bei sich immer wieder die Übereinstimmung von Absichten und an den Tag gelegtem Verhalten.

Was zeichnet die charismatische Führungskraft aus?

Bei jeder Nominierung eines neuen Politikers, dessen Führung wir uns qua Wahl anvertrauen müssen, beleuchten die Medien dessen Charisma. Es scheint das Erfolgskriterium überhaupt zu sein, das jemand hat oder eben nicht. Es nicht zu haben, kommt einer Negativprognose gleich: Das kann ja nichts werden!

Reflektieren Sie für sich:

- Wie sehen mich wohl meine Mitarbeiterinnen? Welche der Führungsrollen sehen sie bei mir als besonders ausgeprägt an?
- Wäre ich gerne meine eigene Führungskraft? Ist mir klar, was das für mich als Mitarbeiterin bedeuten würde?

Nur: Was ist eigentlich Charisma? Der Psychologe Richard Wiseman beschreibt die charismatische Persönlichkeit so:

- Emotionen werden von ihr sehr stark empfunden.
- Sie ist in der Lage, auch andere Menschen derart starke Gefühle erleben zu lassen.
- Sie ist resistent gegenüber Einflüssen anderer charismatischer Menschen.

Ein weiteres Merkmal charismatischer Persönlichkeiten ist, Visionen zu haben und diese mittels bildhafter Sprache vermitteln zu können. Der Neurobiologe Prof. Gerald Hüther, dem wir im Bildungsbereich wichtige Erkenntnisse zur Lernforschung verdanken, hat nachgewiesen, dass Einladung und Ermutigung allein noch nicht der Motivation dienen: Sie braucht auch Inspiration – also das, was wir der charismatischen Persönlichkeit zusprechen. Diese zeigt große Präsenz, d.h. eine konzentrierte Aufmerksamkeit und Wachheit für den Moment, für die Idee und für andere und deren emotionales Mitgehen. Als Vertreter dieses Phänomens fallen uns Persönlichkeiten wie Barack Obama ein, aber auch Nelson Mandela, Gandhi oder der Dalai Lama. Charisma ist also vor allem die Fähigkeit, andere zu inspirieren – eine wichtige Führungseigenschaft. Zu inspirieren setzt voraus, selbst inspiriert zu sein. Die Begeisterungsfähigkeit der Führungskraft ist daher eine wesentliche Kompetenz, die besonders für die Rolle der Innovatorin oder der Verhandlerin benötigt wird. Im Wechselspiel zwischen der charismatischen Persönlichkeit und ihren Mitmenschen ist Vertrauen die Grundbedingung, die wiederum abhängt von Glaubwürdigkeit und Authentizität. Auch im Kita-Bereich kenne ich Leitungkräfte, die mühelos, weil mit Charisma ausgestattet, ihr Team durch Krisenzeiten steuerten. Die Kommunikation war in diesen Fällen weniger geprägt von der Bewältigung der Alltagsaufgaben als vielmehr von der Vermittlung von Visionen, Vertrauen und Werten. Vor dem Hintergrund unserer deutschen Geschichte sind wir allerdings zu Recht bei dem Phänomen der unerklärbar starken Wirkung auf andere vorsichtig bis skeptisch. Deswegen bilden die Werte das Zentrum der verschiedenen Leitungsrollen (s. Grafik S. 6). Denn Charisma ist nur etwas wert, wenn es für gute Werte eingesetzt wird.

3. Welche Personalstrategie verfolgen Sie?

Ich erwarte keine spontane Antwort auf diese Frage, denn bewusste Personalstrategien gibt es meist nur in den Personalabteilungen großer Arbeitgeber. Faktisch verfolgt jedoch jede Führungskraft in ihrem Einflussbereich eine Personalstrategie – dies allerdings meist unbewusst und intuitiv. Und nicht immer ist diese auch angemessen, weshalb eine genauere Betrachtung durchaus sinnvoll sein kann.
Die Personalstrategie zeichnet sich im Gegensatz zur individuellen Führung von Mitarbeiterinnen (s. Kap. II.) durch Langfristigkeit und Ganzheitlichkeit aus, indem

Welche Plätze im Team wollen Sie wie besetzen?

sie die langfristige Entwicklung der Organisation Kita als Ganzes in den Blick nimmt. Sie legt fest, mit welchen Personalressourcen und -kompetenzen die konzeptionelle Ausrichtung der Kita umgesetzt werden soll.
Vielleicht haben Sie ja ein Team, in dem eine ältere und viele junge Erzieherinnen zusammenarbeiten und Sie verfolgen die Personalstrategie, hier im Interesse der Kinder eine 50:50-Mischung zu schaffen. Fragen Sie sich, welche Teamzusammensetzung für Sie eine Ausgewogenheit darstellt, was Sie mittelfristig an Ressourcen und Kompetenzen für gutes Arbeiten brauchen und welche Kultur Sie in der Einrichtung schaffen möchten. Seien Sie auch mutig und denken Sie quer: Das Fehlen von Männern im Team macht die Einstellung eines Erziehers nicht schwer, sondern notwendiger! Und es können ja mehr werden. Auch die Frage der Teilzeitstellen ist eine personalstrategische. So könnten Sie z.B. den Grundsatz verfolgen,

Reflektieren Sie für sich:

Machen Sie sich Ihre Personalstrategie bewusst:

- Welches sind die drei wichtigsten Eigenschaften, die meine Mitarbeiterinnen mitbringen sollen?
- Was geht für mich gar nicht?

keine Stellen mit weniger als 19,25 Wochenstunden zu besetzen, um eine Mindestkontinuität für die Beziehungsarbeit zu gewährleisten. Und natürlich ist auch die Besetzung einer „Gruppenleiterin" und einer Sozialassistentin pro Gruppe eine Frage der grundsätzlichen Personalstrategie.
Bei allen personalstrategischen Überlegungen müssen die Belange der Kinder und ihrer Familien sowie der Weiterentwicklung Ihrer Einrichtung immer oberste Priorität haben.

Klären Sie Ihre personalstrategischen Grundsätze und Absichten mit Ihrem Träger, denn mit ihm müssen Sie sich einig sein, wenn es um Stellenausschreibungen und -besetzungen geht. Je stärker er Ihre Grundsätze teilt, umso unkomplizierter wird das einzelne Bewerbungsverfahren verlaufen und umso eher werden Sie die Mitarbeiterinnen finden, die zu Ihrer Einrichtung passen.

4. Welches Personal erfordert Ihre Konzeption?

Ausgangspunkt jeder personalstrategischen Überlegung müssen immer Ihre Konzeption und die damit verbundenen Qualitätsansprüche sein.
Sie sind hier in der Arbeitgeberfunktion und brauchen klare Vorstellungen bezüglich Ihrer Erwartungen – aber diese müssen auch realistisch sein: Ein Mensch kann entweder sehr auf Nähe oder auf Autonomie ausgerichtet sein, es kann ihm entweder Verlässlichkeit oder Flexibilität besonders wichtig sein usw. Seien Sie sich deshalb Ihrer Grundwerte bewusst: Geht es Ihnen in erster Linie um verlässliche Strukturen oder um Spontaneität und Beweglichkeit? Geht es bei Ihnen vor allem um Gemeinschaft oder um Autonomie? Sicher sind immer beide Pole wichtig und eine Fixierung in eine Richtung würde wichtige Lebensbereiche ausklammern. Ihr Einrichtungsprofil, das Sie in Ihrer Arbeit von anderen Kitas unterscheidet, lässt sich jedoch daran erkennen, wo Sie Ihre Schwerpunkte setzen.
Die Konsequenz daraus heißt nicht, z.B. nur noch die Struktur gebende, auf Gemeinschaft setzende Erzieherin einzustellen, weil dies Ihren Kindern und Familien sowie Ihrer konzeptionellen Ausrichtung am meisten entspricht, sondern kann – gerade wenn Sie schon einige Mitarbeiterinnen dieses „Typs" in der Kita haben – bedeuten, bewusst die anderen Werte ins Boot zu holen, denn auch diese werden von den Kindern gebraucht und wurden vielleicht bisher zu wenig gefördert.
Wenn Sie bereits ein klares Einrichtungsprofil entwickelt haben, wird Teil Ihrer Personalstrategie sein, diesem entsprechend bevorzugt Erzieherinnen mit Montessori-Ausbildung, mit musikalischen Fähigkeiten, mit sozialpsychologischen Fortbildungen o.Ä. zu suchen. So kann es z.B. vor dem Hintergrund einer Schwerpunktsetzung auf der expliziten Öffnung für Familien aus allen Nationen mit den entsprechenden integrationsfördernden Angeboten sinnvoll sein, auf ein ausgewogenes Team hinsichtlich der Herkunftssprachen und Religionszugehörigkeiten zu achten. Auch könnte bei der Schwerpunktsetzung auf der Gender-Thematik die personalstrategische Entscheidung fallen, zukünftig bei gleicher Qualifikation bevorzugt männliche Erzieher einzustellen. Auch die gezielte Einstellung behinderter Mitarbeiterinnen erhöht vor dem Hintergrund eines Inklusions-Profils Ihre Glaubwürdigkeit.
Wie Sie im Einstellungsinterview die Wertvorstellungen und Persönlichkeitsprofile der Bewerberinnen erfassen, wird Thema von Kapitel II.1. sein.

II. Die Phasen der Mitarbeiterführung

1. Passende Mitarbeiterinnen finden

In diesem Kapitel geht es nicht darum, über welche Zeitung oder andere Medien Sie am besten auf die Suche gehen. Das ist zu regionenabhängig und auch eine Frage des Zugangs auf Ihrer und auf Bewerberseite. So wird eine Großstadt-Kita mit internationaler Klientel und multilingualem Konzept eher über das Internet ausschreiben, um pädagogisch ausgebildete Muttersprachler aus anderen Ländern zu gewinnen, als ein kleiner, ländlich geprägter Kindergarten, der seine Mitarbeiterinnen schon immer aus der Region rekrutiert hat.
Es geht daher eher um die Fragen: Welches Personal ziehen wir eigentlich an? Und: Wie schreiben wir aus und wie kommen wir zu guten Entscheidungen?

Wen sprechen wir mit unserer Arbeit an?

Die Frage intendiert, dass – provokant gesagt – jede Kita das Personal hat, das sie verdient.
Es geht mir hier darum, deutlich zu machen, dass Ihre Form der Öffentlichkeitsarbeit und Ihr spezifisches Einrichtungsimage immer auch Wirkungen auf potenzielle Bewerberinnen hat. Meist denken wir beim öffentlichen Auftritt an die Familien, aber viel zu wenig an die Werbung für die Kita als Arbeitgeber. Überprüfen Sie deshalb, welches Bild die Aushänge, Elternbriefe, Zeitungsmeldungen,

Beteiligungen an Stadtteilfesten usw. von Ihrer Kita vermitteln!
Ob eine Kita Probleme hat, gute Mitarbeiterinnen zu finden oder nicht, hat nicht nur mit Bezahlung, Lage, Struktur, Arbeitszeit oder anderen Rahmenbedingungen zu tun. Es ist auffällig, dass Einrichtungen des gleichen Trägers im gleichen Umfeld durchaus unterschiedliche Bewerberzahlen verzeichnen und dass es auch hinsichtlich der Qualifikation und des Engagements der Interessentinnen je nach Einrichtung deutliche Unterschiede gibt. Das kann zum einen an einem spezifischen Profil liegen, das eine Kita hat und das bestimmte Bewerberinnen anspricht, aber auch schlicht am „guten Ruf" einer Einrichtung, die durch ihre gute Arbeit und ein entsprechendes Publikmachen dieser Arbeit auch gute Leute anzieht.
Wichtig ist, dass die Kita selbst weiß, welchen Erzieherinnentyp sie anziehen möchte. Das betrifft Fragen wie z.B.

- Sind wir der äußeren Erscheinung nach eher eine Jungen- oder eher eine Mädcheneinrichtung (das hat nichts mit der Anzahl an Jungen und Mädchen zu tun!)?
- Haben wir eine multikulturelle oder eher eine gutbürgerliche Ausstrahlung?
- Wirken wir mutig-modern oder eher auf Tradition bedacht?
- Sprechen wir eher Sicherheits- oder eher Erlebnisbedürfnisse an?
- Wirken wir eher gewährend oder fordernd?
- ...

Stellen Sie sich vor, Sie wollten sich in Ihrer Einrichtung bewerben. Wie ginge es Ihnen beim Betreten des Hauses, mit welchen Erwartungen kämen Sie?
Fragen Sie einmal unlängst eingestellte Erzieherinnen, welches Bild sie von ihrem zukünftigen Arbeitsplatz im Vorfeld hatten. Warum haben sie sich gerade bei Ihnen beworben, nach welchen Kritierien haben sie ausgewählt?
Schließlich wählen nicht nur Sie die neue Mitarbeiterin aus, sondern umgekehrt stehen auch Sie mit Ihrer Einrichtung auf dem Prüfstand. Da ist es sinnvoll, sich mit der Wirkung Ihrer Kita auf potenzielle Kolleginnen zu beschäftigen.

Reflektieren Sie für sich:

- Welches Bild von unserer Kita könnte über Presseauftritte o.Ä. in den letzten zwei Jahren bei Kolleginnen draußen entstanden sein?
- Wie präsentieren wir uns bei öffentlichen Veranstaltungen, in welcher Form beteiligen wir uns an der öffentlichen Diskussion?
- Was erzählt man sich über uns? Welche Gerüchte und Geschichten eilen uns voraus?
- Welchen Erzieherinnentyp könnte das anziehen, welchen abschrecken?

Anforderungsprofile und Stellenausschreibungen

Anforderungsprofile und Stellenausschreibungen drücken die Erwartungen des Arbeitsgebers an seine Mitarbeiterinnen aus und sorgen so für Klarheit. Nicht selten kommt es noch Jahre nach der Einstellung zu Konflikten, weil Mitarbeiterinnen sich auf die eingangs formulierten Anforderungen berufen. Das Argument „In meiner Stellenausschreibung stand damals ..." ist durch den wahren Hinweis, dass sich Dinge eben verändern, schwer zu entkräften. Auch deshalb sollten Anforderungsprofile sorgfältig formuliert sowie mit allen Beteiligten besprochen werden.

Das Anforderungsprofil

Es beschreibt die Kenntnisse, Fähigkeiten und Fertigkeiten, aber auch die Berufserfahrung, die eine Bewerberin mitbringen sollte. Große Träger haben diesen Anforderungskatalog in der Regel als Grundlage für Ausschreibungen, vergütungstechnische oder arbeitsrechtliche Entscheidungen vorliegen. Bitten Sie in diesem

Fall um Ergänzung der für Ihre Einrichtungskonzeption besonders wichtigen Kompetenzen oder um die Möglichkeit, Ihre Gewichtung durch Hervorhebungen herauszustellen. Natürlich wird der Träger darauf achten, dass es sich nicht um Tätigkeiten handelt, die eine höhere Vergütung rechtfertigen. Arbeiten Sie hin auf die Vereinbarung, dass jede Kita im Trägerbereich individuell, entsprechend ihrer konzeptionellen Schwerpunkte, ausschreiben darf. Dazu brauchen Sie unter Umständen im Vorfeld eine Abstimmung mit den anderen Kita-Leitungen. Die Einbeziehung der Fachberatung kann dabei hilfreich sein.
Sofern für Ihre Kita bzw. die Kitas Ihres Trägerbereichs noch kein Anforderungsprofil existiert, sollten Sie den Prozess der Erarbeitung anschieben. Schlagen Sie dafür die Bildung einer Arbeitsgruppe vor, in der u.a. die Kita-Leitung/en, der Träger sowie der Personalbereich vertreten sein sollten. Als Grundlage kann der Bildungsplan des jeweiligen Bundeslandes dienen, aber auch Trägerleitbild und Einrichtungskonzeption. Kategorisieren Sie zunächst die Aufgabenfelder und ordnen Sie diesen dann entprechende formale Anforderungen (Qualifikationen, Berufserfahrung ...) sowie fachliche und personale Kompetenzen zu. Wollen Sie einrichtungsspezifisch ausschreiben – wozu ich Ihnen hier ausdrücklich rate –, nehmen Sie am Ende die Gewichtung entsprechend Ihrer spezifischen Schwerpunktsetzung vor.

Die Stellenausschreibung

Sie gilt als „Visitenkarte" einer Organisation. Achten Sie im Interesse der oben beschriebenen Außenwirkung darauf, dass sich der Abschnitt mit den Anforderungen die Waage hält mit der Beschreibung dessen, was Sie bieten (Vergütung, flexible Arbeitszeit, Fortbildung, Netzwerkarbeit, Teilnahme an ...), denn ein wertschätzendes Miteinander auf Augenhöhe zeigt sich an ausgewogenem Geben und Nehmen.
Durch die Sprache sollten Sie versuchen, Bilder zu erzeugen und zu inspirieren. Die reine Sachinformation ist für viele Leserinnen nicht motivierend, weil sie ausschließlich den Kopf anspricht. Und denken Sie daran: Auch Ihr Bild vom Kind vermittelt sich durch Ihre Formulierungen (sprechen Sie von „Kids", von „kleinen Rackern", von „jungen Menschen" etc.?), ebenso, ob Sie eher individualistisch oder systemisch arbeiten (welchen Raum nehmen die Familien und das Umfeld im Text ein?).
Reflektieren Sie also, was genau Sie als Einrichtung ausmacht, und gehen Sie – in einem zweiten Schritt – nach Marketinggesichtspunkten vor: Schließlich wollen Sie ja etwas verkaufen, nämlich eine Idee! Die Idee, bei Ihnen zu arbeiten! Die „Marketingbrille" aufzusetzen, verhilft zu einer Formulierung, die beim Gegenüber positive Gefühle erzeugt.

Bewerbungsunterlagen sichten

Wenn Sie so vorgegangen sind, wie bisher beschrieben, sollte eine ganze Reihe von Bewerbungen bei Ihnen eingehen. Sie können auf jeden Fall nicht alle Bewerberinnen einladen. Wie also treffen Sie eine Vorauswahl? Meine vielleicht ungewöhnliche Empfehlung: Gehen

Wichtig: Eine gute Vorauswahl treffen

Sie zuallererst nach Ihrem Bauchgefühl! Wenn Sie das wunderbare Buch „Blink" von Malcolm Gladwell (2010) gelesen haben, der an unzähligen Beispielen die Macht der Intuition nachweist, verstehen Sie warum! Sortieren Sie aus, was Ihnen nicht gefällt, denn auf Ihren ersten Eindruck können Sie sich in der Regel verlassen. Vielleicht ist es das Schriftbild mit dem Flatterrand, das Ihnen sagt: Hier wurde nachlässig gearbeitet. Oder es ist die Ausführlichkeit der Mappe, die Ihnen den Eindruck vermittelt, dass sich die Bewerberin nicht in Sie als Person, die ihr Werk in den Händen halten wird, hineinversetzen konnte. Oder es ist die um-

Beispiel für eine gelungene Stellenausschreibung

LOGO

Wir wünschen uns eine/n Kollegin/en mit Spaß und Interesse an Spiel und Sport, Wind und Wetter, Experimentieren und Studieren ..., die/der interessiert ist an allgemeinen und speziellen pädagogischen Fragestellungen. Dies bedeutet für uns mehr als Berufserfahrung.

Erzieher/in (mind. 30 Std./Woche)

Unsere betriebsnahe Kindertagesstätte Hexenkessel in der Uni-Klinik von Hintertupfingen ist eine moderne Einrichtung im Denken und Handeln. Sie setzt auf pädagogische Angebote, die aus professioneller, teilnehmender Beobachtung und Dokumentation der kindlichen Stärken und Interessen abgeleitet sind. Dabei setzen sich die Kinder mit ihrer eigenen Entwicklung aktiv auseinander und gestalten ihren Alltag selbstverständlich mit. Die Familien der Kinder sind unsere geschätzten Partner/innen, die jederzeit willkommen sind und bei uns Unterstützung und Beratung, aber auch einen Ort zum Aufhalten und zur Kontaktpflege finden.

Unser Profil:

- Entwicklungspädagogischer Schwerpunkt
- Beratung von Eltern in Notlagen und Krisen
- Internationalität und Weltoffenheit

Foto vom Haus

Unsere Angebote für Sie:

- Zielorientierte Teamarbeit mit konstruktiver Streitkultur
- Weiterbildungsmöglichkeiten im Bereich Entwicklungspädagogik und Elternberatung
- Bedarfs- und konzeptorientierte Fortbildungsplanung und -angebote
- Jährliche Konzeptions- und Teamklausurtage
- Mitarbeit an der Erarbeitung eines Qualitätssicherungssystems
- Potenzialorientierte Arbeitsplatzgestaltung
- Neugier auf neue Ideen und Ansätze
- Arbeit mit vielfältigen Nationen, Sprachen und Kulturen
- Räume, in denen Sein und Lernen Spaß machen
- Eltern als engagierte Partner
- Kollegiale interdisziplinäre Zusammenarbeit mit anderen Institutionen
- Supervison/Coaching
- Flexible Arbeitszeitgestaltung
- Vergütung nach hauseigenem Tarif (TV UKL-HOT)

Was Ihnen Hintertupfingen bietet:

1. Natur
2. Natur
3. Natur
4. Günstigen Wohnraum
5. Stadtnähe mit guter kultureller Infrastruktur
6. Optimale Verkehrsanbindung
7. Ideale Freizeitmöglichkeiten ...

Wir sind neugierig auf Ihre Bewerbung bis zum 10. März 2011.
Sie haben Fragen vorab? Frau Sonnenschein steht Ihnen zur Verfügung unter der Nummer: 000111.

ständliche Sprache, die Sie sich für die Kommunikation mit den Eltern Ihrer Einrichtung nicht vorstellen können. Oder es sind unterwürfig klingende Formulierungen, die Sie Eigenverantwortung vermissen lassen.

Es sind meist Dinge, die Sie so schnell gar nicht erklären können, die immer auf Lebenserfahrung beruhen und ein deutliches Gefühl für oder gegen etwas erzeugen. Prof. Maja Storch, Entwicklerin des „Zürcher Ressourcen-Modells", spricht von „somatischen Markern", die sich entweder in einem „Bingo-Gefühl" („Jawoll!") oder einem „Grmpfl-Gefühl"(„Lieber nicht!") im Bauch äußern. Sich für diese inneren Botschaften zu sensibilisieren, sie um Rat zu fragen bei anstehenden Entscheidungen erspart uns oft Situationen, die wir gerne vermieden hätten.

Auch wenn eine Mitarbeiterin oder die Stellvertreterin vielleicht anderer Meinung ist, vereinbaren Sie mit ihr die Regel: Wenn eine von uns aus irgendeinem Grund ein ungutes Gefühl hat, lassen wir es. Denn dieses wird das Kennenlernen der Bewerberin von Anfang an belasten, und wie oft haben sie hinterher schon gedacht: Hätte ich doch auf mein Gefühl gehört!?

Neben aller Macht der Intuition, die in Sekundenschnelle Informationen erfasst und mit den eigenen Erfahrungen abgleicht, gibt es natürlich auch den Kopf, unseren Verstand – und gute Entscheidungen haben auch diese „Schaltstelle" durchlaufen. Betrachten Sie nun die Bewerbungen, die Ihren „Bauch-Check" bestanden haben:

- Was sagen die Qualifikation, der Lebenslauf, die Zeugnisse aus?
- Welche Kompetenzen holen Sie sich mit der Bewerberin ins Haus?
- Wo liegen Vor- und Nachteile und wie schwer wiegen diese?

Bedenken Sie dabei immer Ihre personalstrategischen Grundsätze und konzeptionellen Erfordernisse!

Das Zusammenspiel von Kopf und Bauch könnte auch umgekehrt laufen: Prüfen Sie zunächst die Daten und Fakten, lassen Sie die Bewerbungen dann erst einmal liegen und entscheiden Sie nach einigen Tagen aus dem Bauch heraus, wen Sie einladen.

Wenn die Bewerberin es klug gemacht hat, ist sie auch so vorgegangen: Sie hat zunächst die Rahmendaten der Stellenausschreibung geprüft, dann alles erst einmal „vergessen" und schließlich die Ausschreibung kurz vor Bewerbungsschluss hervorgeholt, um aus dem Bauch heraus zu entscheiden, ob ihr das Angebot wirklich zusagt. Hirnforscher haben in den letzten Jahren das Zustandekommen von guten Entscheidungen untersucht – und genau das herausgefunden.

Einstellungsinterviews effektiv durchführen

Leider kommt es immer noch allzu oft vor, dass die Chance des Kennenlernens zum „Plauderstündchen" verkommt, anstatt Professionalität und angemessene Ernsthaftigkeit einzusetzen. Auch bestreitet die Leitung zuweilen einen größeren Redeanteil als die Bewerberin, was für eine gute (wenn auch vielleicht unbewusste) Steuerung des Gesprächs durch den Gast statt durch die Leiterin spricht. Führen Sie sich vor Augen, dass Sie mit diesem Gespräch das Risiko von Fehlentscheidungen reduzieren wollen und müssen, denn schließlich geht es um die pädagogische Qualität Ihrer Einrichtung, aber auch um Ihre Arbeitszufriedenheit und die Ihrer Mitarbeiterinnen. Ich verwende hier deshalb auch den Begriff „Einstellungsinterview", weil er den Charakter des Gesprächs treffender ausdrückt als der Begriff „Bewerbungsgespräch", der den Anschein erweckt, als handle es sich um einen netten „Austausch" ohne jegliche Prüfungsaspekte.

Beachten Sie für das Einstellungsinterview folgende Grundsätze:

- Reservieren Sie einen *ruhigen, repräsentativen Raum*. Stapel von Materialien auf den Stühlen, die Sie erst zur Seite räumen müssen, um sich setzen zu können, kommen bei Gästen zu Hause genauso wenig an wie bei Gästen Ihrer Kita. Und auch in dieser Rolle sind die Bewerberinnen nun mal zu diesem Zeitpunkt.
- Stellen Sie rechtzeitig Getränke bereit und *starten Sie pünktlich*. Kommt Ihnen etwas Dringendes dazwischen, organisieren Sie auf die Schnelle jemanden, der Ihren Gast durch das Haus führt, bis Sie Zeit haben.
- Geht das nicht, steht vielleicht ein kleiner *Film* über einen Ausschnitt aus Ihrer pädagogischen Arbeit zur Verfügung, den Sie Ihrem Gast in der Zwischenzeit zeigen können. Die Konzeption sollten Sie noch nicht zu lesen geben, da sonst vielleicht keine authentischen, sondern auf Sie zugeschnittene Antworten zu erwarten sind.

- *Vermeiden Sie jede Art von Störung.* Ein Kommen und Gehen während Ihres Gesprächs stört die Gedankengänge und hinterlässt den Eindruck von unkonzentriertem Arbeiten.Verhalten Sie sich so, wie Sie es sich von Ihrer Bewerberin wünschen: wertschätzend, zuverlässig, vorbereitet, konzentriert, verbindlich ...
- *Festnetztelefon und Handy* kommen in dieser Zeit ohne Sie aus, denn was macht es – neben der Unterbrechung des Gesprächs – für einen unorganisierten Eindruck, wenn es nicht einmal eine Stunde ohne Sie geht!
- Nehmen Sie die *Perspektive des „Vogelkundlers“* ein: Ist es nicht interessant, was es da zu beobachten gibt in der Welt Ihres Besuchers? Schauen Sie ganz genau durch Ihr Fernglas! Seien Sie neugierig! Geben Sie Ihrem Gegenüber Zeit, sich unbeobachtet zu fühlen und sich entfalten zu können. Finden Sie heraus, wo die Begabungen liegen.
- Machen Sie sich Ihre *vorschnellen Urteile bewusst*: Dominiert da ein einziges Merkmal Ihre gesamte Einschätzung der Person, sodass Sie nicht mehr offen sind? Das kann überschätzend („Oh, eine Psychologin! Die weiß sicher alles besser als wir!“) oder unterschätzend („Die ist Berufsanfängerin, die hat ja noch keine Ahnung!“), auf jeden Fall aber unangemessen sein.
- Machen Sie sich klar: *Wer fragt führt!* Sie steuern mit Ihren Fragen den Tenor und die Themen des Gesprächs. Je offener Sie fragen, desto mehr erfahren Sie von Ihrem Gegenüber. Legen Sie ihm keine Antwort in den Mund, auch kein Ja oder Nein.
- *Zuhören zuhören, zuhören!* Aber fragen Sie sich auch: Was sagt die Bewerberin nicht? Was ist offen geblieben? Und wie wird etwas berichtet: zögernd, begeistert, humorvoll, nebulös, direkt, forsch, achtsam ...? Machen Sie sich dabei Notizen und haken Sie nach, wo etwas unklar oder vage geblieben ist. Sie müssen Ihre Fragen nicht rechtfertigen, etwa in der Art: „Wissen Sie, ich frage deshalb, weil es ja sein könnte, dass Sie ...“ Fragen Sie, weil es Sie interessiert. Und schließlich ist dies ein Interview – da läuft das so!
- Führen Sie das Gespräch in *Form eines teilstrukturierten Interviews*. Während beim strukturierten Interview allen Bewerberinnen die gleichen Fragen gestellt werden, welche alle relevanten Themenbereiche „abklopfen“ und dadurch die Vergleichbarkeit erhöhen, wird beim unstrukturierten Interview individuell auf jede Bewerberin eingegangen. Die Leiterin entscheidet bei jeder Bewerberin nach Sichtung der Unterlagen, wo sie bezüglich Persönlichkeit oder Berufserfahrung nachfragen möchte. Die Atmosphäre ist dabei wesentlich gelöster, allerdings mit dem Risiko, ins Plaudern abzugleiten und am Ende viel Wichtiges nicht erfragt zu haben. Ich empfehle daher, die Vorteile beider Verfahren im teilstrukturierten Interview zu verknüpfen, bei dem Sie mit einem vorbereiteten Interviewleitfaden arbeiten und gleichzeitig von ihm abweichen, nachhaken und länger verweilen, wo Sie auf Besonderheiten (Stärken und Schwächen) bei der Bewerberin gestoßen sind.
- Setzen Sie *Humor* gut dosiert ein! Miteinander lachen entschärft die Situation und schafft Nähe. Aber vor allem: Unterschiedlicher Humor ist ein Indiz für unterschiedliche Denkweisen und Wertvorstellungen oder dafür, dass etwas im Kontakt nicht stimmt. Ein Team oder eine Zweierbeziehung, in dem/der nicht miteinander gelacht wird, ist mehr oder weniger gefährdet. So sollten Sie auch niemanden einstellen, mit dem oder der Sie nicht wirklich lachen können. Auch sollte die Bewerberin trotz aller Anspannung lachen können, denn diese Fähigkeit braucht sie im Interesse einer guten Kontaktpflege bei Elternzusammenkünften oder im Netzwerk mit anderen Institutionen auch.

Das Einstellungsinterview

Einstieg

In dieser Phase schaffen Sie die atmosphärische Basis und bestimmen so den Grad an Offenheit, mit dem die Bewerberin Ihnen im Interview begegnen wird. Hier empfiehlt sich eine übergreifende Frage, die möglichst in keine bestimmte Richtung geht, vieles offen lässt, sodass die Bewerberin entscheiden wird, was sie Ihnen in welcher Ausführlichkeit erzählt. Die harmlos wirkende Frage lädt eher zum Ausschweifen ein und stellt gerade deshalb hohe Anforderungen an die Strukturiertheit, Fokussierung und Kommunikation der Bewerberin. Sie konzentrieren sich ganz aufs Zuhören, fragen höchstens kurz nach, wenn etwas inhaltlich unklar ist. Machen Sie sich Notizen über das, was Sie hören, aber auch über das Nicht-Gesagte und Ihre Eindrücke davon. Beispiel:

- „Mal unabhängig von Ihren Bewerbungsunterlagen, die ich gerade im Detail gar nicht mehr so im Kopf habe: Erzählen Sie doch einmal Ihren bisherigen beruflichen Weg; auch, was jeweils zu den nächsten Schritten geführt hat und was da für Sie die entscheidenden Phasen waren. Und wie das jetzt zu Ihrer Bewerbung bei uns geführt hat."

Ganz bewusst sind dies mehrere Fragen in einer: Der Weg, die Gründe, das Wichtigste dabei und die Motivation für die Bewerbung. Wird alles beantwortet? Notieren Sie sich auch die Auslassungen. Ein Weglassen kann heißen, dass hier der „Hase im Pfeffer" liegt und Sie zu einem späteren Zeitpunkt nochmals genauer nachfragen müssen. Oder aber die Bewerberin ist überfordert, fragt aber nicht nach, wie die einzelnen Fragen lauteten. Sie hat dann vielleicht Probleme mit der Kommunikation, was Sie hellhörig machen sollte.
Sie können dann weitermachen mit folgenden, immer noch sehr offen gehaltenen Fragen, z.B.:

- „Was mich zum Einstieg besonders interessiert: Was hat Sie dazu bewogen, sich bei uns zu bewerben? Und warum meinen Sie, dass Sie die Richtige für uns sind?"
- „Mit welchen Gedanken und Erwartungen sind Sie heute hierher gekommen?"
- „Was sollte ich/sollten wir vor dem Hintergrund Ihrer Bewerbung auf diese Stelle über Sie wissen?"

Werte, Erfolgsfaktoren und -erlebnisse

Diese Phase bietet der Bewerberin die Möglichkeit, alles zu erzählen, was ihr wichtig ist. Sie erfahren dadurch, was sie für pädagogische und konzeptionelle Vorstellungen hat und wo sie in ihrer Arbeit Akzente setzt. (Das ist sehr viel sinnvoller, als ihr das pädagogische Konzept und Leitbild der Kita zu erläutern und „abzufragen", ob sie das teilt). Stellen Sie hierzu auch situative Fragen, d.h. solche, die eine konkrete Alltagssituation betreffen, um ein Bild von dem Verhalten, das immer bestimmten Werten und Haltungen folgt, der Bewerberin zu erhalten.
Steigen Sie zunächst ein mit einer Skalierungsfrage („Auf einer Skala von ..."), die hilft, Dinge auf den Punkt zu bringen, anstatt vage zu bleiben. Auch Unterscheidungsfragen fordern von der Bewerberin, konkret zu werden („Was besonders ...? Am meisten ...?"), anstatt bloße, nicht gewichtete Aufzählungen zu liefern. Sie müssen hier keine bestimmten Bereiche ansprechen (musische Förderung, Elternarbeit ...), den thematischen Bezug stellt, angeregt durch Ihre offenen Fragen, die Bewerberin her – und Sie sehen an den Antworten, wo ihr Schwerpunkt liegt. Starten Sie mit der Frage höchster Ergiebigkeit:

- „Wenn Geld keine Rolle spielen würde und Sie hätten die Chance, eine Kita nach Ihren Vorstellungen zu gestalten: Wie sähe Ihr Konzept aus?"
- „Wenn Sie jetzt einmal Ihre individuellen Erfolgsfaktoren für Ihre Arbeit zugrunde legen: Wie erfolgreich sind Sie da – sagen wir auf einer Skala von 1 bis 10?"
- „Wenn Sie die letzten beiden Jahre Revue passieren lassen: Was war für Sie ein besonderes Erfolgserlebnis?"

Ein professionell geführtes Gespräch minimiert das Risiko von Fehlentscheidungen

- „Was würden Sie einer Praktikantin sagen, worauf es in dieser Arbeit besonders ankommt?"
- „Welche Ihrer Eigenschaften oder Fähigkeiten hat Ihnen bisher in Ihrer Arbeit am meisten geholfen?"
- „Über welche Anerkennung/ Rückmeldung haben Sie sich in letzter Zeit besonders gefreut?"
- „Was gab es für Sie in der letzten Zeit an Pleiten, Pech oder Pannen?"

Fachlichkeit und Professionalität

Auch hier werden Sie keine spezifischen Schwerpunktthemen Ihrer Einrichtung abfragen, sondern sich ein Bild davon machen, in welchem Bereich die Bewerberin hohe Fachlichkeit und Professionalität entwickelt hat, um dies dann abzugleichen mit Ihren Anforde-

rungen. Ihre Fragen sollten dazu anregen, die eigene Professionalität und zentrale Aspekte des Aufgabenfelds Kindertagesbetreuung zu reflektieren. Die Antworten zeigen Ihnen auch, ob Sie es mit einem eher negativ oder positiv denkenden Menschen zu tun haben und ob eher schwarz-weiß oder differenziert gedacht wird.
Beispiele:

- „Welche besonderen Entwicklungen haben Sie in den letzten Jahren im Kitabereich beobachtet?"
- „Welches pädagogische Konzept ist für Sie zur Zeit das Interessanteste?"
- „In welchem Bereich sind Ihnen Qualitätsstandards besonders wichtig?"
- „In welchem Bereich Ihrer jetzigen Arbeitsstelle sehen Sie sich als Expertin?"
- „Welche fachlichen Entwicklungen Ihrer bisherigen Kita gehen auf Ihre Initiative zurück?"
- „Können Sie mir eine Situation schildern, die Sie als besondere fachliche Herausforderung erlebt haben?"

Bisheriger Werdegang und Motivation zum Wechsel

Hier geht es darum, bestimmte Muster im Lebenslauf herauszuarbeiten, denn diese werden womöglich auch in Zukunft fortgesetzt: Lief bisher alles eher geplant oder spontan ab? Zeigt der Lebenslauf eher Beständigkeit oder Flexibilität? Verlief er bisher eher geradlinig oder mit Umwegen? Ist er eher von vielseitigen Aufgaben geprägt oder fokussiert auf einen Bereich?
Der Blick auf den schriftlichen Lebenslauf allein reicht nicht aus: Entscheidend ist die Frage, wie die Bewerberin ihren Weg selbst beschreibt, ihn bewertet. Wenn Sie gut fragen, erfahren Sie mehr!
Beispiele:

- „Wodurch zeichnet sich Ihr bisheriger beruflicher Weg aus?"
- „Auf einer Skala von 1 bis 10: Wie zufrieden sind Sie mit Ihrem bisherigen Weg?"
- „Wenn Sie jetzt nicht wechseln würden: Wie würde Ihr beruflicher Weg evtl. weitergehen?"
- „Was reizt Sie gerade bei uns besonders?"

Die Bewerberin als Mitarbeiterin

Bei aller Fachlichkeit: Wie passt die Bewerberin in Ihr Team, zu Ihrer Einrichtungskultur? Wie passt ihr Arbeitsstil, ihre Vorstellung von guter Zusammenarbeit mit Ihnen? Das herauszufiltern, ist Ziel dieser Phase.
Beispiele:

- „Welche Erwartungen hätten Sie an mich als Ihre Chefin?"
- „Welche Art von Aufgaben nehmen Sie in Teams besonders wahr?"
- „Wo sehen Sie Möglichkeiten, sich fachlich oder persönlich weiterzuentwickeln?"
- „Wie würden Sie die Kultur des Miteinanders in Ihrer jetzigen Kita beschreiben?"
- „Welchen Stellenwert nimmt Ihr Beruf in Ihrem Leben ein?"
- „Was könnte noch interessant sein, von Ihnen zu wissen, was nicht im Lebenslauf steht?"

Abschluss

In dieser Gesprächsphase sondieren Sie noch einmal: Wie weit stimmen die wechselseitigen Vorstellungen überein? Und: Wie interessiert und motiviert ist die

Wenn Sie gut fragen, erfahren Sie mehr von Ihrem Gegenüber

Bewerberin bezüglich dieser Stelle?
Beispiele:

- „Was ist für Sie noch interessant zu erfahren über eine Arbeit bei uns?"
- „Auf einer Skala von 1 bis 10: Wie interessiert sind Sie an dieser Stelle?"
- „Was macht die Stelle bei uns für Sie attraktiv?"
- „Zusammenfassend: Inwieweit, glauben Sie, passen wir zusammen?"
- „Angenommen, Sie würden morgen bei uns anfangen: Was würden Sie gerne als erstes anpacken?"

Natürlich können Sie aufgrund der Bewerbungsunterlagen oder des Gesprächsverlaufs auch gezielte Schlüsselkompetenzen abfragen, z.B. das Arbeitsverhalten.
Beispiele:

- „Wie halten Sie sich über aktuelle Entwicklungen im Kitabereich auf dem Laufenden?"
- „Wann hat Sie das letzte Mal eine Kollegin um Rat gefragt?"
- „Wann haben Sie das letzte Mal eine Kollegin um Rat gefragt?"

- „Wonach bestimmen Sie Ihre Prioritäten im Arbeitsalltag?"
- „Wie gehen Sie mit unvorhersehbaren Unterbrechungen um?"
- „Was sagt Ihnen eher zu: ein gut strukturierter Arbeitstag oder ein Tag mit vielen Anlässen für spontanes Reagieren?"
- „Haben Sie schon einmal etwas gegen den Widerstand Ihrer Kolleginnen durchgesetzt? Was war das?"
- „Welche Verbesserungen in den Abläufen haben Sie in Ihrer bisherigen Kita zuletzt erzielt?"
- „Wann sind Sie schon einmal mit Ihren Kräften an Ihre Grenzen gegangen?"
- „Welche Situationen in Ihrem jetzigen Alltag finden Sie besonders belastend oder zumindest belastender als andere?"
- „In welchem Bereich haben Sie Verantwortung über Ihren Gruppenalltag hinaus übernommen?"
- „Wann haben Sie schon einmal in einer extrem schwierigen Situation alles darangesetzt, eine gute Lösung zu finden?"
- „Wie würden Ihre Kolleginnen Sie wohl beschreiben?"
- „Gibt es eine Situation, in der Sie schon einmal zwischen verschiedenen Überzeugungen in ein Dilemma geraten sind?"
- „Für welchen Teil Ihrer Arbeit können Sie sich so richtig begeistern?"
- „Können Sie sich an eine Situation erinnern, in der Sie nach heftigem Konflikt mit Ihren Kolleginnen zu einer guten Lösung gekommen sind?"
- „Bei welchen Aufgaben schätzen Sie Teamarbeit, bei welchen arbeiten Sie lieber alleine?"
- „Im Vergleich zu Ihren Kolleginnen: Würden Sie sich als besonders ideenreich einschätzen?"
- „Was machen Sie heute anders als noch vor zwei bis drei Jahren?"
- „Haben Sie schon einmal ein Projekt so richtig in den Sand gesetzt? Wenn ja: Was haben Sie daraus gelernt?"

All diese Fragen stellen lediglich Beispiele dar. Sie wurden hier so ausführlich präsentiert, weil es sehr wichtig ist, das Frageprinzip und die Fragearten zu erkennen und zu verinnerlichen. Sie werden sich dann Ihren eigenen Interview-Leitfaden zusammenstellen können, und natürlich reihen Sie im Gespräch nicht eine Frage an die andere, sondern haken zwischendurch nach, lassen erzählen, geben Rückmeldung dazu... und lassen eher beiläufig die nächste Frage fallen. Denken Sie auch an den Humor! Nur: Preisgeben, was Sie hören möchten, sollten Sie nicht, wenn Sie sich ein möglichst authentisches, unbeeinflusstes Bild von der Bewerberin machen möchten.

Hinterher, wenn Sie Ihren Eindruck gewonnen haben und keine Fragen mehr für Sie offen sind, werden Sie über die Einrichtungsstruktur und Ihre konzeptionellen Schwerpunkte berichten, das Haus zeigen, der Bewerberin – sofern sie genügend Zeit mitgebracht hat und es die Situation zulässt – Gelegenheit geben, mit den Kindern in Kontakt zu kommen, und sich hiervon ein Bild machen.

Zugegeben: Ein Einstellungsinterview dieser Art ist eine Herausforderung für die Bewerberin. Nur ist das genau der richtige Weg, wenn Sie Wert legen auf belastbare, ehrgeizige, engagierte und reflektierte Erzieherinnen, die zur Konzeption, zu den Werten und dem Profil Ihres Hauses passen. Wer hier aussteigt, weil das Gespräch zu viel von Prüfung hatte, ist in diesem Beruf fehl am Platz. Denn auch der Alltag einer Erzieherin ist tagtäglich Prüfung ihrer Fachlichkeit, wird ständig begutachtet von Kindern, Eltern, Kolleginnen, Leitung, anderen Insitutionen – und Sie brauchen Mitarbeiterinnen, die das nicht scheuen. Bedenken Sie auch: Die vielen offenen Fragen bieten der Erzieherin auch große Chancen, sich von anderen Bewerberinnen abzuheben.

2. Neue Mitarbeiterinnen einarbeiten

In Anbetracht der vielen Überlegungen und der Zeit für Entscheidungsprozesse, die Sie investiert haben, bis es zum Arbeitsantritt der neuen Erzieherin kommt, sollten Sie nun auch nicht deren Einarbeitung dem Zufall überlassen, sondern diese Phase bewusst gestalten. Ihnen als unmittelbare Vorgesetzte kommt hierbei eine besondere Rolle zu, denn je geringer die Orientierung umso wichtiger ist für uns das Geführtwerden. Aber es geht nicht nur um das Bedürfnis der neuen Mitarbeiterin nach Orientierung, sondern auch für Sie ist die gezielt begleitete Einarbeitung eine Chance: Ihre Möglichkeit der Einflussnahme auf Arbeitsweise und Haltung ist bei „der Neuen" sehr viel größer als bei den langjährigen Mitarbeiterinnen, die ihren Arbeitsstil über die Jahre schon entwickelt und gefestigt haben. Daher sollten Sie dieser Phase hohe Priorität einräumen und die Weichenstellung nicht anderen überlassen.

Checkliste für den ersten Tag

- Habe ich das Team über die neue Mitarbeiterin informiert (Name, Arbeitsbeginn ...)? ☐
- Bin ich an diesem Tag auch da und habe Zeit für Begrüßungsgespräch, Rundgang und Vorstellung im Haus? ☐
- Habe ich mit dem Team vereinbart, wer für die ersten 100 Tage die Patenschaft für die neue Mitarbeiterin übernimmt? ☐
- Habe ich ein „Begrüßungspaket" (Blumen, Konzeption in schöner Verpackung o. Ä.) vorbereitet? ☐
- Was ist am ersten Tag geplant? Welche Aktivität stellt einen gelungenen Empfang dar, der die neue Mitarbeiterin nicht überfordert, aber auch einen motivierenden Akzent setzt? ☐
- Gibt es einen Platz für die neue Erzieherin (sauber und mit Namen versehen), wo sie ihre persönlichen Dinge lassen kann (Spind, Garderobe, Postfach ...)? ☐
- Habe ich zum Abschluss des ersten Tages eine gemeinsame Reflexion eingeplant und vereinbart? ☐

Worauf es für einen guten Start der neuen Mitarbeiterin ankommt, habe ich in Form einer Checkliste für den ersten Tag zusammengestellt (s. oben). Anhand dieser können Sie prüfen, ob Sie an alles gedacht haben.

Die Einarbeitungsphase dauert insgesamt 100 Tage. Es ist wichtig, diesen Zeitraum zu benennen, um der neuen Mitarbeiterin klarzumachen: Bis dahin hast du noch Schonfrist, kannst ausprobieren, kennenlernen... Und danach erwarte ich von dir das Gleiche, wie von allen anderen auch. Das gibt zugleich Freiraum und Orientierung. Innerhalb dieser 100 Tage hat die neue Erzieherin eine „Patin", an die sie sich mit all ihren Fragen und Überlegungen, Unsicherheiten und Ideen wenden kann. Ihre Patin ist Ansprechpartnerin für die kleinen und großen Dinge des Alltags. Sie weist sie nicht nur in Abläufe und Strukturen ein, sondern bespricht mit ihr auch, wenn sie an der ein oder anderen Stelle „fremdelt" oder Kolleginnen das ihr gegenüber tun. In den ersten 100 Tagen setzen Sie sich alle vier Wochen mit der neuen Mitarbeiterin zusammen – und zwar terminiert, um dem Gespräch den entsprechenden Stellenwert und der Mitarbeiterin Gelegenheit zur Vorbereitung zu geben. Am besten teilen Sie ihr gleich zu Beginn mit, dass Ihr Einarbeitungskonzept das so vorsieht und nichts mit ihr oder der Wahrnehmung ihrer Arbeit zu tun hat. Mit diesen Gesprächen zeigen Sie Präsenz und bieten sich an für übergeordnete Fragen, für den Blick über den Gruppenraum hinaus. Auch erhalten Sie so einen direkten Eindruck, wie sich Einarbeitung und Integration entwickeln und wo Sie evtl. noch unterstützen können.
Nehmen Sie bei den monatlichen Einarbeitungsgesprächen die Rolle des Coachs bzw. die Rolle der „Kümmerin" (vgl. Kap. I.1.) ein. Seien Sie offen und direkt und bearbeiten Sie, was auch immer die Mitarbeiterin sich wünscht. Sie ist diejenige, die die Themen

Ihr ‚kindergarten heute' - Abonnement

kindergarten heute ist die meistgelesene Fachzeitschrift für ErzieherInnen und bietet Ihnen 10 mal im Jahr: Fachwissen und konkrete Anregungen für die tägliche Bildungsarbeit; ein regelmäßiges Dossier: Kinder unter 3; Ideen zur Projektgestaltung; Stellenangebote und -gesuche; berufsrelevante Nachrichten und Informationen

○ **Ja,** ich möchte kindergarten heute ab sofort regelmäßig lesen. Senden Sie mir die Zeitschrift zehnmal im Jahr direkt nach Hause. kindergarten heute kostet im Abonnement € 49,50 jährlich (für Auszubildende € 33,00) zzgl. € 7,80 Porto.

Preise gültig bis 31.12.11 KGABOSP

Kein Risiko! Das Abonnement ist jederzeit kündbar. Das Geld für nicht gelieferte Ausgaben wird Ihnen zurück erstattet.

Vor- und Zuname

Straße

PLZ/Ort

(Auszubildende: Ausbildung endet ca. ______)

❒ Ich wünsche Bankeinzug.

Konto-Nr. Bankleitzahl

Bankinstitut

❒ Ich überweise nach Erhalt der Rechnung.

Datum ✗ Unterschrift

Hier abonnieren Sie ‚Das Leitungsheft'

Das Leitungsheft ist das unverzichtbare Handwerkszeug für alle, die mit Leitungsaufgaben in der Frühpädagogik betraut sind. Sier erhalten fundiertes Fachwissen und Methoden speziell für Ihre Leitungsaufgaben!

○ **Ja,** ich möchte ‚das leitungsheft' (4 Ausgaben im Jahr) zum Normalpreis von € 37,00 abonnieren (zzgl. € 3,00 Versandkosten). KLNPSP

○ **Ja,** ich bin AbonnentIn von ‚kindergarten heute' und möchte ‚das leitungsheft' (4 Ausgaben im Jahr) zum Vorzugspreis von nur € 29,00 abonnieren (zzgl. € 3,00 Versandkosten). KLVPSP

Kein Risiko! Das Abonnement ist jederzeit kündbar. Das Geld für nicht gelieferte Ausgaben wird Ihnen zurück erstattet.

Preise gültig bis 31.12.11

Vor- und Zuname

Straße

PLZ/Ort

(Auszubildende: Ausbildung endet ca. ______)

❒ Ich wünsche Bankeinzug.

Konto-Nr. Bankleitzahl

Bankinstitut

❒ Ich überweise nach Erhalt der Rechnung.

Datum ✗ Unterschrift

Hier bestellen Sie Ihre Fachliteratur

Expl.	Bestellnr.	Kurztitel	Preis

kindergarten heute – Ein unverzichtbarer Begleiter

Fachwissen und konkrete Anregungen für die tägliche Bildungsarbeit

Bitte mit € 0,45 frankieren, falls Marke zur Hand

Antwort

Verlag Herder
KundenServiceCenter

79080 Freiburg

Das Leitungsheft – Auf die Leitung kommt es an!

Erprobte und erfolgreiche Methoden für Ihre vielfältigen Aufgaben als Leiterin

Bitte mit € 0,45 frankieren, falls Marke zur Hand

Antwort

Verlag Herder
KundenServiceCenter

79080 Freiburg

Absender:

Vor- und Zuname

Straße

PLZ/Ort

Telefon E-Mail

Datum Unterschrift

Bitte mit € 0,45 frankieren, falls Marke zur Hand

Antwort

HerderShop24
Postfach 100 154

79120 Freiburg

kindergarten heute *spezial*

✱ die wichtigsten **pädagogischen und psychologischen Themen** der Elementarpädagogik

✱ **kompakt** und übersichtlich zusammengestellt.

Bitte mit
€ 0,45
frankieren,
falls Marke
zur Hand

Antwort

HerderShop24
Postfach 100 154

79120 Freiburg

kindergarten heute *spot*

✱ **praxisnahe** und leicht umsetzbare Unterstützung zu **aktuellen Fragen** und Trends

✱ schnell, hilfreich und **kompetent.**

Bitte mit
€ 0,45
frankieren,
falls Marke
zur Hand

Antwort

HerderShop24
Postfach 100 154

79120 Freiburg

kindergarten heute *basiswissen kita management*

✱ Themenhefte mit praxisbezogenem Zugang zu **Organisations- und Managementaufgaben** in der Kita

✱ komplexe Inhalte in übersichtlicher und leicht **verständlicher** Form

Bitte mit
€ 0,45
frankieren,
falls Marke
zur Hand

Antwort

HerderShop24
Postfach 100 154

79120 Freiburg

bestimmt; es geht nicht um Schulung, sondern um Unterstützung an der Stelle, wo die Mitarbeiterin es braucht. Werden Sie dabei aber konkret: „Wie könnte ein nächster Schritt in die gewünschte Richtung aussehen?", ist eine passende und wichtige Frage. Nutzen Sie auch die Chance, die Mitarbeiterin unter vier Augen mit einem wertschätzenden Feedback zu stärken. Je konkreter ein Feedback, umso wirkungsvoller: Was genau gefällt Ihnen? Und woran machen Sie das fest?

3. Mitarbeiterinnen betreuen und binden

Dieses Kapitel beschäftigt sich mit der Frage, wie Sie eine tragfähige Bindung der neuen Mitarbeiterin an Kinder und Eltern, das Team, an Sie, den Träger usw. unterstützen können, denn schließlich möchten Sie den Prozess der Stellenbesetzung und Einarbeitung nicht jedes Jahr von Neuem durchlaufen müssen, sondern brauchen eine kontinuierliche Besetzung der Gruppen mit je zwei eingearbeiteten Erzieherinnen, die verlässliche Beziehungsarbeit mit den Kindern und Eltern leisten. Auch sind die gebundenen Mitarbeiterinnen diejenigen, die sich mehr Gedanken über Verbesserungen in den Abläufen machen, flexibler in der Ausübung ihrer pädagogischen Aufgaben sind, mehr Verantwortung übernehmen und zudem nach außen hin absolut loyal mit Ihnen, der Einrichtung und dem Träger sind. Illoyalität ist immer ein Zeichen von mangelnder Bindung an den Arbeitsplatz, dem nachgegangen werden muss. Worauf kommt es also an, um eine möglichst intensive Mitarbeiterbindung herzustellen?

Die Bindung an den Arbeitsplatz ist eine Art „inneres Okay", man könnte auch sagen: ein psychologischer Vertrag mit sich selbst, dem System und den darin einander begegnenden Personen. Er sagt: „Ich will mit euch etwas erreichen, ich stehe zur Verfügung, komme was wolle." Natürlich hat dieser psychologische Vertrag (neudeutsch: „Commitment") stark motivationale Komponenten, die mit der Person zusammenhängen: Sie sind geprägt von persönlichen Einstellungen, Motiven und Eigenschaften. Gleichzeitig gibt es eine Reihe äußerer Faktoren, die von konkreten Situationen in der Kita und dem Umfeld ausgehen.

Der psychologische Vertrag kann nach Klimecki & Gmür (2005) zustandekommen durch reine Kosten-Nutzen-Kalkulation *(kalkulativer Vertrag)*: „Ich brauche diese Stelle, um meine Miete bezahlen zu können." Oder: „Ich brauche diese Stelle, weil ich mit ihr die kürzeste Anfahrt habe."

Der psychologische Vertrag kann aber auch das Ergebnis eines moralischen Gefühls sein *(moralischer Vertrag)*: „Ich habe zugesagt, also mache ich das jetzt auch. Ich kann andere nicht enttäuschen!"

Oder aber er ist das Ergebnis der strukturellen Einbindung der Mitarbeiterin und beruht auf einem positiven emotionalen Bezug zu den Personen und zum Träger als Institution *(emotionaler Vertrag)*. Er ist dann Ausdruck der Identifikation mit den durch die Einrichtung verkörperten Werten und Zielen.

Meist ist das, was Sie sich als Leiterin von Ihren Mitarbeiterinnen wünschen, der emotionale Vertrag. Tatsächlich gibt es Untersuchungen dazu, dass besonders diese Art von Bindung zu höherem Einsatz am Arbeitsplatz führt, während der kalkulatorische eher zum „Dienst nach Vorschrift" verleitet.

Bindung und Identifikation aufbauen

Erfahrungsgemäß erwarten Erzieherinnen von der Leitung insbesondere die zuverlässige und korrekte Abwicklung der administrativen Aufgaben (Abrechnung der Arbeitszeiten, Fertigstellung von Verträgen, Genehmigung von Urlaubs- oder Fortbildungsanträgen usw.). Klappt das nicht absolut zeitnah und reibungslos, beziehen die Mitarbeiterinnen dies schnell auf sich. Für Sie als Leitung heißt das: Seien Sie in diesen Dingen äußerst zuverlässig. Denken Sie nie: Das ist doch nur eine Formalität! Die korrekte Erledigung der arbeitsplatzrelevanten Administration verhindert – sozusagen als

Anerkennung kann sich manchmal auch so ausdrücken

Mindeststandard – erst einmal Unzufriedenheit und schafft noch keine echte Zufriedenheit oder gar Begeisterung. Dazu braucht es mehr – vor allem Maßnahmen unter der Prämisse zweier entscheidender Werte: Wertschätzung und Fairness.
Das kann reichen von den üblichen Betriebsausflügen und Geburtstagsgeschenken für alle bis hin zur erfolgsabhängigen Wertschätzung, z.B. nach dem gelungenen Sommerfest oder dem erfolgreich abgeschlossenen Projekt. Vor allem gemeinsame öffentliche Auftritte vor Eltern oder Nachbarn, Träger oder anderen Netzwerkpartnern vermitteln ein Zusammengehörigkeitsgefühl und schaffen Identifikation. Bindung über Wertschätzung und Fairness vollzieht sich aber z.B. auch durch die Bearbeitung des Themas: „Was gibt es bei uns für Demotivationsfaktoren und wie können wir diese reduzieren?" Oder andersherum gefragt: „Was befördert unsere Motivation und wie können wir das ausbauen?" Erstaunlich, wie Sie, wenn Sie diese Fragestellungen wertschätzend und fair moderieren, Erzieherinnen in die Verantwortung für ihre Identifikation und Motivation nehmen und an Ihre Kita binden können. Schließlich erhalten sie damit die Chance, ihre Arbeitsbedingungen mitzugestalten – und das schafft nicht nur moralisches „Commitment", sondern auch emotionales.

Natürlich gibt es auch hier, wie überall, ein Zuviel: Ein Zuviel an Mitarbeiterpflege und -betreuung führt zu einer überzogenen Anspruchshaltung und zu Unselbstständigkeit. Und natürlich trägt jede Mitarbeiterin Verantwortung dafür, sich täglich neu zu motivieren – so wie Sie selbst auch. Finden Sie also das richtige Maß an Unterstützung, aber setzen Sie ebenso auf die intrinsische, die nicht durch äußere Anreize gesteuerte Motivation.

Mitarbeiterinnen beraten und begleiten

Wir kommen zu dem Bereich, den man – vor allem im sozialpädagogischen Arbeitsfeld – spontan assoziiert, wenn man den Begriff „Mitarbeiterführung" hört: Eine Leitungskraft zu haben, die für einen da ist, vor allem, wenn es zu Krisen kommt oder der Alltag durch Unvorhergesehenes erschwert wird. Gerade in der Arbeit mit Kindern gleicht kein Tag dem anderen, und dass Planungen umgeworfen werden, ist eher der Normalfall. Insofern gibt es für pädagogische Fachkräfte wenig Routinetätigkeiten; vielmehr ist jeder Tag eine neue Herausforderung.
Das erfordert eine sensible Leitungskraft, die für ihre Mitarbeiterinnen da ist und nicht nur verwaltet und steuert. Mitarbeiterführung findet deshalb in besonderem Maße aus der Rolle der „Kümmerin" (vgl. Kap. I.1.) heraus statt und wird auch von den Mitarbeiterinnen so erwartet. Auch die Träger wollen hier starke Leiterinnen sehen, um nicht mit Problemen und Befindlichkeiten der Erzieherinnen behelligt zu werden. Schauen wir uns diese Rolle also genauer an.
Als Leiterin müssen Sie Ihre Unterstützung anbieten und die persönliche, psychosoziale, aber auch fachliche Weiterentwicklung der Ihnen anvertrauten Erzieherinnen in den Blick nehmen. Sich als „Kümmerin", als Beraterin oder Coach der Mitarbeiterinnen zu verstehen und danach zu handeln, setzt allerdings zweierlei voraus; nämlich dass Sie

1. in dieser Rolle von Ihren Mitarbeiterinnen akzeptiert werden und im konkreten Fall einen „Auftrag" der Mitarbeiterin haben, diese also Ihr Sich-Kümmern möchte und sich einlässt.
2. ein Repertoire an Interventionsmöglichkeiten zur Verfügung zu haben, das Mitarbeiterinnen dabei unterstützt, ihre Situati-

Reflektieren Sie für sich:

- Wie zuverlässig und korrekt bin ich bezüglich der administrativen Aufgaben des arbeitsplatzbezogenen Personalmanagements?
- Verhalte ich mich immer so, dass meine Mitarbeiterinnen mich als fair und wertschätzend erleben können?
- Welche Rituale könnte ich einführen, um die Identifikation und Bindung zu fördern?
- Woran könnte es liegen, wenn Mitarbeiterinnen sich wenig gebunden fühlen?

on zu reflektieren und von der Problemfokussierung in die Entwicklung von realistischen Lösungsansätzen zu gehen.

Die Akzeptanz Ihrer „Kümmerer-Rolle" und der entsprechende „Auftrag" der Mitarbeiterin(nen) ist also die erste Hürde, die genommen werden muss. Dies kann bei Ihren Mitarbeiterinnen ganz unterschiedlich aussehen: Die eine beansprucht Sie z.B. in Ihrer Rolle als „Gutachterin", braucht Ihr Expertenwissen im Hinblick auf eine Auffälligkeit eines Kindes. Eine andere möchte Sie als „Trainerin" in der Vorbereitung eines Tanz-Projekts gewinnen und eine dritte braucht Sie als „Therapeutin", weil sie sich in einem Motivationstief befindet.
Anhand der Tabelle (s. Kasten) können Sie überprüfen, in welchen

Die Rolle der „Kümmerin" und ihre Ausgestaltungsformen

Rolle	Kurzbeschreibung	Anforderungen
Starthelferin	entwickelt neue Ideen, unterstützt neue Sichtweisen und sorgt für den Start auf diesen (teilweise) unbekannten Wegen	Kreativität und Intuition, Kenntnisse von psychologischen Abläufen in Veränderungssituationen
Beraterin	unterstützt bei inhaltlichen Fragen auf der Suche nach Handlungsalternativen und Entscheidungen	pädagogisches Methoden- und Fachwissen, Wissen über das Bildungssystem und das Netzwerk
Moderatorin	moderiert Problemlösungs- und Entscheidungsprozesse verschiedener innerer Stimmen und Impulse	Kenntnisse über den Ablauf und die Gestaltung von Problemlösungs- und Entscheidungsprozessen
Gutachterin	Fachfrau für bestimmte fachliche Themen und Lösungen	Expertenwissen für diese fachlichen Themen (z.B. Integration, Autismus ...)
Prozessbegleiterin	Expertin für Methoden und Techniken bei Veränderungsprozessen	Kenntnisse über Veränderungstheorien und Umgang mit persönlichen Veränderungsprozessen
Trainerin	vermittelt Wissen, Fertigkeiten und Fähigkeiten und hilft beim Transfer in die Praxis	didaktische Fähigkeiten, Kenntnisse über Lerntheorien und deren praktische Umsetzung
Therapeutin*	Ansprechpartnerin bei Fragen der Lebenshilfe und in schwierigen Situationen	Lebens- und Selbsterfahrung
Betreuerin	hilft bei der Durchführung von beruflichen Vorhaben (die „gute Seele" im Hintergrund)	Ausdauer, Fähigkeit, sich selbst zurückzunehmen
Sponsorin	anerkannte Förderin von Projekten und anderen beruflichen Vorhaben	Anerkennung und Akzeptanz in der Organisation, langjährige Erfahrungen und Kontakte
Patin	Helferin bei der Heranführung an neue Aufgaben und Funktionen	Kenntnis träger- und kitainterner Strukturen und der Zusammenhänge zwischen diesen und den Prozessen

*Darunter ist nicht eine therapeutische Rolle im Sinne des Therapeutengesetzes zu verstehen

Rollen Sie sich selbst sehen und für welche es eine Akzeptanz bei Ihrem Team gibt.

Werden Sie sich im konkreten Fall zunächst einmal selbst klar darüber, wie das Anliegen Ihrer Mitarbeiterin aussieht und welche Rolle in der Situation die geeignete wäre. Sind Sie z.B. als „Therapeutin" gefragt, verletzen Sie Ihre Mitarbeiterin unter Umständen, wenn Sie die Trainerinnenrolle einnehmen und ihr sagen, wie sie bei dem anstehenden Projekt methodisch am besten vorgeht. Umgekehrt könnte es allerdings genauso passieren, dass Sie in die Therapeutinnenrolle gehen, indem Sie die Befindlichkeit der Erzieherin erfragen, wo Sie doch nur um Ihre fachliche Einschätzung bezüglich eines bestimmten Kindes gebeten wurden.
Oder eine Mitarbeiterin kommt zu Ihnen, weil sie für ein Buch-Projekt Ihre Kontakte zur Druckerei des Trägerbereichs nutzen möchte (Sponsorenrolle), und Sie schlagen ihr verschiedene Alternativen vor (Beraterinnenrolle). Die Erzieherin hat aber längst alle Alternativen durchgespielt und entschieden, die Druckerei zu nutzen. Sie wird sich unverstanden und entmündigt fühlen und Ihnen keinen „Beratungsauftrag" (s. oben) geben.

Das heißt: Klären Sie immer zuerst, wie Sie der Mitarbeiterin helfen können, anstatt gleich – sicher gut gemeint – in eine der Rollen zu springen. Wir alle haben unsere Lieblingsrollen: Die Pragmatiker lieben die „Trainerrolle", die psychologisch Interessierten die „Therapeuten-" oder „Beraterrolle", die fachlich Orientierten die „Gutachterrolle", die stark Vernetzten die „Sponsorenrolle"... Aber nur, wenn sich Ihre Vorstellung von Unterstützung mit der Ihrer Mitarbeiterin deckt, werden Sie von ihr den „Auftrag" erhalten, sich zu kümmern.
In welcher Rolle Sie sich sehen und angesprochen fühlen, wenn Sie sich um eine Mitarbeiterin kümmern, wird in erster Linie an der Art der Kommunikation deutlich, und da an folgenden Prämissen (vgl. Kasten S. 25):

- Werde ich eher gefragt oder werden mir – auch ungefragt – Antworten gegeben?
- Sieht mein Gegenüber mich in dieser Sache als die Erfahrenere oder sich selbst?

Praxisbeispiel

Die Erzieherin Maren L. wirkt auf Leiterin Sylvia N. angeschlagen, als diese ihren allmorgendlichen Rundgang durch die Gruppenräume macht. „Sag mal, du wirkst so ... hm, ich weiß auch nicht! Geht es dir nicht gut? Kann ich dir irgendwie helfen?"
Maren L. erzählt daraufhin, dass sie sich heute schon auf dem Weg zum Arbeitsplatz gefragt hat, wie sie besser mit ihrem Tanzprojekt vorankommen könnte. Vor allem Julia sei so schwer einzubinden. Und die Aufführung beim Sommerfest naht! Sie fragt sich auch, ob das überhaupt noch einzuhalten ist und was passieren würde, wenn der Veranstaltungspunkt ganz gestrichen würde. Sylvia N.s Alarmglocken schrillen! Sie sieht sich in der Verantwortung für die Veranstaltung und wäre diejenige, die sich die Klagen der Eltern der tanzenden Kinder anhören müsste. Sie geht in die Rolle der „Trainerin": „Also Absagen geht auf keinen Fall! Was meinst du, wie enttäuscht da Kinder und Eltern wären! Dann musst du eben für Julia irgendeine einfache Rolle finden, die sie sich zutraut. Du hast doch sowas schon öfters gemacht!"
Maren L. fühlt sich daraufhin unter Druck gesetzt und vor allem unverstanden. Diese Art von Kümmern bediente mehr die Interessen der Leitung als ihre eigene Befindlichkeit. Wozu hatte Sylvia N. sie denn dann überhaupt gefragt, was mit ihr los sei?!
Was war passiert? Sylvia N. war nicht mehr in der Lage, zu differenzieren, welche Art von Kümmern ihre Mitarbeiterin braucht: Die „Trainerin", die ihr bei der Planung und Umsetzung hilft? Oder die „Gutachterin", die sich mit Julia beschäftigt, um sich ein Bild von deren inneren Hürden zu machen und Maren L. zum Umgang mit ihr zu beraten. Oder vielleicht die „Therapeutin", die ihr aus ihrem grundsätzlichen Motivationstief heraushilft, das sie schon seit einiger Zeit verspürt? Sie hätte gut daran getan, ihre Mitarbeiterin zu fragen, welche Art von Unterstützung sie erwartet.

Kommunikationsformen je nach Rolle

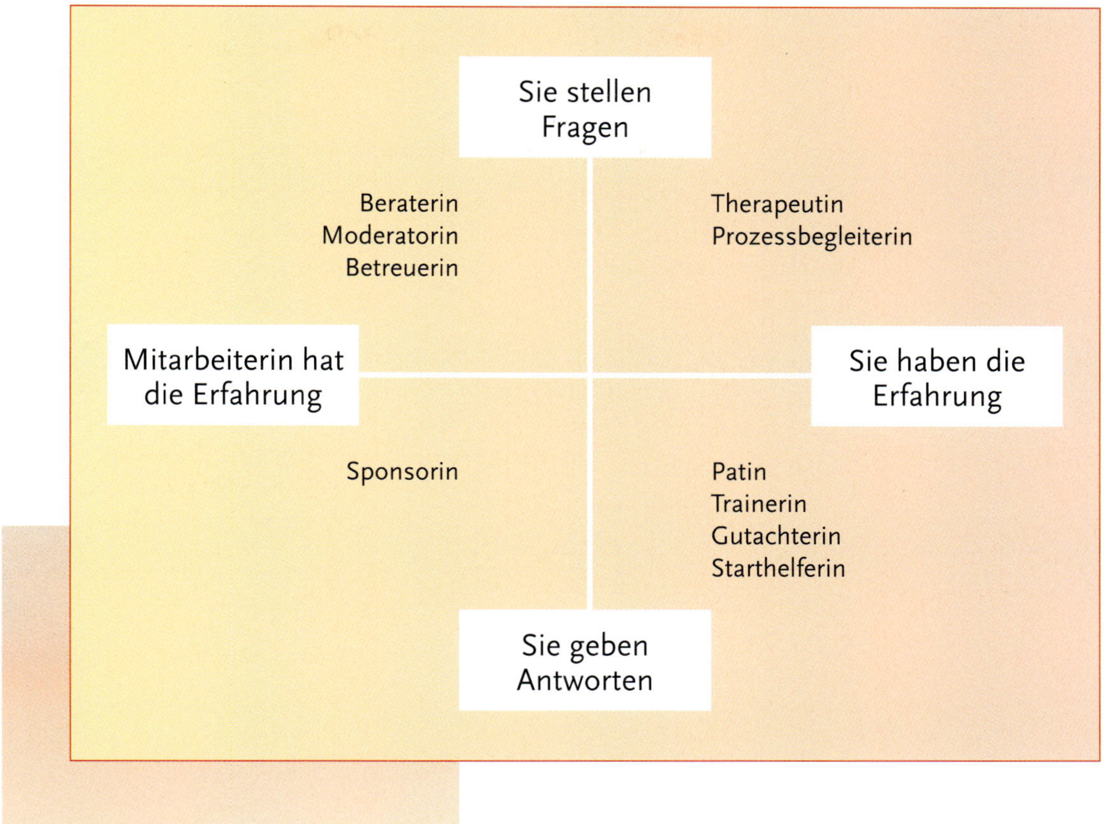

Wenn Sie zum Steuerberater gehen, werden Sie eher ihn um Antworten bitten als gefragt werden zu wollen. Sie setzen bei ihm mehr Expertentum und Erfahrung in Steuerfragen voraus, als Sie mitbringen, und möchten eine klare Aussage dazu, was Sie tun sollen. Ganz anders, wenn Sie zur Berufsberatung gehen: Hier möchten Sie, dass man von Ihrer (Selbst-)Erfahrung ausgeht und Sie fragt: „Was macht Ihnen besonders Spaß?“, „Was fällt Ihnen besonders leicht?“, „Wie passt für Sie ...?“. Sie erwarten, dass man Ihnen verschiedene Alternativen anbietet und Sie bei der Entscheidungsfindung unterstützt.

Zu klären, was von Ihnen erwartet wird, steht also am Anfang jedes Mitarbeitergesprächs, das auf Initiative der Mitarbeiterin zustandekommt – und sei es durch eine scheinbar harmlose Frage.

Für den weiteren Gesprächsverlauf beachten Sie die im Folgenden dargestellten Elemente erfolgreicher Gesprächsführung (s. Kasten S. 26), die für alle Facetten der „Kümmerer-Rolle“, in denen Sie sich bewegen, gelten.

Elemente erfolgreicher Gesprächsführung

Mich auf das Gespräch vorbereiten
Mein Ziel?
Meine Einstellung, mein Gefühl zum/zur anderen?
Meine Stärken, meine Schwächen bei Gesprächen?

Erwartungen klären, Ziel und Ablauf des Gesprächs absprechen

- „Auftrag"?
- Worum geht es?
- Was wollen wir voneinander?
- Was wollen andere, dass wir hier erreichen?
- Was ist unser Ziel?
- Wie ist der Ablauf, welcher Zeitrahmen besteht?

Gespräch steuern

- Informationen zum Thema einholen (Nicht werten! Offene Fragen stellen, statt Alternativen vorgeben)
- Gespräch (immer wieder) auf das Ziel ausrichten (Informationsflut stoppen – strukturieren und auswählen lassen; im Hier und Jetzt arbeiten)
- Die Kräfte des Gegenübers entwickeln und Selbstorganisation fördern (Den/die andere/n abholen, Lösungen erarbeiten lassen bzw. vorgeschlagene Lösungen bewerten lassen)
- Zu einem gemeinsamen Ziel führen

Bilanz ziehen, Gesprächsergebnis festhalten

- Was haben wir geklärt und was ist offen geblieben?
- Welche Fragen sind neu entstanden?
- Welche nächsten Schritte stehen an?
- Feedback geben/nehmen

Beziehung zum/zur Gesprächspartner/in herstellen

- Kontakt herstellen (Blickkontakt, Körperausdruck und Gefühlsinhalte beachten)
- Situation des/der anderen verstehen lernen (Wiederholen und zusammenfassen, Interpretationen deutlich machen)
- Der/dem anderen respektvoll gegenübertreten
- Selektiv authentisch miteinander reden
- Von sich etwas mitteilen („Ich" statt „man" und „wir" verwenden)

Nachbereiten

4. Die Arbeitsleistung beobachten und unterstützen

Die meist – sowohl von der Leitung als auch von den Mitarbeiterinnen im sozialpädagogischen Bereich – weniger geliebte Seite der Führungsarbeit ist die, Leistungsfähigkeit und -erbringung im Blick zu haben. Doch letztlich ist es das, worauf es bei jeder Arbeit ankommt: Ergebnisse zu erzielen und sich dafür so gut es geht einzusetzen. Was also tun, wenn beispielsweise eine Mitarbeiterin ihre Aufgaben nicht in dem Maße erfüllt, wie es von ihr gefordert ist?

Woran macht sich (in-)effektives Arbeitsverhalten fest?

Um sagen zu können, dass etwas abweicht vom erforderlichen Maß, muss dieses zunächst einmal definiert werden. Sie haben bereits eine gute Grundlage für diese Frage geschaffen, indem Sie ein Anforderungsprofil für die Stellenbesetzung erstellt haben. Dieses bietet eine gute Möglichkeit, Ist und Soll zu überprüfen. Auch die Einrichtungskonzeption oder die formulierten Qualitätsstandards definieren die an Sie und Ihr Team gestellten Anforderungen – ansetzend an den verschiedenen Kompetenzbereichen der kindlichen Entwicklung, die es zu fördern gilt. Anhand dieser Materialien können Sie Ihre Einschätzung von der Erfüllung der Aufgaben und Anforderungen überprüfen und sich im Mitarbeitergespräch auf diese berufen. Achten Sie nur darauf, dabei nicht zu bürokratisch vorzugehen, nach dem Motto: „In der Konzeption steht auch ...!“, denn das kommt rüber wie „In §X steht, dass Sie ...“. (Und in der Konzeption steht sicher einiges mehr, was nicht zwangsläufig auch so von allen umgesetzt wird.) Stehen Sie zu dem, was Ihnen wichtig ist!
Weitaus häufiger als die fachlichen bzw. stellenspezifischen Anforderungen sind es jedoch die Persönlichkeitseigenschaften einer Mitarbeiterin, die zu Unzufriedenheit führen: die unzureichende Verantwortungsübernahme für die Einrichtung als Ganzes, die Unzuverlässigkeit, die mangelnde Kooperation, die Blockade von notwendigen oder gesetzten Veränderungen, die schlechte Kommunikation oder mangelnde Konfliktfähigkeit. Selten geht es um zu wenig entwicklungspsychologisches Fachwissen oder um pädagogische Themen.
Das Leistungspotenzial ist immer größer als die gezeigte Leistung. Diese Grundannahme verhindert ein „Die kann das einfach nicht“, sondern legt nahe, genauer hinzuschauen. Wichtig zu beobachten ist z.B. der Grad der Anstrengung. Hat die Erzieherin sich deutlich erkennbar angestrengt, ein gutes Ergebnis zu erzielen, oder hat sie das eher unbefriedigende Ergebnis einfach hingenommen? Unter Umständen gibt es nämlich kein Problem in der Leistungserbringung, sondern im Engagement, nicht in der Leistungsfähigkeit, sondern in der Leistungsbereitschaft.
Entsprechend werden Sie im Mitarbeitergespräch dann eine andere Richtung einschlagen und der Mitarbeiterin gegenüber auch eine andere Rolle einnehmen: die der „Kümmerin“ oder der Steuerfrau (s. Kap. I.1.) – je nachdem, wie lange Sie diese Situation schon beobachten und wie aufrüttelnd die Intervention sein soll.

Ist die Mitarbeiterin für ihre Leistungsbereitschaft selbst verantwortlich, indem sie z.B. für ausreichend Schlaf und Ausgeglichenheit zu sorgen und an ihrer Selbstmotivation zu arbeiten hat, so tragen Sie Mitverantwortung, was ihre Leistungsfähigkeit anbelangt. Vielleicht fehlt ihr ja ein gutes Vorbild, eine Möglichkeit zum Üben und Erproben, das Knowhow, wichtige Detailinformationen oder Arbeitsmaterial? Dies ist ein Bereich, in dem Sie sich die Verantwortung mit der Mitarbeiterin teilen – und so kann es schnell passieren, dass man sich den Ball gegenseitig zuwirft. Prüfen Sie sich deshalb gut, bevor Sie ein Gespräch

Die Mitarbeiterin unterstützen, wenn es Probleme gibt

mit der Mitarbeiterin über deren Leistungserbringung führen: Hat sie überhaupt alle Chancen und Angebote, alle Ermutigungen und Bedingungen erhalten, um zu lernen und ihre Kompetenzen zu erweitern?
Natürlich kann hinter jedem Leistungsabfall – vor allem, wenn Sie die Mitarbeiterin eigentlich anders kennen – eine physische Beein-

trächtigung liegen, die zu eingeschränkter Belastbarkeit führt. Gerade die chronischen Krankheiten haben hier eine besondere Brisanz, weil sie gerne verschwiegen werden, wohlwissend, dass sie von außen schwer wahrnehmbar und dadurch auch schwer zu akzeptieren sind. Bauen Sie hier Brücken und verhandeln Sie, wenn möglich, die Gestaltung eines individuell zugeschnittenen Arbeitsplatzes. So kann die Erzieherin, die z.B. mit dem Sitzen Probleme hat, ihren Arbeitsplatz vielleicht im Bewegungsraum einnehmen. Natürlich nur, wenn sie das möchte und wenn es konzeptionell sinnvoll und personell machbar ist.

Sehr viel schwieriger ist die Einschränkung durch psychische Erkrankungen wie Depression, Burnout o.Ä. Haben Sie – meist erst nach längerer Zeit des Kontakts – den Eindruck, es handle sich nicht um phasenweise Verstimmungen, sondern um das grundsätzliche Fehlen von Lebens-

Praxisbeispiel

Das Kinderhaus „Rappelkiste" führt seit einiger Zeit angeregte Diskussionen zum Thema „Familienzentrum" – angestoßen durch die Fachberatung und diverse Fortbildungen, an denen einige der Kolleginnen teilgenommen haben. Erzieherin Nadine S. formuliert vielfältige Bedenken: Die Kinder und die „eigentliche" pädagogische Arbeit blieben auf der Strecke, die Zeit reiche sowieso schon hinten und vorne nicht, für Familien seien doch andere Institutionen zuständig… Die Kolleginnen teilen diese Bedenken nicht, sondern vereinbaren in der nächsten Teamsitzung, ihre Elternveranstaltungen einmal einer kritischen Betrachtung zu unterziehen, um daraus abzuleiten, wo Interessen und Bedürfnisse der Eltern und wo Verbesserungspotenziale für das Team liegen. Beim nächsten Elternabend der Gruppe von Nadine S. ist diese erkrankt. Ihre Kollegin hält loyal zu ihr, als die Leiterin eine kritische Bemerkung („typisch") macht. Sie übernimmt bereitwillig alle Elternaktivitäten, denn schließlich macht Nadine dafür andere Dinge, die ihr selbst nicht so liegen. Bis die Kollegin sich kurz vor dem Elternsprechtag einen Bänderriss zuzieht und ausfällt. Für Nadine S. ist die Sache klar: Sie geht zur Leiterin und erklärt ihr, der Elternsprechtag könne ohne ihre Kollegin nicht stattfinden. Sie müssten beide anwesend sein, denn schließlich hätten sie beide gleichermaßen mit den Kindern zu tun. Die Leiterin wird hellhörig: Hat Nadine S. nicht beim letzten Elternabend gefehlt und die Kollegin die Gespräche alleine geführt? Sie spricht sie darauf an. Nadine S. bricht in Tränen aus: Sie könne einfach nicht mit den Eltern, die seien so anspruchsvoll, sie fühle sich ihnen einfach nicht gewachsen. Und ihre Kollegin habe das doch die ganze Zeit gut übernommen. Das klappe mit der Rollenaufteilung normalerweise doch sehr gut.
Die Leiterin bezieht klar Position: Elternarbeit, Entwicklungs-, Beratungsgespräche und Elternabende sind selbstverständlicher Bestandteil der Erziehertätigkeit und müssen von jeder Erzieherin beherrscht werden. Etwas anderes sei es mit bestimmten Formen von pädagogischen Angeboten. Hier könne durchaus eine Aufteilung nach eigenen Stärken stattfinden. Aber die Zusammenarbeit mit Eltern gehöre nun einmal zur Pflicht.
Nadine S. bricht zusammen: Sie könne das einfach nicht. Und bei der Aussicht, Familienzentrum zu werden und dadurch noch mehr Elternarbeit leisten zu müssen, werde ihr ganz schlecht! Sie überlege sowieso schon länger, ob diese Arbeit überhaupt das Richtige für sie sei. Der Druck sei so gestiegen die letzten Jahre.
Die Leiterin kann jetzt, wo das Thema benannt ist, mit Nadine S. an der Frage arbeiten, wie es für sie weitergehen kann: Sie wird ihr zunächst Angebote machen, um – ihre Bereitschaft vorausgesetzt – durch Hospitationen bei Kolleginnen, gemeinsame Vorbereitung und Unterstützung, Beratung und Fortbildung zum Thema ihre Leistungsfähigkeit zu erhöhen. Wenn all dies nicht fruchtet, stellt sich die Frage für Nadine S., ob sie nicht in einer anderen Einrichtung besser aufgehoben ist. Oder ob man ihr ein spezielles Arbeitsfeld in der Kita schaffen kann, wo sie mit Eltern keinen Kontakt haben muss und ihre Fähigkeiten zum Tragen kommen. Oder ob sie überhaupt mit diesem Beruf für sich richtig liegt… All dies erfordert hohe Kommunikationskompetenz seitens der Leiterin, um mit Nadine S. eine tragfähige Lösung zu erarbeiten. Nur eines sollte die Leiterin nicht tun: von ihren Leistungsanforderungen abweichen!

freude, tun Sie gut daran, Ihre Mitarbeiterin mit dieser Annahme zu konfrontieren und ihr nahezulegen, sich Hilfe zu holen.

Vertrauen ist gut, Kontrolle ist besser?

Vertrauen ist nicht ein Merkmal, sondern das Merkmal guter Mitarbeiterführung. Daher ist es erstaunlich, dass das Thema Vertrauen in der klassischen Führungsliteratur nicht viel mehr Beachtung findet. Denn: Vertrauen hergestellt zu haben heißt, eine stabile Führungssituation hergestellt zu haben.
Die entscheidende Frage für die Führungskraft ist nicht, ob und wie viele Führungsfehler sie macht. Fehler passieren einfach in der Hektik des Führungsalltags. Die Frage muss lauten: Wie schwer wiegen diese Fehler? Und das hat immer mit Vertrauen zu tun. Vertrauen Ihnen Ihre Mitarbeiterinnen, können Sie sich einige Fehler und Pannen leisten.
Bei allen Leitungsrollen und -aufgaben, die Sie ausfüllen, steht Vertrauen – als Menschenbild, als Wert – im Mittelpunkt. Auch in der pädagogischen Arbeit macht es einen gewaltigen Unterschied, ob ich dem Kind immer wieder mit Vertrauen begegne, weil ich von seinen guten Absichten und Fähigkeiten überzeugt bin, ob ich also an das Kind glaube, oder vorsichtshalber davon ausgehe, dass es auch dieses Mal nicht klappen wird. Das Kind spürt das und wird sich gemäß der sich selbst erfüllenden Prophezeiung mit hoher Wahrscheinlichkeit so verhalten, dass meine Annahme bestätigt wird.
Natürlich hat das Vertrauen in sich selbst, in andere und ins Leben mit Erfahrungen in der Kindheit zu tun; hier wird es geprägt und ab da immer wieder überprüft. Hat ein Kind wenig Unterstützung oder ein hohes Maß an nicht eingehaltenen Versprechen erlebt, wird es eher misstrauisch in sein Erwachsenenleben gehen. Das sollte aber auch dann nicht zu dem Schluss führen: Vertrauen ist gut, Kontrolle ist besser – denn damit sind dem ängstlichen Misstrauen Tür und Tor geöffnet. Ein gutes und handhabbares Vertrauenskonzept ist daher das folgende:

Konzept zu Vertrauen und Kontrolle
(nach Malik 2006)

Vertraue jedem, soweit du nur kannst!
Und gehe dabei sehr weit – bis an die Grenze!
Stelle aber dabei sicher, dass du jederzeit erfahren wirst, ab wann dein Vertrauen missbraucht wird.
Stelle sicher, dass du das auch mitteilen wirst.
Stelle sicher, dass dies Folgen haben wird und auch dies transparent gemacht werden wird!

Vertrauensbildende Maßnahmen

Es gehört zu Ihren Aufgaben als Leitung, auch ganz konkret am Vertrauensaufbau zu arbeiten. Hierzu einige Hinweise:

- Wer Vertrauen schaffen will, muss *zuhören*! Man kann Mitarbeiterinnen ruhig bitten, sich kurz zu fassen, aber was der Leitung zugetragen wird, sollte konzentriert aufgenommen und wertgeschätzt werden.
- Seien Sie *authentisch*! Führungskräfte, die eine Rolle spielen und den Mitarbeiterinnen ein X für ein U vormachen wollen, schaffen kein Vertrauen. Erfüllen Sie Ihre Aufgaben – und dies echt und authentisch!
- Für den Vertrauensaufbau kommt es weniger auf einen bestimmten Führungsstil (autoritär, kooperativ ...) als vielmehr auf einen stärken- und ressourcenorientierten Umgang und damit auf eine *Aufwertung* der Mitarbeiterinnen an. Wichtig ist, dass diese ihre individuellen Stärken zum Einsatz bringen können und u.a. dadurch gute Resultate erzielen.
- Mitarbeiterinnen wollen Führungskräfte, die *einschätzbar* sind. Das heißt: Meinen Sie immer, was Sie sagen (dagegen müssen Sie nicht immer alles sagen, was Sie meinen)! Ihr Verhalten muss verlässlich, Ihre Entscheidungen müssen nachvollziehbar sein.
- Lernen Sie, *Fehler zuzugeben*. Es gibt Führungskräfte, die nicht nur nicht zugeben können, wenn sie Fehler gemacht haben, sondern sogar versuchen, diese ihren Mitarbeiterinnen in die Schuhe zu schieben. Sagen Sie sich: Fehler der Mitarbeiterinnen sind Fehler der Leitung! Und Fehler der Leitung sind Fehler der Leitung!

- Wer Vertrauen aufbauen will, muss sich *von Intrigantinnen trennen*! Hier kommen Sie mit ressourcenorientiertem Denken und Handeln, das sonst immer angezeigt ist, nicht weiter, denn: Hat jemand auch noch so viele Stärken, intrigiert aber, hilft nur die Trennung. Intrigante Mitarbeiterinnen vergiften das Klima und vereiteln jeden Versuch, Vertrauen aufzubauen. Übrigens: Trennung kann auch bedeuten, selbst zu gehen!

Weil Vertrauen so elementar wichtig für jede Leitungskraft ist, haben Sie hier die Möglichkeit, anhand eines Rasters diese vertrauensbildenden Führungsaufgaben zu evaluieren:

Selbstevaluation zum Thema „Vertrauensbildung“

Seien Sie ehrlich zu sich selbst: Wie klappt es mit der Vertrauensbildung in den verschiedenen Bereichen?

1. Zuhören

1 2 3 4 5 6 7 8 9 10

2. Authentisch sein

1 2 3 4 5 6 7 8 9 10

3. Aufwerten

1 2 3 4 5 6 7 8 9 10

4. Einschätzbar sein

1 2 3 4 5 6 7 8 9 10

5. Fehler zugeben

1 2 3 4 5 6 7 8 9 10

6. Sich von Intrigantinnen trennen

1 2 3 4 5 6 7 8 9 10

Mein nächster Schritt in Richtung Vertrauensaufbau:

Zielvereinbarungen einsetzen

Das Thema Ziele und Zielvereinbarungen ist komplex und es ist sicher am hilfreichsten, Ihnen hier, relativ kurz und kompakt, einige Handreichungen vorzustellen. (Vor dem Hintergrund des TVöD lässt sich vielleicht das diesbezüglich genutzte Instrument kombinieren mit Aspekten des hier vorgeschlagenen Vorgehens.)
Zunächst stellt sich natürlich die Frage: Wozu sollen Zielvereinbarungen überhaupt gut sein?

Der Nutzen von Zielvereinbarungen

... für Sie als Leiterin:

- effizienter Einsatz der Mitarbeiterinnen
- Entlastung durch Delegation von Verantwortung
- regelmäßiger Austausch und Rückkopplung zwischen Leitung und Mitarbeiterin hinsichtlich Entwicklung, Arbeitsleistung, Zusammenarbeit und Verhalten
- Informationen für ein vorausschauendes Konfliktmanagement

... für die Kita als Organisation:

- Verbesserung der Arbeitszufriedenheit und Motivation
- Qualitätssteigerung bzgl. pädagogischer Prozesse und Ergebnisse
- Flexibilität bei neuen Anforderungen durch verbesserte Nutzung der Personalressourcen
- Beitrag zur effektiven Umsetzung der Einrichtungskonzeption

... für die Mitarbeiterinnen:

- einvernehmliche Festlegung von verbindlichen Zielen; dadurch bessere Orientierung und Klarheit über einzuschlagende Wege

Fortsetzung auf Seite 34

Unterschiede zwischen Zielvereinbarungs- und Mitarbeitergespräch

Zielvereinbarungsgespräch	hinsichtlich	Mitarbeitergespräch
▪ Weiterentwicklung ▪ mittelfristige Ziele ▪ Festlegen von Schwerpunkten	**Inhalte**	▪ Tagesgeschäft ▪ laufende Aufgaben ▪ freie Themen
▪ Mitarbeiterin und direkte Vorgesetzte ▪ unter vier Augen	**Teilnehmerinnen**	▪ auch in der Gruppe
▪ symmetrisch ▪ Vereinbarungen	**Beziehungsstruktur**	▪ bei Bedarf komplementär ▪ bei Bedarf Anweisungen
▪ von beiden Gesprächspartnerinnen vorbereitet	**Vorbereitung**	▪ auch unvorbereitet
▪ sich Zeit nehmen ▪ anlassfrei ▪ störungsfrei, oberste Priorität	**Rahmen**	▪ je nach Anlass
▪ geplant	**Zeitpunkt**	▪ ad hoc, kurzfristig
▪ Institution: einmal jährlich ▪ bei Bedarf häufiger	**Häufigkeit**	▪ bei Bedarf
▪ Schweigepflicht ▪ Weitergabe nur nach Vereinbarung beider	**Dokumentation**	▪ Weitergabe nach sachlichen Gründen

Vorbereitungsblatt für das Zielvereinbarungsgespräch

Mitarbeiterin: ______________________ Datum: ______________

1. Aufgabenziele

Was waren/sind die Aufgabenschwerpunkte? ______________________

Welche Ziele sind zuletzt vereinbart worden? ______________________

Was ist besonders gut gelungen?/Was ist erreicht worden? ______________________

Was ist nicht erreicht worden?/Was war hinderlich? ______________________

Welche Aufgaben sind in Zukunft zu bewältigen? ______________________

Welche Aufgaben sind besonders wichtig? ______________________

Was ist konkret hierfür zu tun? ______________________

Welche Rahmenbedingungen wären hilfreich? ______________________

Welche Zielvereinbarungen sind denkbar? ______________________

2. Ziele der Zusammenarbeit

Wie erlebe ich unsere Zusammenarbeit? ______________________

Was gefällt mir an unserer Zusammenarbeit? ______________________

Was könnte noch besser laufen? ______________________

Was könnte hierfür hilfreich sein? ______________________

Was könnte der andere tun, um die Zusammenarbeit zu verbessern? ______________________

Welche meiner Stärken könnte ich zukünftig noch mehr einbringen? ______________________

Was könnte ich tun, um die Zusammenarbeit zukünftig zu verbessern? ______________________

Welche Zielvereinbarungen sind denkbar? ______________________

3. Entwicklungsziele

Welcher Kompetenzerwerb ist notwendig, um die Aufgaben zu bewältigen? ______________________

Welche Wünsche oder Erwartungen habe ich bezüglich der beruflichen Weiterentwicklung? ______________________

Welche Maßnahmen können hierfür unterstützend sein? ______________________

Welche Zielvereinbarungen sind denkbar? ______________________

4. Sonstiges

____

Protokoll des Zielvereinbarungsgesprächs vom ______________________

Gesprächspartnerinnen: ______________________ / ______________________

1. Aufgabenziele

Es werden folgende Vereinbarungen getroffen:

____

____

Das Ziel ist erreicht, wenn:

____

____

2. Ziele der Zusammenarbeit

Es werden folgende Vereinbarungen getroffen:

____

____

Das Ziel ist erreicht, wenn:

____

____

3. Entwicklungsziele

Es werden folgende Vereinbarungen getroffen:

____

____

Das Ziel ist erreicht, wenn:

____

____

4. Sonstiges

____

____

Die genannten Inhalte und Ergebnisse werde ich vertraulich behandeln. Informationen an Dritte werden nur in beiderseitigem Einverständnis gegeben.

Als Mitarbeiterin verpflichte ich mich, meine Vorgesetzte zu informieren, sowie absehbar ist, dass ein Ziel so nicht erreichbar sein wird.

______________________ ______________________

Unterschrift Mitarbeiterin Unterschrift Vorgesetzte

- Möglichkeit, Veränderung am eigenen Arbeitsplatz in Gang zu setzen
- Identifizierung von Potenzialen zur zielgerichteten Förderung und beruflichen Weiterentwicklung
- Rat und Unterstützung durch die Vorgesetzte

Zielvereinbarungsgespräche unterscheiden sich wesentlich von den tagtäglichen Gesprächen, die Sie mit Ihren Mitarbeiterinnen führen (s. Kasten S. 31).
Die in der Regel einmal jährlich durchgeführten, vorbereiteten Zielvereinbarungsgespräche laufen bei vielen Trägern auch unter dem Begriff „Jahresgespräch", der dessen langfristigen, anlassfreien, herausgehobenen Charakter ganz gut beschreibt und abgrenzt von anderen Gesprächsarten. Als Gesprächsregeln gelten hier die gleichen wie die in Kapitel II.3. beschriebenen.
Was die Struktur betrifft, so hat es sich bewährt zu unterscheiden zwischen

- Aufgabenzielen
- Zielen der Zusammenarbeit
- Entwicklungszielen

Vereinbaren Sie nicht mehr als ein bis zwei Ziele pro Jahr. Bei der Zielformulierung ist es wichtig, möglichst konkret zu werden, sodass die gemeinsame Ergänzung des Satzanfangs „Das Ziel ist erreicht, wenn ..." den wesentlichen Teil der Zielvereinbarung ausmacht. Das ermöglicht, spätestens ein Jahr später die Zielerreichung zu überprüfen.
Beispiel für eine Zielvereinbarung im Bereich Aufgabenziele:
„Frau ... hat bis ... die Eltern ihrer Gruppe mehr einbezogen. Das Ziel ist erreicht, wenn Eltern mind. 1x monatlich Angebote für Kinder erstellen."
Beispiel für eine Zielvereinbarung im Bereich Entwicklungsziele:
„Frau ... verbessert ihre Kompetenz im Treffen von Erziehungsvereinbarungen. Das Ziel ist erreicht, wenn sie nach Besuch einer entsprechenden Fortbildung Gespräche mit Eltern eigenständig vorbereitet, durchführt und die verbindlichen Vereinbarungen dokumentiert."
Nicht erreichte Ziele sind Anlässe, an Verbesserungen zu arbeiten (s. Kap. II.4.). Sollte das Nichterreichen der Ziele über Jahre hinweg eklatant sein, beschäftigen Sie sich mit Kap. II.7.

5. Mitarbeiterinnen fördern und motivieren

Zur Personalentwicklung gehören alle Aktivitäten, die dazu beitragen, dass Mitarbeiterinnen die aktuellen und zukünftigen Aufgaben und Anforderungen gut bewältigen können. Das bedeutet – bezogen auf die Kita – die Arbeit am fachlichen und persönlichen Qualifikationsprofil der Erzieherin, seine Erhaltung, Erweiterung und Anpassung an künftige Herausforderungen.
Dabei ist nicht nur an den Fall zu denken, bei dem die Fähigkeiten der Mitarbeiterin unter den Anforderungen liegen. Dies kann durch naheliegende Maßnahmen wie Zielvereinbarungen, Fortbildungen oder Hospitationen gelöst werden. Es geht auch um Fälle, bei denen die Kompetenzen über den Anforderungen der Stelle liegen. Hier laufen Sie Gefahr, die Mitarbeiterin zu frustrieren oder zu verlieren, wenn Sie keine Personalentwicklungsmaßnahmen einleiten. Diese bestehen dann in der Übertragung einer besonderen Aufgabe oder der Einbeziehung in komplexere Projekte.
Professionelle Personalentwicklung heißt, sehr individuell vorzugehen: So werden Sie z.B. einer älteren Kollegin andere Angebote machen als einer jüngeren. Jüngere Mitarbeiterinnen sind weniger erfahren und weniger krisenfest, dafür in der Regel körperlich leistungsfähiger. Auch ihr Wissen hinsichtlich Trägerspezifika, Familien im Einzugsgebiet, Kooperationsmöglichkeiten mit anderen Institutionen – die sogenannte Feldkompetenz – wird erheblich geringer sein; dafür sind sie in der Regel risiko- und ausprobierfreudiger.
Der am besten geeignete Rahmen, um mit Mitarbeiterinnen Maßnahmen zu deren Weiterentwicklung zu vereinbaren, ist das Zielvereinbarungsgespräch (s. Kap. II.4.). Dort haben Sie über aufgabenorientierte Ziele gesprochen, die an Themen des Kita-Alltags ansetzen. Von dieser Bewusstmachung muss jede Weiterentwicklungsmaßnahme ausgehen, wenn sie gezielt und effektiv verlaufen und nicht von der Beliebigkeit der ins Haus flatternden Fortbildungsangebote abhängig sein soll. Weiterentwicklung muss dem Bedarf entsprechen, wenngleich der Abstand vom Alltag und die neuen Kontakte – unabhängig vom Thema und Verlauf einer Fortbildung – manchmal schon hilfreich sein können.

Fortbildungen effektiv nutzen

Personalentwicklung ist mehr als Fortbildung, aber diese ist immer noch das Mittel Nr. 1. Eine Fortbildung ist schnell gebucht, aber man kann auch hier viel falsch machen. Vor allem die gute Vor- und Nachbereitung jeder (!) Fortbildung jeder (!) Mitarbeiterin ist ein gewaltiger Qualitätssprung! Die Standardisierung dieser Begleitmaßnahmen macht deutlich, dass es hier nicht um Misstrauen oder Disziplinierung Einzelner geht, wertet die Fortbildung auf und erhöht die Wahrscheinlichkeit der Umsetzung um ein Vielfaches.

Verantwortung der Leiterin

- Die Leitungskraft ermittelt zusammen mit der Mitarbeiterin den Bedarf.
- Sie berät die Mitarbeiterin in Fragen der individuellen Weiterentwicklung, macht Vorschläge zur Teilnahme an einer geigneten Maßnahme und trifft entsprechende Vereinbarungen bezüglich der Schwerpunktsetzung und Umsetzung (s. Kasten „Vorbereitung Fortbildung – Gesprächsleitfaden").
- Sie ist Vorbild in Sachen Selbstreflexion und Weiterentwicklung: Sie holt sich regelmäßig Feedback von ihren Mitarbeiterinnen hinsichtlich ihrer Fach- und Führungskompetenz und nimmt selbst Fortbildungsangebote für sich als Führungskraft in Anspruch.
- Sie stellt sicher, dass Mitarbeiterinnen nach erfolgter Fortbildung das erlangte Knowhow in die Praxis umsetzen. Hierfür trifft sie mit der betreffenden Mitarbeiterin verbindliche Vereinbarungen und kontrolliert die Umsetzung (s. Kasten „Nachbereitung Fortbildung – Gesprächsleitfaden").

Vorbereitung Fortbildung – Gesprächsleitfaden

Mitarbeiterin: ______________________ **Datum:** ____________

Leiterin: ____

- Welchen Nutzen erwarten wir gemeinsam von diesem Fortbildungsseminar?
- Was sind die Lernziele der Mitarbeiterin (evtl. Bezug zu Zielvereinbarungsgespräch)?
- Welche inhaltlichen Schwerpunkte sollen im Seminar vorrangig bearbeitet werden?
- Welche konkreten Praxisfälle und Themen sollen im Seminar bearbeitbar sein?

Vielen Dank, dass Sie die Zeit für die Vorbereitung des Seminars investiert haben!
Bitte nehmen Sie eine Kopie als Checkliste in Ihr Seminar mit!

Nachbereitung Fortbildung – Gesprächsleitfaden

Mitarbeiterin: ______________________ **Datum:** ____________

Leiterin: ____

- Was hat die Mitarbeiterin an Neuem und Interessantem im Seminar erfahren?
- Was hat sich für die im Vorfeld formulierten Lernziele ergeben? (evtl. auch in Bezug zu Zielvereinbarungsgespräch setzen)
- Welche Umsetzungsvorhaben bringt die Mitarbeiterin vom Seminar mit? (gemeinsames Nachdenken, wie die Durchführung am besten gelingen kann)
- Vereinbarung zwischen Leiterin und Mitarbeiterin über die Durchführung eines konkreten Umsetzungsvorhabens: Was? Bis wann? Wie? …
- Termin für Rückmeldung über den Fortschritt am …

______________________ ______________________

Unterschrift Leiterin Unterschrift Mitarbeiterin

Verantwortung der Mitarbeiterin

- Die Mitarbeiterin wählt ein Fortbildungsangebot entsprechend ihrer beruflichen Aufgaben, Voraussetzungen und Interessen aus und spricht ihre Teilnahme mit Leitung und Kolleginnen ab.
- Sie überlegt sich vor der Fortbildung, was ihre vorrangigen Interessen bezüglich des Themas sind, um diese in der Fortbildung zu fokussieren und den Verlauf entsprechend für sich steuern und gezielte Fragen stellen zu können.
- Im Fortbildungsseminar schreibt sie mit und gibt erworbene Erkenntnisse von allgemeinem Interesse im Anschluss an das Team weiter. Sie organisiert die Zeit hierfür bei einer Teamsitzung.
- Sie hält sich an Vereinbarungen aus dem Vor- und Rückkehrgespräch mit der Leiterin.

Supervision und Coaching

Im Rahmen der zur Verfügung stehenden finanziellen Mittel haben Kita-Teams in der Regel die Möglichkeit, Fallsupervision oder Teamcoaching in Anspruch zu nehmen. Hierbei geht es um Prozesse des gemeinsamen Reflektierens der Praxis zur Stärkung der Fachkompetenz und Unterstützung fortschreitender Professionalisierung. Das Team beauftragt den/die Berater/in in der Regel nach einem Vorgespräch eigenverantwortlich, um die breite Akzeptanz im Team und die stimmende „Chemie“ als wichtigste Kriterien sicherzustellen. Sie als Leitung vereinbaren die Organisation und das Honorar für das laufende Jahr. Die Finanzierung erfolgt dann über den Etat der Kita. Bei der Vorauswahl und Einladung potenzieller Supervisoren bzw. Coachs empfehle ich aufgrund vielfältiger Erfahrungen, was alles unter dem Begriff „Supervision“ oder „Coaching“ angeboten wird, auf eine fundierte Ausbildung nach beraterspezifischen Qualitätsstandards (z.B. DGSV, DBVC) zu achten. Auch rate ich, nur Vollprofis (im Gegensatz zu Nebenberuflern) mit langjähriger Berufserfahrung als Berater/in zu beauftragen. Zudem ist es sinnvoll, die Zusammenarbeit zunächst auf ein bis zwei Jahre zu befristen.

Achten Sie im Erstgespräch auf eine gute „Auftragsklärung“ und definieren Sie Ihre Rollenerwartung nach guter Vorbereitung mit dem Team analog zu den Facetten Ihrer Rolle der „Kümmerin“ (s. Kap. I.1.).

Auch das Einzelcoaching für die Leitungskraft hat als akzeptierte Personalentwicklungsmaßnahme in den letzten Jahren stark zugenommen und ist längst nicht mehr nur ein Privileg der Top-Führungsebene.

6. Die Praktikantinnenanleitung steuern

Gut ausgebildete und motivierte Praktikantinnen stellen ein wichtiges Potenzial für Ihre Kita dar. Bei Ihnen ausgebildete Erzieherinnen können von vornherein entsprechend Ihres spezifischen Einrichtungsbedarfs qualifiziert werden und haben oftmals zur eigenen Ausbildungsstätte eine besondere Bindung aufgebaut (s. auch Kap. II.3.).

Die Erzieherinnen-Ausbildung hat sich verändert und auch in der Anleitung von Praktikantinnen wird anders vorgegangen als noch vor zehn Jahren (vgl. hierzu Ebert 2010). Praktikantinnenanleitung heißt heute, mehr zu moderieren als zu lehren im Sinne von Wissensvermittlung, wie Sie es

Jede Fortbildung sollte vor- und nachbereitet werden

vielleicht noch erlebt haben. Die Anleiterin ist für ein positives Lernklima, die Förderung der Motivation und Leistungserbringung verantwortlich. Sie hat die Verpflichtungen der Praktikantin gegenüber der Fach(hoch)schule im Blick und unterstützt sie bei schulischen Aufgaben. In der Regel geben die Fach(hoch)schulen den Kitas gutes Material an die Hand, das deutlich macht, was sie in welcher Form erwarten. Sie als Leiterin sind dafür verantwortlich, das dies alles kontinuierlich stattfindet. Praktikantinnenanleitung geht nicht „mal eben so nebenher“, vielmehr müssen die Anleiterinnen für diese Aufgabe qualifiziert sein (über den Träger oder entsprechende Fortbildungsangebote) und benötigen zeitliche Ressourcen, um diese angemessen erfüllen zu können.

Sie selbst sollten sich als Ansprechpartnerin für schwierige Phasen anbieten, anstatt diese abzuwarten, und auch an der Schnittstelle zwischen Kita und Fach(hoch)schule sind Sie in der Regel gefragt.

Arbeiten Sie bei einem größeren Träger, ist zu empfehlen, Kontakte mit den anderen Praktikantinnen zu ermöglichen. Dies dient sowohl der Entlastung von Anleiterin und Praktikantin als auch der Bindung an den Träger.
Eine immer wieder gestellte Frage ist die, ob Praktikantinnen als zusätzliche Kraft im Dienstplan eingeteilt werden oder als eine der vorgesehenen Fachkräfte. Das ist eine den Träger betreffende Frage, denn sie fängt bereits bei der Personalbemessung an: Wird die Praktikantenstelle bei der Berechnung der vorhandenen Stellen mitgezählt oder nicht? Sie brauchen hier gutes Argumentationsgeschick, denn Praktikantenstellen sind vergütungs- und versicherungspflichtige Arbeitsverhältnisse und kosten Ihren Träger Geld. Da will er verständlicherweise wissen, was er für dieses Geld bekommt.
Die Ausbildungspläne sind je nach (Hoch-)Schule verschieden, vor allem, was die Zusammenarbeit zwischen Kita und Fach(hoch)schule, die Häufigkeit der gegenseitigen Besuche und Berichte usw. betrifft. Inwieweit Sie die Praktikantin in anspruchsvolle Aufgaben einbeziehen, hängt von ihrem Entwicklungsstand ab. Auf jeden Fall soll sie im Lauf der Zeit einen deutlichen Zuwachs an Verantwortungsübertragung erleben.

7. Sich von Mitarbeiterinnen trennen

Dieses Thema steht ganz am Schluss – im Führungsalltag ebenso wie in diesem Heft –, denn vor diesem Schritt müssen alle anderen Möglichkeiten ausgeschöpft worden sein. Die juristischen Aspekte des Themas „Kündigung" können hier nicht behandelt werden, da sie zu komplex sind und letztlich immer der Einzelfall zu prüfen ist. Daher müssen Sie auf Erfahrung und Rechtswissen Ihres Trägers zurückgreifen oder sich gegebenenfalls im Rahmen einer Rechtsberatung kundig machen.
Ein anderer, sehr wichtiger Aspekt der Kündigung soll im Folgenden jedoch Thema sein. Denn auch wenn die Gründe für eine Kündigung noch so nachvollziehbar und juristisch einwandfrei sein mögen: Die betroffene Mitarbeiterin wird die Tatsache zunächst nicht wahrhaben wollen und möglicherweise Kolleginnen wie Personalrat für sich zu gewinnen versuchen. Darauf muss sich jeder Arbeitgeber – wie auch Sie als dessen Vertreterin – einstellen und bereits beim Überbringen der „Hiobsbotschaft" ein paar Regeln beachten. Ein entsprechend einfühlsamer Umgang mit der betroffenen Mitarbeiterin bewirkt dann häufig auch, dass man im Guten auseinandergehen kann.

Das Überbringen der schlechten Nachricht

Das folgende Modell (nach Königswieser 2003) gilt nicht nur für Trennungen (von Mitarbeiterinnen), sondern lässt sich auf alle anderen Situationen übertragen, in denen die Identität bedroht ist, wie z.B. Verlust von Menschen, von Privilegien und Vertrautem, von Anerkennung und Sicherheit.
Es gehört immer Mut dazu, Botschaften zu überbringen, die dem anderen wehtun werden. Erfahrung mit eigenem Leid und Empathie sind gute Voraussetzungen, um sich einfühlen und mit den Reaktionen der Betroffenen umgehen zu können.
Die Phasen, die Betroffene durchlaufen, bis sie die existenzielle Veränderung erfolgreich verarbeitet haben, können unterschiedlich lange dauern oder auch immer mal wieder zurückkehren. Aus der Beschreibung dieser Verarbeitungsschritte wird aber ersichtlich, dass jeder einzelne wichtig ist. Ihnen als Leitung hilft die Kenntnis dieser Phasen dabei, das Verhalten der betroffenen Mitarbeiterin besser einschätzen und angemessen darauf reagieren zu können.

Erste Phase: Schock

Die erste Reaktion auf das Überbringen einer schlechten Nachricht ist der Schock, der einhergeht mit Orientierungslosigkeit, Fassungslosigkeit oder Erstarrung. Die Körpersymptome können dabei von Blässe, Schweißausbruch über Zittern bis zu Kreislaufstörungen reichen. Die Betroffene wirkt abwesend oder gleichgültig, was ihr eine erste Abwehr der schwer erträglichen Realität ermöglicht.
Grundlegende Veränderungen, die durch Verlust des Arbeitsplatzes, Krankheit, Trennung, Tod eines nahen Menschen usw. notwendig werden, lösen Identitätskrisen aus. Fallen wesentliche Faktoren unserer Selbstdefinition weg, sind wir gezwungen, uns eine neue Identität zu suchen, sind wir fassungslos – im wahrsten Sinne des Wortes: Die gewohnte Fassung, der Rahmen, die Fixpunkte fallen weg.
Für die Überbringerin der schlechten Nachricht gilt es, nicht um den heißen Brei herumzureden. Die Information soll ohne Umschweife und unmissverständlich ausgesprochen werden. Allerdings sollte die schlechte Nachricht angekündigt werden, indem man z.B. bei einer

Kündigung sagt: „Ich habe Ihnen jetzt etwas sehr Unangenehmes mitzuteilen."
Auf keinen Fall sollte zunächst eine nette, lockere Atmosphäre hergestellt werden, um dann erst nach einiger Zeit mit der Nachricht herauszurücken. Auch eine Andeutung zu machen und zu erwarten, dass die Betroffene den Rest selbst errät, ist nicht fair und angemessen. In diesem Zustand helfen weder gutes Zureden noch Ratschläge. Die Geschockte braucht einfach Zeit, um sich erholen zu können.

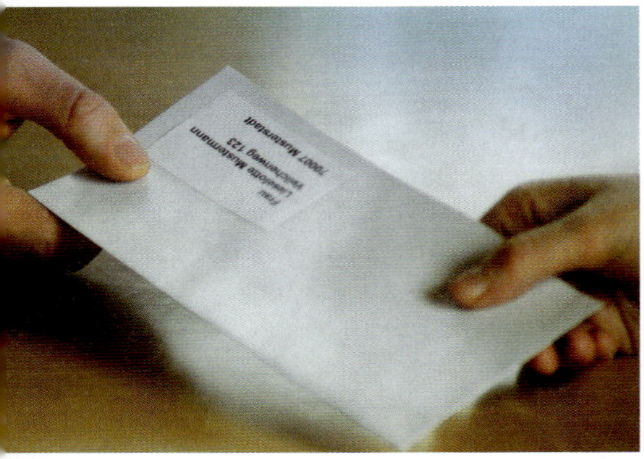

Hier sind Feingefühl und Empathie gefragt

Zweite Phase: Hoffnung auf Rückgängigmachen

Oft wächst nach überstandenem Schock die Hoffnung, dass die Nachricht gar nicht stimme, dass es sich um einen Irrtum, eine Verwechslung oder einen Scherz handle. Das heißt, die Botschaft wird zwar gehört, kann jedoch emotional (noch) nicht aufgenommen werden. Bei Kündigung treten Hoffnungen auf, die Entlassung könne noch in eine Versetzung umgewandelt oder rückgängig gemacht werden. An solche Hoffnungen klammert man sich auch dann, wenn längst klar ist, dass diese Tatsache unabwendbar ist.
Das Gefühl, ausgeliefert und ohne Einfluss zu sein, ist einer der wichtigsten Faktoren für die seelische Belastung.
Eine Vorgesetzte, die in einem Kündigungsgespräch die Hoffnung auf Rückgängigmachen der Kündigung oder auf Teilzeitbeschäftigung nährt, obwohl sie genau weiß, dass dies völlig unrealistisch ist, macht es ihrer Mitarbeiterin besonders schwer, zu akzeptieren, was unabänderlich ist. Natürlich werden durch konsequentes, sanftes Hinweisen auf die Realität die Ohnmachtsgefühle der Betroffenen erst einmal verstärkt. Aber für die langfristige Verarbeitung ist das Verhindern von Verleugnungsstrategien nur von Vorteil.

Dritte Phase: Aggression

Das Hin- und Hergerissensein zwischen den verschiedensten widerstreitenden Gefühlen und Impulsen führt zu aggressiven Reaktionen. Die Realität wird in dieser Phase zwar mehr zur Kenntnis genommen, aber nun setzt die Phase des Sichwehrens ein: So eine Unverschämtheit!
Die Phase der Aggression ist für die Überbringerin der schlechten Nachricht eine besonders schwierige Situation, denn unabhängig davon, wie sie an dem Prozess beteiligt war, trifft sie die volle Wut der Mitarbeiterin. Zu betonen, dass man selbst nicht für die Kündigung verantwortlich sei, fördert beim Gegenüber eher noch die Aggression. Auch hier gilt wieder: Die größte Hilfe leisten Einfühlung und Verstehen.

Vierte Phase: Depression

Wird der Betroffenen klar, dass nichts mehr helfen kann, auch keine Aggression, treten depressive Gefühle auf. In dieser Phase neigt man dazu, die Schuld für das schlimme Ereignis bei sich selbst zu suchen. Man glaubt, man habe es nicht anders verdient, man sei nicht liebenswert und wertvoll genug, man zweifelt an den eigenen Fähigkeiten, glaubt, nie wieder einen Ersatz für Verlorenes zu finden und fühlt sich generell unfähig und schlecht.
Unsere erste Reaktion auf die Verzweiflung und den Kummer anderer Menschen besteht meist darin, sie aufzuheitern und sie aufzufordern, die positiven Seiten zu sehen. Dies entspricht aber hauptsächlich den eigenen Bedürfnissen. Indirekt wird damit der Betroffenen untersagt, ihren Verlust zu bearbeiten. Oft helfen ganz alltägliche Gesten, um das Selbstwertgefühl zu verbessern. In dieser Phase haben natürlich die der Betroffenen nahe stehenden Personen in Familie und Freundeskreis die größte Chance zu helfen. Für Vorgesetzte ist die beste Möglichkeit, zuzuhören, Interesse und Verständnis zu zeigen. Sie sollten der Betroffenen zu verstehen geben, dass Sie zur Verfügung stehen, wenn sie sprechen möchte. Dieses Zur-Verfügung-stehen ist auch deshalb wichtig, weil Menschen in dieser Situation fast immer das Gefühl von Einsamkeit und von Im-Stich-gelassen-werden haben. Da hilft eine Bemerkung wie: „Wenn Sie mich brauchen, können Sie jederzeit zu mir kommen."

Fünfte Phase: Trauerarbeit

Nach der Phase der totalen Mutlosigkeit beginnt nun eine langsame Identitätsveränderung. In der „Trauerarbeit" geht es um die Ablösung von lieb gewonnenen Vorstellungen, Personen etc. im Interesse einer Aussöhnung mit der Realität und mit sich selbst.

Die neue Realität wird nun in ihrer ganzen Bedeutung gesehen und akzeptiert. Erst jetzt ist die Betroffene fähig, sich tatsächlich mit den Konsequenzen auseinanderzusetzen. Diese Phase besteht darin, mit der entstandenen Angst und Ungewissheit fertig zu werden, sich den veränderten Umständen anzupassen, sich mit seiner neuen Identität anzufreunden und wieder ein inneres Gleichgewicht zu finden.

Erst jetzt, wenn die neue Realität als die eigene anerkannt wird, kann konkrete Hilfestellung auch angenommen werden. Sie erkennen das Eintreten dieser Phase daran, dass die Gedanken der Betroffenen sich den Konsequenzen der Situation zuwenden: Wie wird der Alltag aussehen? Welche finanziellen Umstellungen stehen mir bevor? Was werden Partner und Freunde sagen? Was muss ich an meinen Zukunftsplänen ändern? usw. Nach einer Kündigung kann z.B. die Hilfe darin bestehen, die Suche nach einem neuen Job zu unterstützen, auch wenn es nur eine Übergangslösung sein wird.

Ein Wort zum Schluss

Womit Sie es in Ihrer Verantwortung für die Führung Ihrer Mitarbeiterinnen immer wieder zu tun haben, ist der – gern tabuisierte – Begriff der Macht. Natürlich sind Sie in Ihrer Leitungsposition Ihren Mitarbeiterinnen hierarchisch übergeordnet. Zu glauben: „Ich mache alles so weiter, wie ich es vorher als Teammitglied gemacht habe, denn das war gut so – so gut, dass ich hier Leiterin werden durfte!", funktioniert nicht. Haben Sie diese Erfahrung gemacht, werden Sie verstehen, weshalb ich so großen Wert auf das Thema Rolle und Rollenklärung lege: Sie verhalten sich vielleicht wie immer, nur macht es einen gewaltigen Unterschied für die Mitarbeiterinnen, ob Sie das aus der Kolleginnen- oder der Leiterinnenrolle heraus tun. Als Leiterin haben Sie die Aufgabe, den Kita-Alltag mit all seinen Anforderungen und Belangen so zu gestalten, dass die Entwicklung von Kindern und ihren Familien möglichst gut verläuft. Sie haben also eine Gestaltungsaufgabe, tragen dafür Verantwortung und brauchen dazu auch Gestaltungsmacht.

Macht ist ein wichtiges Mittel, um qualitativ hochwertige pädagogische Prozesse zu gewährleisten. Wir lieben es natürlich alle, wohlwollend beraten und sanft auf den für uns richtigen Weg gebracht zu werden, und im Idealfall braucht es tatsächlich nur einen kleinen Anstoß und die Mitarbeiterin macht einen großen Schritt in die richtige Richtung. Nur manchmal – und das kennt jeder von sich selbst – brauchen Menschen einen kräftigeren Schubs, um „über den Rubikon zu gehen". Und manchmal brauchen wir sogar das Wissen, dass schlimme Konsequenzen drohen, wenn wir in unserer Komfortecke bleiben, wo wir uns so gemütlich eingerichtet haben und alles am liebsten beim Alten lassen würden. Dazu, einen kräftigeren Schubs zu geben, muss die Leiterin bemächtigt sein.

Macht ist also eine wichtige strukturelle Ressource, mit der die Leiterin ausgestattet sein muss, um größere Gestaltungsmöglichkeiten zu haben. Das ist die eine Seite. Die andere ist in der Persönlichkeit begründet und verlangt, die vorhandenen Möglichkeiten der Einflussnahme auch machtvoll zu nutzen. Das setzt Ausstrahlung voraus, aber auch Respekt und Akzeptanz, die man sich als Leiterin aufbauen muss. Dies geschieht nicht durch das Prinzip „Vertrauen ist gut, Kontrolle ist besser", sondern – im Gegenteil – durch den gezielten Aufbau von Vertrauen und die Förderung von Selbstkontrolle!

Daran sollte sich die Überbringerin der schlechten Nachricht halten:

- Die Information rasch, direkt und klar geben.
- Wenn nötig, die Information wiederholen; dem Gegenüber Zeit lassen.
- Aggression und Depression der Betroffenen aushalten, nicht abwehren.
- Keine Bagatellisierungsversuche machen; nicht von möglichen Chancen des Ereignisses sprechen.
- Erst dann Hilfe anbieten, wenn sie in der Phase der Trauerarbeit von der Betroffenen selbst erbeten wird.
- Den Kontakt mit nahestehenden Menschen herstellen bzw. fördern.

Literatur

- Boskamp, Peter/Knapp, Rudolf (Hrsg.): Führung und Leitung in sozialen Organisationen. Luchterhand, Berlin 1996.
- Bostelmann, Antje (Hrsg.): Controlling in Kindertageseinrichtungen. Beltz, Weinheim 2005.
- Ebert, Sigrid: Die Kita als Ausbildungsort. In: S. Ebert (Hrsg.): Die Kita als lernende Organisation, kindergarten heute spezial, Freiburg 2010, S. 50–63.
- Gabrisch, Jochen: Die Besten entdecken. Wolters-Kluver, Köln 2009.
- Gladwell, Malcolm: Blink! Die Macht des Moments. Campus, Frankfurt a.M. 2010.
- Hüther, Gerald: Die Macht der inneren Bilder. Wie Visionen das Gehirn, den Menschen und die Welt verändern. Vandenhoek & Ruprecht, Göttingen 2008.
- Hüther, Gerald: Wie man sein Gehirn benutzt (Audio-CD). Auditorium Netzwerk, Müllheim 2008.
- Kaltenbach, Karin: Kita im Wandel. VDM, Saarbrücken 2008.
- Klimecki, Rüdiger G./Gmür, Markus: Personalmanagement. Lucius & Lucius UTB, 3., erw. Aufl., Stuttgart 2005.
- Königswieser, Roswitha: Das Überbringen schlechter Nachrichten (2003). Artikel unter www.koenigswieser.net
- Malik, Fredmund: Führen, Leisten, Leben. Campus, Frankfurt a.M. 2006.
- Merchel, Joachim: Leitung in der Sozialen Arbeit. Juventa, 2., aktualis. Aufl., München 2010.
- Möller, Jens-Christian/Schlenther-Möller, Esta: Kita-Leitung. Leitfaden für Qualifizierung und Praxis. Cornelsen, Berlin 2007.
- Schuler, Heinz: Psychologische Personalauswahl. Verlag für Angewandte Psychologie, Göttingen 1996.
- Schwartz, Gotthart: Sozialmanagement. Ziel, 4. Aufl., Augsburg 2001.

Impressum

basiswissen kita management: Wie Sie die passenden Mitarbeiterinnen finden, motivieren und fördern – Personalführung und -entwicklung ist ein Sonderheft von ‚kindergarten heute – Fachzeitschrift für Erziehung, Bildung und Betreuung von Kindern'

Redaktion
Carolin Küstner (verantw.)

Anschrift der Redaktion
Hermann-Herder-Str. 4
79104 Freiburg
Tel.: 0761/2717-439
Fax: 0761/2717-240
E-Mail: redaktion@kindergarten-heute.de
www.kindergarten-heute.de

Verlag

www.herder.de

Fotos
Hartmut W. Schmidt, Freiburg

Titelillustration
Barbara Link, Gundelfingen

Layout, Satz und digitale Bearbeitung
rsrdesign, Wiesbaden

Druck
fgb • freiburger graphische betriebe 2011
www.fgb.de

Leserservice
Verlag Herder GmbH
Hermann-Herder-Str. 4
79104 Freiburg
Tel.: 0761/2717-379
0761/2717-244
Fax: 0761/2717-249
E-Mail: kundenservice@herder.de

Gedruckt auf chlorfrei gebleichtem Papier

Titelnummer 246
ISBN: 978-3-451-00246-5